遵守承诺和投诉处理

——解读 ISO 10001:2007

《质量管理　顾客满意　组织行为规范指南》

朱立恩　　著

中国标准出版社

北　京

图书在版编目（CIP）数据

遵守承诺和投诉处理：解读 ISO 10001：2007《质量管理 顾客满意 组织行为规范指南》/朱立恩著．—北京：中国标准出版社，2010
（服务与顾客满意丛书）
ISBN 978-7-5066-5542-2

Ⅰ．遵…　Ⅱ．朱…　Ⅲ．企业管理：销售管理-商业服务 Ⅳ．F274

中国版本图书馆 CIP 数据核字（2009）第 231280 号

中国标准出版社出版发行
北京复兴门外三里河北街 16 号
邮政编码：100045
网址 www.spc.net.cn
电话：68523946　68517548
中国标准出版社秦皇岛印刷厂印刷
各地新华书店经销
*
开本 880×1230 1/32　印张 14.25　字数 302 千字
2010 年 2 月第一版　2010 年 2 月第一次印刷
*
定价 38.00 元

服务是本 满意是金

（代丛书序）

“服务是本，满意是金”是我与朋友聊天时，突然迸发出的一个灵感，我觉得这句话，最能够精辟地概括我目前正在编写这套《服务与顾客满意丛书》的主题思想。

强调“服务是本”，是因为当今社会，不但服务业离不开服务，而且制造业也越来越离不开服务。可以设想一下，如果离开了销售服务和售后服务，制造业还能生存和发展吗？当然，和制造过程相比，服务过程是一个比较特殊的领域，有它自身的规律和特点：比如，与顾客的直接接触，就是服务领域（这里既包括服务企业，也包括制造业的服务部门）与制造领域之间的最大区别。因此，这也成为编写本丛书的一个重要出发点，因为市场经济的发展趋势必然会使我们很快进入服务经济时代。

强调“满意是金”，是因为“顾客满意”应该成为市场经济时代的主旋律，在GB/T 19000—2000质量管理体系标准中，首次导入顾客满意理念，就是最好的证明之一。当今的经营活动中，市场的竞争日益激烈，可以说，谁掌握了“顾客满意”的秘诀，谁就会拥有广阔的市场；谁掌握“顾客满意”的精髓，谁就掌握了战胜竞争对手的秘密武器。当然，在理解“顾客满意”这一重要概念时，服务

领域也必然有着和其他领域不同的体会，所以，这也成为编写本丛书的另一个重大出发点。

因此，“服务是本，满意是金”这句话不仅道出了编写本丛书的根本目的，而且也应该成为我国各类服务企业（当然也包括制造业的服务部门）不懈追求的一个永恒的目标。

我多年来一直在从事服务领域服务质量方面的教学和研究工作，可以说，我这一生都在与各类服务行业打交道。从1986年首次在北京市商业系统推行全面质量管理（TQM）和1994年在国内贸易部系统率先宣贯GB/T 19000质量管理体系标准开始，一直到2001年在中国质量万里行促进会领导下，我参与了许多服务业与制造业服务部门的以“服务与顾客满意”为主题的培训工作。我所接触的企业，从过去主要是商场和饭店等企业，一直到今天已扩大到保险、民航、铁路、电信、旅游、医院等各类服务企业，以及海尔、松下、创维等制造业售后服务等部门的企业。可以说直接进行培训、咨询、指导和认证的企业有数百家之多，足迹遍布全国。但是我由于过去工作繁忙，无暇顾及进行系统的总结。从2003年开始，我已正式退休，有条件把我近40年来在服务行业的丰富实践和从事服务培训的各种点滴体会，包括我十几年来跟踪GB/T 19000质量管理体系标准的许多心得，以及学习和吸收西方服务管理学的最新研究成果，加以系统地总结和归纳，来奉献给大家，也是我对一生从事这项工作的体会和总结。

使我感到特别振奋的是，自从我1981年在《财贸经济》杂志上发表我国一篇关于服务业质量管理的论文开始，至今虽然只有20多年时间，但是我觉得随着市场经济不断深入，服务领域的服务水平受到越来越多的关注；随着市场经济发展，不仅与服务相关的行业越来越多，而且服务领域的服务水平也有了空前的提高。这不仅证明服务领域在市场经济中的地位日益重要，而且也反映了当前顾客对服务的要求也在不断提高。几十年来，让我感到十分幸运的是，在探索服务领域服务质量过程中，得到了许多相关部门的支持，以及众多领导、专家和学者的帮助，这是我应该用一生来表示感谢的，本丛书的出版就是对他们给予我支持和帮助的一种最好回报。

本丛书将从服务企业（也包括制造业的服务部门）的最基本特点——与顾客接触面的这一基本点出发，只要有利于增强顾客满意的各种观点、方法和技巧，都应该是本丛书所应该探讨的内容。

2004年4月中国标准出版社出版的《顾客满意——服务企业理解GB/T 19000:2000标准的新视角》是本丛书的第一本，它第一次比较全面系统地提出了服务企业增强顾客满意的16项基本法则。以这本书为纲，我在2005年6月出版的《投诉处理的理论与实务——解读ISO 10002:2004国际标准》是本丛书的第二本，是对丛书的第一本中所提出的顾客满意基本法则之一——“投诉处理”这一基本原则的进一步论述。2006年6月出版《重在受控和方便顾客》是本丛书的第三本，是对丛书的第一本中提出的顾客满意基本准则之三和之四——“重在受控”和“方便顾客”两条基本法则的进一步阐述。

2008 年 8 月出版的《投诉处理的外部争议解决方案——解读 ISO 10003:2007 国际标准》是本丛书的第四本，它既是《投诉处理的理论与实务——解读 ISO 10002:2004 国际标准》的“姐妹篇”，也是对“投诉处理”这一基本原则的进一步论述。

本书是丛书的第五本。它是对投诉系列国际标准之一——ISO 10001 国际标准的解读，该标准为实施 ISO 10002和 ISO 10003 奠定可靠的基础。

以后我还将继续围绕“服务与顾客满意”这一主题，再陆续推出如:《注意细节和区别对待》等其他著作供读者参考。

最后，《服务与顾客满意丛书》的出版，还应该特别感谢中国标准出版社总编辑白德美编审、责任编辑朱姝副编审的精心策划和大力支持，应该说，该丛书有他们的劳动和付出，在此表示衷心的感谢。

2009 年 4 月

前　　言

ISO 10001《质量管理　顾客满意　组织行为规范指南》国际标准于2007年12月1日正式公布。2009年12月国家质检总局已把它等同采用为GB/T 19010国家标准。作为国际标准化组织(ISO)公布的处理投诉系列国际标准的第一套,它的出台为企业进一步减少顾客投诉的产生和增强顾客满意又增加了一种非常有用的工具。

ISO 10001与在2004年出台ISO 10002《质量管理　顾客满意　组织内部投诉处理指南》以及在2007年出台ISO 10003《质量管理　顾客满意　组织外部争议解决指南》都属于国际标准化组织(ISO)公布的关于投诉处理系列国际标准中的三套。它们之间最大不同在于:ISO 10001着重强调如何减少顾客投诉的产生,做到防患于未然;而ISO 10002和ISO 10003则着重强调在企业内部如何处理顾客投诉和在企业外部争议如何解决。

学习ISO 10001是宣贯ISO 10002和ISO 10003的前提和条件。作为企业,为了能够有效地处理顾客投诉,首先必须要减少顾客投诉的发生。因为只有从“源头”上做到尽可能减少顾客投诉产生,才可能为顾客投诉的有

效和高效地处理奠定良好基础。如果产生投诉的"源头"没有堵住,企业即使有再强处理顾客投诉的能力,其结果往往也只能是事倍功半。所以ISO 10001是实施ISO 10002和ISO 10003的重要前提,它们之间完全可以相辅相成。

那为什么要把《遵守承诺和投诉处理》作为本书的标题,并且放在一起论述?第一,遵守承诺和投诉处理有着非常密切的关系。现在许多企业面临的顾客投诉之所以在不断增多,就是许多企业没有真正做到遵守承诺。而企业遵守承诺,是有效地减少顾客投诉产生的重要原因之一。第二,作为投诉处理系列国际标准之一,ISO 10001的重点内容就在于探讨:如何通过遵守承诺来减少顾客投诉,为有效和高效地处理顾客投诉奠定良好基础。第三,就是遵守承诺和投诉处理都是我提出的增强顾客满意的两项重要基本法则(见《顾客满意——服务企业理解GB/T 19000标准的新视角》一书)。两者不同之处在于:前者是在顾客投诉产生前的活动——通过遵守承诺,为增强顾客满意创造条件,而后者是在顾客投诉产生后的行为——通过处理投诉,为增强顾客满意"添砖加瓦"。因此ISO 10001的出台,恰好为遵守承诺和投诉处理两者有机结合提供了一个很好的平台。

另外,自2001年以来,我有幸多次参与了中国质量万里行促进会开展的对我国"窗口行业"进行明察暗访活动,这对于本书的编写提供了许多有益的实践。因为在对全国服务质量察访中,我的确发现有相当一部分企业售后服务不能“说到做到,言而有信”,从而造成许多顾客投诉的实例时有发生。出现上述问题的原因有许多,除了有的企业以虚假承诺宣传恶意蒙骗消费者之外,主要就是由于这些企业不能遵守承诺,不履行服务公约而造成的。分析这些顾客投诉产生的原因,有思想认识上问题,更有方法技巧问题。因为大多数企业从主观上也想把售后服务做好,但是由于缺乏对相关理论的掌握,从而造成许多顾客投诉的产生。

本书提供的 ISO 10001 为解决这一问题提供了很好的理论武器。因为该标准不仅为企业提供了减少顾客投诉的基本理论,而且为企业指出了减少顾客投诉产生的具体步骤,具有很强的可操作性。因此,企业学习和实施 ISO 10001 的相关内容之后,既可以减少顾客投诉的产生,又可以有效地达到增强顾客满意目的。

本书共分七章:

第一章:重点探讨在市场经济条件下强调企业遵守承诺的必要性、遵守承诺的基本概念、遵守承诺和顾客满意基本理论之间关系等。

第二章:主要是根据国内外企业的实践,强调企业应该如何做到遵守承诺。其中包括如何有效地控制好顾客的期望值、如何评审企业是否具有履行承诺的能力、如何科学地调整顾客期望值等内容。

第三章：论述遵守承诺和投诉处理之间的关系：遵守承诺既可以为企业减少顾客投诉产生奠定基础，同时又可以成为处理顾客投诉及争议解决的一个重要因素。

第四章：重点探讨 ISO 10001 基本概念，它包括关于该标准的结构框架、主要术语、指导原则和相关附录，为理解 ISO 10001 的核心内容奠定基础。

第五章：是 ISO 10001 的核心部分，即探讨该标准的第 5 章、第 6 章、第 7 章和第 8 章的内容。它重点介绍企业应该如何制定以承诺为核心的顾客满意行为规范和各种承诺，以及对顾客满意行为规范的实施和改进。它充分体现遵守承诺和 ISO 10001 之间的密切关系。

第六章：把遵守承诺的要点和实施 ISO 10001 的相关内容结合在一起，提出具有很强操作性的具体实施步骤，同时还提出实施该标准的各项准备工作。

第七章：收集了一些具有典型意义的案例。通过对这些案例的分析，使企业更好地理解 ISO 10001 和遵守承诺的相关理论。而且还可以帮助企业掌握如何减少顾客投诉产生的一些方法和技巧，提高解决实际问题的能力。

最后，特别要感谢中国标准化研究院质量所咸奎桐副所长、郑兆红副所长和张荣静老师，他们不仅为我提供了参与 ISO 10001 国际标准（还包括 ISO 10003 国际标准）转化为国家标准的机会，同时又把该标准译文提供给我作为本书的附录（见本书的附录一及附录三）。把 ISO 10001、ISO 10002（已转化为 GB/T 19012 国家标准——见本书的附录二）和 ISO 10003 三套系列国际标准同时向读者公布，这对于进一步加深理解 ISO 10001 国际标准应该是十分有用的。

目前，对 ISO 10001 探讨还是一个崭新的课题，我虽然在这方面作出了一些努力，但由于水平有限，书中肯定还存在着不少缺点和不足，希望广大读者批评指正。

宋立恩

2009 年 4 月于北京三里河

目　　录

第章 遵守承诺概述

遵守承诺是笔者提出的16项增强顾客满意的重要基本法则之一(见《顾客满意——服务企业理解GB/T 19000标准的新视角》一书),是企业提高顾客满意程度的一种重要手段。作为一个企业如果能够“说到做到,言而有信,遵守承诺”,它不仅可以树立良好的讲究信誉的企业形象,而且可以有效地增强顾客的满意程度。

但是,在本书之所以强调企业要遵守承诺,还有另一个非常重要的作用,就是它是减少顾客投诉产生的重要前提。如果企业能够保证遵守所提出的各种承诺,还可以大大减少各种顾客投诉的产生,为有效和高效地处理顾客投诉奠定可靠的基础。这也是本书之所以把《遵守承诺和投诉处

理》作为标题的重要理由。

而ISO 10001《质量管理　顾客满意　组织行为规范指南》(注:ISO 10001 已经等同采用为 GB/T 19010 正式国家标准,但因该国家标准刚刚正式出台,故在本书中还一律称 ISO 10001——下同)作为国际标准化组织 ISO/TC 176 出台的,关于处理投诉系列国际标准中的第一套,其主要作用就在于:首先要尽可能地预防和减少顾客投诉的产生。所以从这个意义上讲,遵守承诺的相关理论应该成为 ISO 10001 重要的理论基础之一。因此掌握遵守承诺的相关理论,应该是理解 ISO 10001 的前提和条件。所以在本书正式介绍 ISO 10001 的内容之前,首先向大家介绍有关遵守承诺的相关理论。

在本章重点介绍遵守承诺在企业中的重要作用、有关遵守承诺的一些基本概念、以及遵守承诺和增强顾客满意的相互关系、遵守承诺是企业的一种社会责任等内容。主要为企业进一步理解和宣贯 ISO 10001奠定良好的理论基础。

第一节　从中国质量万里行促进会的明察暗访活动谈起

当探讨企业在遵守承诺方面发挥何种作用时，应该从近年来中国质量万里行促进会所开展的明察暗访活动谈起。

中国质量万里行促进会是国家质量监督检验总局所属的一个社会团体。该促进会从2001年开始至今，每年都要对全国31个中心城市（包括直辖市和省会城市）所涉及的“窗口”行业——主要是指与广大老百姓直接接触的各类企业（包括服务业和制造业的服务部门），所提供的服务质量进行明察暗访活动，进而对全国各行业“窗口”遵守承诺的实际情况做出客观和及时的评价。这种“明察暗访”是中国质量万里行促进会以“老百姓的视角”，来督促和检查各类“窗口”企业在遵守和履行各种承诺（特别是服务承诺）的实际情况为主要内容而开展的一种活动。笔者曾应邀有幸以服务学者的身份多次参与到该活动之中，体会颇深。

下面，通过明察暗访活动的一个侧面，来反映各类企业在遵守承诺方面的实际情况。

一、来自中国质量万里行促进会前方记者对明察暗访活动的报道

这是《××××报》的记者以《来自中国质量万里行

前方记者的报道——看谁家服务承诺能兑现》为标题，在某城市中，对中国质量万里行促进会在该地区进行明察暗访活动的一次公开报道。内容摘要如下：

1. 看谁家服务承诺能兑现

××年10月16日20时，××市××路98号的“一户居民”遇上了一连串的麻烦：回家打不开防盗门，乘电梯又被困住，后来洗澡时热水器又漏了一屋子水，开车外出又遇撞车，还有空调不好使，电视机黑屏、洗衣机不脱水……这是怎么回事呢？原来，这是中国质量万里行促进会到××市来暗访服务质量，以上各种情形都是虚拟的，但结果不容乐观。特别需要说明一点，此次所暗访的××市34家企业都是对外向社会公众公开作出承诺，能够提供“24小时上门服务”的企业。

(1)［镜头一］　空调：维修人员下班了！

模拟情形：天凉，家有老人，空调不制热，而女主人第二天要出差，要求维修人员务必当晚上门维修。

20:20，第一个报修电话打了出去。电话打给了“××空调”，响了4声后，一位姓王的小姐接了电话，在询问了空调型号、主人地址、电话、购买时间等问题后，迟疑一下，又和主人商量道：“明天过去可以吗？”主人说不行，明天要出差，麻烦你们务必今天来一下。于是王小姐说：“请在家稍等一下，我们的维修人员半个小时就会到。”

20:48，××的两位师傅携全套工具到××路98号。此次暗访活动的负责人称赞道：“不愧是空调行业的排头兵。”

在20:22～21:41,暗访人员又以同样理由把报修电话打给了×××、××、×××、××等空调厂家的在××市的售后服务部。××空调接电话的师傅在询问了一些情况后说:“维修人员下班了,白天可以派人。”就挂了电话。工作人员又拨了5次,均未拨通。×××空调也答复:“维修人员已经下班了,最快也得明天上午。”

及时上门的空调维修人员还有3家。其他均以种种理由不肯上门,或电话无人接听。

(2)[镜头二] 电视机:6家只有2家上门。

模拟情形:歌厅里,客人很多,电视机突然花屏,指示灯亮着,有声无影,要求立即上门维修。

20:44,××电视的售后服务人员听清楚情况,一连说了多个抱歉之后:“现在下班了。”主人恳请务必来看看。20:54,对方回话说:“可以派人。”又询问了地址、电话等。22:37,一位王姓师傅开车从另一用户家到达××路98号。

20:55,电话打到×××电视售后服务中心。21:50,两位脸上带有灰迹的工人匆匆赶到了报修地点。一看到媒体的“长枪短炮”,一位小伙子就明白了:“原来是虚报一个单子考验我们一下。”面对镜头他还自嘲地说:“今天形象老差劲……”原来他们是骑自行车赶来的,路上自行车不巧又掉了链子,上链子弄得脸上都是黑油灰。

其他电视机品牌如××、××等售后服务部门均无人接听或电话长时间占线。××、××电视均答复:“今

晚过不去。”看来主人就只有熬过今天晚上了。

(3)［镜头三］ 洗衣机:外面太乱,我们晚上不……

模拟情形:晚上正洗着衣服,洗衣机脱不了水,主人第二天必须穿这些衣物,要求维修人员马上到家中维修。

21:02,接到用户电话,××洗衣机售后服务人员的答复令人发笑,他说:“我们很累了,晚上一般不出门,主要是(怕)乱!外面太乱了,晚上我们不出门的……”主人说:“你们承诺24小时服务的。”他说:“我给你问一下,过去的话可能要到晚上10点了。”他又提供了一个电话让打一下,对方答复派人。21:14,有人打电话核实姓名、地址,21:53,维修人员到达。

及时上门的还有××洗衣机维修人员。这两家“24小时上门服务”均兑现了。

(4)［镜头四］ 防盗门:上门报销出租车费。

模拟情形:下班回家打不开防盗门,请了很多邻居也无济于事,恳请防盗门维修人员速到现场帮助维修。

下班回家打不开防盗门了,这种事想想都让人害怕。××路98号的“一户人家”偏偏就遇到这种事。电话先打到××防盗门售后服务部门。对方一开始说:“司机全部回家了,没有车。”主人一再讲自己进不了家的尴尬,并说“你们承诺过24小时服务的”,对方提供了一个电话。这次接电话的人详细询问了具体地点、主人姓氏和联系电话。一个小时后,维修工人就到达了现场。

打通××防盗门公司为客户留的一个小灵通号,对方说:“公交车早停了,要不我打的过去,路费你给报一下?”但不管怎么说,××防盗门的维修人员最终还是来了。和××、××相比,××、××的表现实在不敢恭维,要么无人接电话,要么推脱责任。如真的遇到这种情形,真不知这一家人该怎么过夜。

(5)[镜头五]　电梯:快快,电梯困住了人。

模拟情形:市民路过××路 98 号,听到一幢写字楼电梯内有人呼救,原来是电梯坏了,被困其中。

最早到达的是××电梯的三位维修人员,从打电话到来人只用了 26 分钟,王师傅说:“接到这种情况的报告我们都会在最短的时间内到达。”

但是另一家电梯企业值班人员看样子是不太愿意来,暗访人员费尽了口舌,他才答应来。可来了一次没有找到地方,工作人员没有接到他,他回去打了电话,又专程“打的”跑来。他来了就说:“你们是不是把牌子搞错了,我知道这个大楼里装的全是××牌电梯。”他还说:“晚上常有不三不四的人打电话。”暗访工作人员问他:“万一有一个是真的呢?”他说:“是的是的,应该来。”三家电梯品牌××、××均有维修人员到场。

(6)[镜头六]　汽车:危难时刻我来也。

模拟情形:借朋友的车,突然出故障,原因不明,请立即赶到。

被暗访的××××、××××、××××等 3 家汽车售后服务均表现良好,及时到达。对车辆保险理赔暗访了××保险、×××保险和××保险,表现都合格。

(7)[镜头七]　热水器:无一家肯上门。

模拟情形：刚买的热水器突然漏水，关不住进水阀门，水已经从卫生间漫到了客厅，要求立即上门维修。

暗访的4家热水器品牌是××、××、××××、×××，他们均以种种理由不肯立即上门，只有×××给了准信："最快明天上午。"有两人接电话时还说："我们说的24小时服务是24小时电话服务"。

以上内容摘自《××××报》的一篇公开报道。笔者和部分媒体记者有幸参与了这次由中国质量万里行促进会组织的明察暗访活动。笔者在现场观察到，在这次明察暗访中，对于能够按企业承诺的要求提供上门服务的维修人员，中国质量万里行促进会向他们说明了进行明察暗访活动的作用和意义，同时还出具一张盖有公章的证明，请他们带回企业，以证明该企业在这次明察暗访活动中，遵守了企业的承诺，达到了检查的要求。

2. 小结：合格率只有五成左右

中国万里行促进会当日晚在该市共暗访了34家企业的售后服务质量，注意！经过事先核实，这些企业均已向自己的顾客公开承诺可以提供24小时上门服务的。但暗访中只有18家能按服务承诺的要求，提供了上门服务。如果把能够遵守承诺，并且提供上门服务的企业作为合格的话，那么合格率只占53%。虽然基本没有太恶劣的情况，比前一年暗访的情况稍好一些，但是能够做到提供上门服务合格要求的情况看，还是不能令人乐观。

当年，中国质量万里行促进会在对另一个城市进行的明察暗访中，其结果是：从晚上 8 时至深夜 11 时 30 分，采访团共拨打了某市内 40 家企业的 24 小时服务热线（注意：这些企业也都是公开承诺可以提供 24 小时的上门服务的），只有 23 家企业的服务人员顶风冒雨上门服务，上门率 57.5% ……

以上是通过某媒体公开报道的部分内容，这只是中国质量万里行促进会在对某市一些窗口行业遵守和履行服务承诺的实际情况进行明察暗访的一个小小的侧面。但是这一侧面却比较客观地反映了我国目前一些企业在遵守承诺方面的一种实际状况。

二、明察暗访活动的结果说明了什么

其实，中国质量万里行促进会开展的对我国窗口行业进行明察暗访活动所涉及的面非常大，所涉及的行业非常多。中国质量万里行促进会从 2001 年 9 月开始进行的明察暗访活动，经过多年的努力，行程已达几十万公里。共对全国 31 个中心城市的公用事业服务、公众服务、售后服务的近万个单位的服务质量进行了调查。服务调查的主要内容包括：城市水、电、煤气、120 等公用事业的服务；商业、电信、移动通信、保险、医院急诊、长途客运、机场、火车站、列车等公众服务以及家电、汽车、防盗门、电梯等 20 多个项目在内的售后服务。其中明察暗访的一项重要内容，就是检查企业遵守和履行服务承诺的情况。上面所举的实例，只不过是中国质量万里行促进

会在售后服务范围内，对企业遵守“24 小时上门服务”承诺的现状，进行的其中一次实地调查罢了。由于这种调查是以“暗访”的方式进行，而且已实施多年，同时调查的样本量涉及全国各大城市以及众多的企业，因此具有一定的典型意义。

1. 说明我国企业目前遵守承诺的实际状况

应该看到，通过多年的努力，我国许多服务行业（包括制造业的服务部门），在售后服务活动中，遵守承诺的合格率有了很大的提高。从全国的总水平看，在中国质量万里行开展明察暗访活动的初期，全国各大城市的个别地区遵守承诺的企业合格率仅为 50% 左右。到了 2007 年全国各大城市服务的合格率有的地区最高的水平已经提高到了 80% 以上，这虽然意味着，全国大多数企业都已经开始能够重视和遵守自己所提出的承诺。但是也不能不看到，还有相当一部分企业，仍然没有认真地遵守自己的承诺，仍然没有达到“说到做到，言而有信”的水平（详见本书第七章对案例 1 和案例 2 的分析）。尽管我国实行市场经济已经有 20 多年，尽管近几年来中国质量万里行促进会的服务行业的明察暗访活动的检查力度有增无减，但是不履行承诺的现象仍然存在，这要引起大家的深思。

2. 确实有一部分企业忽视对承诺的遵守

中国质量万里行促进会明察暗访活动的调查结果表

明，我国的确还有相当一部分企业未能认真地遵守自己提出的各种承诺，其结果不仅给老百姓的生活带来许多不便，直接影响到对企业的满意程度，更为重要的是它容易造成顾客投诉的产生。

大家知道，当人们在购买商品时，有许多顾客都是因为对商家和厂家的承诺——如保证24小时内提供上门服务等，报以100%的信任（也许是现在的商家太善于信誓旦旦了！）才会购买这种商品的。正因为如此，商家当然也应该用100%的行动去回报顾客的厚爱，但是实际情况是，有的地方竟然有近一半的企业未能认真遵守承诺。这就意味着有近一半左右的顾客，当遭遇产品故障时，往往求助无门（尽管这些企业在信誓旦旦地在向公众作出24小时提供上门服务的承诺），上述对中国质量万里行某次明察暗访活动的报道，就是一种很好的说明，这不能不说是一个十分遗憾的结果。

三、问题背后的原因分析

自从我国实行市场经济体制以来，科学技术和生产力水平的全面提高，以及顾客购买力的增强和需求趋向的变化，使得服务业（包括制造业的服务部门）在经济生活中发挥越来越大的作用。服务在经济生活中的重要地位，这是与经济的飞速发展分不开的。也可以说，生产力越发展，服务业作为国民经济生活中的新行业在经济生活中的地位就越重要。而且对于企业而言，随着市场经济的不断深入发展，服务质量（包括售后服务）之间的竞

争已经成为企业之间的“第二次竞争”。

随着市场竞争的日趋激烈，企业对服务重要性的日益重视，以及人们收入增加和生活水平不断提高，对各类企业提供的各种服务会有越来越高的期待。其原因有二：

1. 原因之一：市场竞争的结果

从企业角度看。众所周知，市场经济的主要特点之一就是竞争。市场竞争表现在多个方面，对企业而言，摆在第一位的就是产品之间的竞争。在产品竞争中既有价格竞争，又有非价格竞争，随着市场经济的不断发展，产品的非价格竞争越显得突出。因为生产力的不断提高，先进科学技术的应用越来越广泛，劳动生产率越来越高，价格竞争的激烈，已到相当的程度甚至达到“饱和”，或者说价格竞争毕竟有一定的限度，因而市场要求生产者转而进入更高层次的竞争，就不仅要求企业提供产品的价格合理，而且还要求企业从品种、质量、服务等方面的非价格因素上下功夫，更希望企业以最高的效率，为顾客提供最好的服务，因此，质量和服务等非价格因素就成了决定企业胜负的主要因素。

当同一产品的价格、质量日趋相同的情况下，顾客必然就会把服务作为选择产品的唯一依据，谁不重视服务，谁就会受到市场的“惩罚”，直至企业破产、倒闭。因为从根本上讲，优胜劣汰是市场经济中谁也无法改变的一条规律。

企业为了能够在市场竞争中得到生存和发展，在不断提高产品质量的基础上，尽可能地为客户提供更多的服务来争取更大的市场份额，这是市场经济客观规律所决定的。因此在市场经济活动中，已经有越来越多的企业通过遵守和履行自己提出的承诺，作为向顾客提供服务的一项重要内容。并通过它来提高企业的竞争能力，以达到扩大市场份额的目的，而且已经取得了一定成效。

2. 原因之二：消费者自我保护意识提高

从顾客角度看。进入市场经济之后，消费者的最大变化就是自我保护意识的提高。"保护消费者权益"问题的提出，反映了顾客对企业提供的服务（也包括制造业中提供的服务）提出了更高的要求。

由于市场竞争的激烈，假冒伪劣商品（这里也包括假冒伪劣的服务）在市场上已有出现，使得消费者经常受骗上当，广大消费者为了保护自己的利益，能够放心地买到质量可靠的商品和接受周到、热情的服务，于是出现了"保护消费者权益"的活动。为了使消费者懂得保护自己的合法权益，有关部门将每年的 3 月 15 日定为国际消费者权益日，并在我国大中城市的繁华街道进行宣传，这无疑对消费者切身利益的维护起到了十分积极的作用。另外，我国公布的《中华人民共和国消费者权益保护法》，用法律的形式来保护广大消费者的合法权益。

消费者自我保护意识的提高必然对企业提出的各种承诺（包括产品承诺和服务承诺）给予更多地关注，也就意味着有更多的消费者会通过关注企业是否具有履行承诺能力，来保护自己的合法权益。换一句话讲，随着消费者自我保护意识的增强，企业是否能遵守和履行自己的承诺，就会成为消费者维护自身合法权益的一条重要标准。而且我们必须看到，随着人们生活水平的提高和自我保护意识的增强，消费者维护自身合法权益的标准还会在不断提高，这就是说企业遵守和履行承诺的实际情况将会受到越来越多顾客的关注。

然而现在仍有一小部分企业，却反其道而行之，把承诺视为“儿戏”。笔者曾经多次参与这种明察暗访活动，而且与众多企业的维修人员进行过面对面的直接沟通与交流，笔者曾经问过一些没有按时上门服务的人员：“你们不是承诺 24 小时上门服务吗？”，“嗨！那就是那么一说，谁那么当真？”有些服务人员居然这样回答说。

那么在市场经济发展的今天为什么还会出现有相当一部分企业却不能认真履行自己的承诺呢？其根子在哪里呢？

四、问题的症结所在

因为市场经济的发展促进了企业之间的竞争日益激烈，而顾客自我保护意识的增强又进一步促进企业之间竞争的激烈程度。然而在我国还有一小部分企业却并不能完全适应市场竞争的需要，或者说这些企业尚缺乏适应激烈市场竞争的能力。在这种情况下，为了企业的生存和发展需要，这些企业不得不违心地去宣传自己无法履行的承诺。这里有两种情况值得注意：

一种情况是，有相当一部分企业虽然并不具有提供更多服务的能力（例如在上述实例中，某些未能遵守承诺的企业），但是为了企业的生存和发展，为了能够吸引更多的消费者和顾客的青睐，一句话，为了参与到残酷的市场竞争之中，于是不得不做出超出企业实际能力的各种承诺，作为吸引顾客的促销手段。但是由于这种承诺往往超出了企业的实际能力，最终由于企业不能遵守自己承诺，其后果不仅影响到了顾客的满意程度，而且也损害了企业形象，更令人痛心的是，还造成了许多不必要的顾客投诉。

另一种情况是这些企业虽然具有一定的履行承诺的能力，但并没有认真地去执行和遵守自己所提出了承诺，即缺乏应有的执行力。这是由于企业的管理人员往往只关注产品的销售业绩，而放松了对售后服务的管理，更忽视对企业服务承诺的遵守和履行。由于在企业内缺乏对相关部门和有关人员的监督与管理，结果就成了“有令不行，有禁不止”的局面，好好的服务承诺，却被某些不负责任的部门和员工给毁掉了。于是也会造成了上述的结果——在明察暗访活动中发现有一部分企业不能遵守自己承诺的情况出现，这就是这些企业出现上述问题的根本原因。

应该说，这一部分企业为了扩大自己的市场份额，在

不断提高产品质量的基础上，同时向社会公众做出各种各样的承诺，作为一种促销的手段，本来这些都是无可非议的。但是这一部分企业（个别企业故意做出虚假承诺的这种情况除外），由于缺乏对顾客满意理论和遵守承诺基本规律的掌握，往往只看到承诺具有促销的正面作用，而忽视了承诺还具有提高顾客期望值的“负面”作用等等，这一切就可以充分反映出当前许多企业存在的一种无奈和烦恼。

因此使得一些企业陷入了这样一种“怪圈”：为了能够争取有更多的客源，提高竞争力，企业“被迫”做出了各种各样的承诺。但是由于企业并没有履行这些承诺的实际能力，不能认真地遵守自己的承诺，从而引发了许多顾客对这些企业的不满。这种不满的最具体表现之一，就是企业面临的顾客投诉会越来越多，投诉增加的结果又造成许多客户的流失。而这些企业为了防止客户流失，又不得不再一次提出自己更无法履行的更多承诺，作为吸引客户（实际上这是误导客户！）的重要手段，实在是这些企业的“悲哀”。

对于这一类企业目前最重要的任务就是要提高适应市场经济激烈竞争的能力，其中关键的一点，就是必须要学会和掌握遵守承诺的基本规律和顾客满意的基本理论。

五、结论：企业遵守承诺可以减少顾客投诉

通过以上分析，可以明确地得出一个重要的结论：企

业不遵守承诺是造成顾客投诉产生的一个重要原因。因为在一般情况下，造成顾客投诉最重要的原因是企业提供的产品质量差和服务质量差，其次就是企业不能遵守承诺。而要改变这一状况，企业除了必须通过建立和完善质量管理体系，努力提高产品和服务质量（关于这一点，应该属于ISO 9000族国际标准的范围之内，本书不作讨论）之外，还必须要能够遵守和履行自己的承诺，本书将重点对这一问题进行讨论。而且企业还必须看到，如果与顾客对产品和服务质量问题的投诉相比较，顾客对企业不遵守承诺的投诉可能会更直接、更明显、更迅速。因此掌握遵守承诺的各种基本规律，使企业能够最大限度地履行自己的承诺，就可以为企业最大限度地减少顾客投诉创造良好的条件。

令人欣喜的是，国际标准化组织ISO/TC 176在不久前出台了ISO 10001，该标准的最大特点就是从减少顾客投诉产生的目的出发，就企业应该如何遵守和履行自己的承诺提出了一系列非常具体的、有很强操作性的要求，这些要求为企业如何通过遵守承诺，来达到减少顾客投诉的目的提供了很好的指南。

为了能够更好的理解ISO 10001的具体内容，必须对遵守承诺的相关内涵进行更加深入的探讨。

第二节　遵守承诺的内涵

为了更好地帮助企业能够遵守和履行各种承诺，企

业必须对遵守承诺的具体内涵进行必要的分析和研究。

一、承诺概述

1. 什么是承诺?

在《现代汉语词典》中,对承诺的解释是:对某项事务答应照办。所谓承诺,就是指自己答应的事,一定要"说到做到,言而有信"。

2. 对承诺的理解

对承诺的这一概念可以从四个方面进行理解:

(1) 首先指要"执行某项事务"。这里所谓的"某项事务"主要是指要办某件事情、完成某项任务或者要达到某一目标等等。

(2) 二是指"答应执行某项事务"。这里所谓的"答应"既可以对别人(包括对社会公众),也可以对自己。也就是说,既可以对别人做出承诺,也可以对自己做出承诺。

(3) 三是最重要的特点,就是指"答应执行某项事务,就必须照办"。所谓"照办"就是必须要"说到做到"。无论是对社会公众,还是对自己,一旦答应执行某项事务,就必须要"说到做到",这是承诺的最重要的特点之一。

另外,有些事情是不能做的(如一些违反法律法规和社会公德的事务等)也可以向自己或社会公众进行明示,这也是一种承诺,只不过是另一种形式的承诺罢了。

(4) 最后，就是对承诺是否能够做到遵守和履行，它对于做出承诺的本人(或者企业)的信誉有着直接的、十分紧密的联系。换一句话讲，能够遵守承诺的人(或者企业)，必然会拥有较好的声誉。但是如果相反，对于不能遵守承诺和履行承诺的人，那么其本人(或者企业)的声誉会受到很大的损害。所以“言而有信”，这也是承诺的最重要的特点之二。

因此看一个人或者一个企业，是否能认真地遵守承诺，就是衡量它是否有良好声誉的一个重要标志。俗话说人“无信不立”，说的就是，在日常生活中，人们往往把是否履行承诺与一个人的品质、道德和一个企业的良好信誉紧密联系在一起的。

遵守承诺不仅包括个人的承诺，而且也包括企业的承诺。在本书重点探讨的主是指企业的承诺。

二、企业承诺概述

1. 企业承诺是一种市场竞争的产物

在市场经济条件下，企业推行的各种承诺是一种企业行为，它是企业为了能够生存和发展的一种竞争手段。“说到做到，言而有信”是企业遵守承诺最具体的表现。它有如下特点：

(1) 是一种体现服务可靠性的活动。服务活动的基本特征是与顾客直接接触。而企业承诺则必须面向顾客，它是企业必须向所有顾客(包括现在的和潜在的顾客)进行公开明示的一种行为。企业提出的各种承诺必

须要得到遵守和履行，它具有：公开、稳定、兑现的基本特点，它是企业体现服务可靠性的有效形式。

（2）是一种促销行为。企业承诺是企业自主选择的一种促销和服务行为。企业承诺是利用广大消费者对企业的信任来达到扩大市场份额、争取更多客户的一种经营策略。企业如果能认真遵守承诺，这种促销行为就有积极的正面效应，反之就会产生负面效果。

（3）企业承诺可以树立良好的企业形象。一个企业如果能够“言而有信、说到做到、遵守承诺”，就可以有效地增强顾客的满意程度，为树立良好的企业形象奠定可靠的基础。

（4）企业承诺与企业的信誉、品牌、形象有直接的关系。企业承诺更是一种用企业的信誉、品牌、形象，甚至包括企业最高管理者道德品质在内等无形资产在做“抵押”的促销和服务行为。可以说，承诺是一种直接影响到企业信誉、品牌和企业最高管理者形象的一种促销和服务行为。因此树立企业信誉是企业遵守承诺所追求的重要目标。我们做人要有信誉，做企业更应该要讲信誉，因为广大消费者是通过企业对服务承诺和产品承诺的遵守和履行来评价企业信誉的。而企业能够遵守承诺是企业讲信誉的一种最具体、最有效的表现方式。

（5）企业遵守承诺还可以有效地减少顾客投诉的产生。企业还必须看到，有相当一部分顾客投诉的产生，并不是由于产品（或服务）质量本身造成的，而是由于企业未能认真遵守和履行自己提出的承诺，而造成的顾客不满意。顾客投诉的产生是建立在顾客不满意基础之上的，如果企业能够遵守和履行自己提出的承诺，就可以减少相当一部分顾客投诉的产生。这正是本书讨论的重点内容。

2. 企业承诺的作用

有人提出服务有十大要素，包括设施、时间、卫生、方便、准确、安全、信誉、舒适、文明、礼貌等。而其中只有设施和信誉，顾客是可以事先了解到的，而其他的一些要素如时间、卫生、方便等要素，顾客只有在接受服务过程中，才能了解到。因此，信誉就构成了企业的重要无形资产，这对于服务企业（包括制造业的服务部门）来讲具有特殊重要的意义。因此，要树立企业讲究信誉的良好形象，就必须从遵守承诺做起，因为企业的信誉就是靠企业通过对遵守各种承诺行为的日积月累汇集而形成的。一句话，企业是否遵守自己提出的各种承诺，是形成企业信誉的一条极为重要的渠道。所以企业千万不能对遵守承诺的问题等闲视之。

三、企业承诺的分类

从企业角度看，企业的各种承诺主要可以分为两大类，一类是对服务的承诺，一类是对产品的承诺，它们两者之间既有区别又有联系。

1. 服务承诺

服务承诺是围绕企业提供的服务而进行的，由于服

务具有无形性，因此有一部分服务承诺的内容往往不容易量化。服务承诺的内容主要包括：

提供服务的各种项目；

提供服务的时间；

服务的方便程度；

服务安全性和保密性；

服务人员文明和礼貌；

服务的收费和赔付标准；

服务人员的宣传和解说（口头承诺）等等。

例如：××保险（车险）公司服务承诺：客户无论何时、无论何地、无论以何种方式，都能享受到“汽车保险”带来的优质服务：

一旦出现事故，公司的工作人员会快速勘察，及时赶赴现场，市区内1小时赶赴，外埠视案情第一时间赶赴。赔款可以通过网上银行划转或是专人送达，减少赔款支付时间，理赔单证齐全的做到快速赔付：5 000元以下30分钟内赔付；1万元以内当天赔付；5万元以内2天赔付；10万元以内5天赔付；10万元以上10天赔付。

同时，实行每周7天，每天24小时接报案。对保险车辆无论事故原因，还是非事故原因，都可提供紧急救援服务；对保险车辆涉及的人身医疗事故，可派专业的医疗核损人员协助参与事故处理，提供专业咨询服务；对重大案件可根据客户需要支付50％的预付赔款；等等。

以上是××保险公司对客户的服务承诺。在上述服务承诺中对投保的客户可以提供“每周7天，每天24小时接报案”、“一旦出现事故，工作人员会快速勘察，及时赶赴现场，市区内1小时赶赴”、“5 000元以下30分钟内赔付；1万元以内当天赔付”等，都是企业提出的，具体的服务承诺的内容。这些承诺内容和该保险公司提供的保险服务是分不开的。如果该公司能够很好地遵守和履行其服务承诺，就可以有效地提高顾客的满意程度。但是如果顾客一旦发现该保险公司未能履行其服务承诺，则很容易造成顾客投诉。

2. 产品承诺

产品承诺以物理形态的产品作为承诺的对象，产品承诺的大部分内容都是量化的指标。产品承诺的内容主要包括：

产品的说明书；

产品使用说明书；

产品的各项性能指标；

产品的可靠性和寿命；

产品的“三包”规定等等。

例如：产品的使用说明书就是企业对产品承诺的一种重要形式。产品的使用说明书主要分两大类：一类是消费品使用说明书；另一类是工业品使用说明书。为了保证企业能够更好地履行对产品的承诺，国家有关部门还专门制定了相关的国家标准。

根据GB 9969.1《工业产品使用说明书　总则》中3.2提出的要求：“使用说明应明确给出产品（指非消费

品的工业产品）的用途和适用范围，并根据产品的特点和需要给出主要结构、性能、型式、规格和正确安装、使用、操作、维修、保养和储存等方法，以及保护操作者和产品的安全措施”。根据 GB 5296.1《消费品使用说明　总则》国家标准 4.1 提出要求：“使用说明是所交付产品的组成部分。使用说明应能避免不正确的操作，减少产品故障和损坏率”。4.2 强调：“使用说明应有助于消费者正确使用产品，并应能有效地帮助消费者避免可能导致危险的错误使用”。

上述国家标准是对工业产品和消费品使用说明书提出的要求，实际上就是充分体现了企业对产品承诺的内容和要求。因为当顾客购买此类产品之后，如果发现产品的使用说明不能指导顾客的正确使用，或者产品性能指标不能达到其说明书上提出要求，就必然会引起顾客的不满意，从而导致顾客投诉的产生。虽然对产品承诺这部分内容并不是本书讨论的重点，但是因为它与服务承诺有密切关系，因此在本书也会涉及其中的一些相关内容。

3. 服务承诺和产品承诺的关系

服务承诺和产品承诺之间有着十分密切的关系，它们之间既有许多相同点，又有许多不同点。

（1）两者的相同点

—— 企业服务承诺和产品承诺的直接对象都是顾客，因此各种承诺都必须向顾客明示，它们都会对顾客的感受产生直接的影响。

——对于企业而言，服务承诺和产品承诺都可以起到广告促销和自我宣传的作用。企业之所以要进行承诺，就是因为它是一种重要的，吸引顾客的手段，如果运用得当，最终能够达到扩大市场份额的目的。

——无论是服务承诺，还是产品承诺都会对顾客满意程度产生直接影响。如果企业对服务承诺和产品承诺能够恰当地使用，并且得到遵守和履行，都可以增强顾客的满意程度。

——如果对服务承诺和产品承诺使用不当，即企业提供的产品和服务没有达到承诺提出的要求，都会使顾客对企业产生不满，最终有可能造成顾客投诉的产生。

——企业的服务承诺和产品承诺之间没有不可逾越的鸿沟。例如企业对产品的“三包”规定中，它既可以属于企业的产品承诺，但其中又包括许多服务承诺的内容。

因此从顾客满意的理论角度看，产品承诺和服务承诺在本质上是一样的。

（2）两者的不同点

——对于以提供物理形态产品为主的企业（即制造业）来讲，企业的产品承诺是服务承诺的基础，而服务承诺只是对产品承诺的一种延续。对于提供服务为主的企业（即服务业）来讲，服务承诺是它的基础，企业的有形产品（如服务设施）有可能构成服务承诺的一部分内容。

——与产品承诺相比，服务承诺往往是以一种更加直接的形式与顾客进行接触。而且在很多情况下，可能是“面对面”(指企业的服务人员与顾客之间)进行的。

——服务企业的服务承诺在许多情况下可以单独存在，但是制造业的产品承诺，往往都会伴有服务承诺相关内容。

——企业服务承诺的涵盖面，可能比产品承诺的涵盖面更广；而且企业的服务承诺对顾客满意程度的影响更直接、更迅速、更有效。

——企业的产品承诺的内容容易量化，企业的服务承诺的有些内容量化较难等等。

由于服务承诺和产品承诺有一定的区别，而且因为本书又是《服务与顾客满意》丛书之一，因此本书重点探讨服务承诺为主，以探讨产品承诺为辅。

四、我国企业承诺活动的开展

我国企业承诺活动的开展，特别是企业服务承诺活动的开展，除了是企业自身的一种生存和发展需要之外，同时也得到了政府部门的大力推动。形成了我国开展服务承诺活动的一大特色。

1. 从推行服务承诺制谈起

社会服务承诺制是我国服务行业 1996 年起全面推行的一种把自我约束和社会监督相结合的一种新型管理和服务机制。

20 世纪 90 年代中期，山东省烟台市社会服务窗口行业和有关管理部门，借鉴发达国家的先进管理经验，在全国率先实行了社会服务承诺制度。

1996 年 5 月，国务院纠正行业不正之风办公室和建设部联合在烟台召开现场会，向全国推广烟台经验。7 月12 日，中宣部、国务院纠风办又联合建设部、电力部、铁道部、邮电部等 8 大部委举行座谈会，进一步推广烟台市社会服务承诺制的经验。

1996 年 8 月 2 日，建设部向社会公布，将在 36 个大中城市实行供水、燃气、公交行业的社会服务承诺制，这标志着社会服务承诺制的全面推行。其中服务承诺包括以下内容：

供水行业对社会服务的承诺主要有：接到用户报漏，小修 24 小时修复，大漏应立即止水，连续修理；水质要符合规定标准；管网施工要文明，施工完毕要料净场清等。

燃气企业对社会服务的承诺主要有：管道燃气要保证用户灶前压力达到规范要求；如计划停气要提前 24 小时通知；液化气的供应要给足 15 公斤，并做到无泄漏和合理退残液；查表要准确、到位等。

公交企业对社会的承诺主要有：公共汽车和电车要确保车辆、站点设施完好；准时发车，提前开门上车；首班车不得推迟，末班车不得提前；乘务员要严格执行服务规范，遵守票务制度；未经调度允许，不得私自越站和改变行车路线等。

2. 关于开展百城万店无假货活动

应该说自从开展服务承诺制活动以来，其中坚持时间最长，影响面最广的服务承诺活动之一，应该数开展的百城万店无假货活动了。

从 1995 年开展百城万店无假货活动以来，至今已经有近十多年的历史。

1995 年 12 月 20 日，中央宣传部、国内贸易部组织开展的“百城万店无假货”活动已开始启动。北京市百货大楼股份有限公司等 30 家大型商业零售企业就此发出倡议，期望全国商业（服务）企业迅速行动起来，积极参加“百城万店无假货”活动。倡议书内容如下：

全国商业（服务）企业：

中央宣传部、国内贸易部组织开展的“百城万店无假货”活动，是贯彻党的十四届五中全会精神，落实国务院打假工作会议有关部署的一项重大举措。这个活动，从不卖假货这个最基本的、也是群众反映非常强烈的问题入手，加强商业职业道德建设，保护广大消费者的合法权益，对规范流通秩序，净化行业风气，树立商业（服务）企业的良好形象，带动社会风气不断好转，具有十分重要的意义。为使这个活动开展得既轰轰烈烈，又扎扎实实，取得更大效果，30 家大型商业零售企业热切地期望全国商业（服务）企业迅速行动起来，积极参加“百城万店无假货”活动。我们的口与是：“以真诚赢得信誉，用信誉保证效益”。为此，我们倡仪：

(1) 商业(服务)企业的领导和广大职工，要以高度的事业心和政治责任感对待“打假扫劣”工作，充分认识销售假冒伪劣商品的严重危害，自觉坚持“诚信、公平、情义、服务”的职业道德标准，坚决与干扰商品流通市场秩序，损害广大消费者利益的制假售假行为作斗争。

(2) 认真执行《产品质量法》、《消费者权益保护法》、《食品卫生法》、《反不正当竞争法》，建立和完善商品质量管理、质量监督、质量保证体系。坚持做到售前把好采购关，售中把好仓库保管和柜台上货关，售后把好商品质量措施保证关。实行商品质量先行负责制，建立消费者权益基金，先行赔付消费者损失，使顾客购物无风险。认真处理消费者投诉，保证投诉完结率达到百分之百。

……

毫无疑问，在政府部门的大力推动下，“开展百城万店无假货”服务承诺的活动，在全国产生了很大的反响。因为在假冒伪劣商品日益泛滥的情况下，企业做出这样的承诺，毫无疑问，它大大提高顾客对企业的信赖，有利于提高顾客的满意程度。从遵守承诺的角度看，除了企业必须做好自律之外，还要求工商局、质量技术监督局等执法部门继续加强监督检查。其目的不仅在于使这一活动能够长期地坚持下去，更重要的是，作为向全社会做出的公开承诺，就等于已经提高了顾客的期望值，在这种情况下，只有这些商业企业为顾客提供真正“说到做到”的

服务，顾客才能满意。

五、各行各业的服务承诺

随着服务承诺制在我国的不断深入推进，从中央各部委，到各行各业的基层企业都在开展各种形式不同的服务承诺活动。

1. 各种行业企业服务承诺的案例

除了中央的大型企业开展服务承诺活动之外，在政府有关部门的推动下，以及在市场经济的大环境下，企业出于市场竞争的需要，还有许多各行业、各地方、各部门（包括政府部门）、各种类型（包括大、中、小型企业）的企业都开展了不同形式的服务承诺活动。

（1）实例一：某制造企业售后服务承诺

① ××厂生产的产品，均严格按照质量保证体系的要求生产，主要原材料都是定点采购，原材料厂家，也是经我厂评定合格的分承包方。

② 各生产过程都严格按 ISO 9001 质量体系进行控制，确保达到标准要求，进行严格的出厂检验，保证出厂产品合格率 100%。

③ ××厂坚持“用户至上，质量第一”的原则，做好服务，认真履行责任，并且成立了专门的技术服务小组及技术联络方式，可以随时为用户免费进行技术方面、产品使用及产品使用过程中所遇到的问题进行服务，让用户真正体会到买时满意，用时放心。

④ 对用户来函、来电、来人提出产品质量等有关问题，立即回电回函，如客户需要可以提供 24 小时上门服务，派人到达现场，免费提供各种技术服务，分析原因解决问题。

⑤ 确因产品质量问题，我厂将包修、包退、包换、满足用户要求。

（2）实例二：某医院的服务承诺

① 做到服务热情周到，文明用语，不得对患者冷、硬、顶、推、拖。门诊提前 10 分钟挂号，方便病人就医。凡发现与病人顶撞、吵架一次罚款 20 元。

② 实行 24 小时应诊，落实首诊负责制，对急危病人先抢救后办理手续。

③ 坚持医疗原则，合理检查，合理用药，合理收费减轻病人负担。不开“搭车”药，“搭车”检查。科室个人不得私自收取现金。凡发现私自收取现金的科室和个人，扣当事人一季度奖金。

④ 廉洁行医，拒收病人“红包”、礼物。凡发现收受“红包”、礼物，经核查属实，除如数退还病家外，并处以原金额十倍的罚款。同时扣发收受者一季度奖金。

⑤ 患者对医院社会服务承诺不满意，可到院部投诉，投诉经查实后院方有责任向患者赔礼道歉，并对当事人进行处理。院方将设立咨询服务台投诉箱、投诉电话，进行监督。

以上是收集到的各行业提出服务承诺的几个案例。虽然各行业之间区别很大，承诺的内容各有不同，但是有一点是相同的：就是这些企业都希望通过对承诺的遵守和履行，来达到提高顾客满意程度的目的。

2. 服务承诺要一路走好

应该说企业提出各种服务承诺并不是一件很难的事，但是如果真正要遵守和履行自己提出的服务承诺，特别是如果能够经得起社会公众的监督和检查，肯定就不是一件很容易的事。由此看来，遵守承诺绝对不是一种简单的活动。如果企业不掌握遵守承诺的各种客观规律，今后很难保证可以顺利地有效地推行服务承诺。企业过去之所以在推行服务承诺活动过程中，出现了种种企业不愿意看到的结果——不遵守承诺，一个重要的原因就是没有很好地掌握服务承诺必须遵循的客观规律。如果企业能够掌握这些规律，就可以大大减少在本章开头所出现的种种问题。也会更加有利于服务承诺制的推行和落实。

推行服务承诺制本身是一件好事，但是只有遵循其客观规律，才能大胆地往前走！

第三节　遵守承诺是一种体现服务可靠性的活动

必须认识到遵守承诺也是企业开展的一项重要的服务活动。之所以强调它是重要的服务活动，因为它与服务之间有着十分密切的关系。众所周知，服务的可靠性是服务活动最重要的特性之一，而遵守承诺又是服务可靠性最具体的体现。所以本节重点对遵守承诺和服务可靠性之间的关系进行深入的探讨。

一、服务的基本概念

1. 服务的定义

GB/T 19000—2008是国家颁布的质量管理体系标准，在该标准中的3.4.2专门对服务作了如下定义。

“服务通常是无形的，并且是在供方和顾客接触面上至少需要完成一项活动的结果。

服务的提供可涉及，例如：

——在顾客提供的有形产品（如维修的汽车）上所完成的活动；

——在顾客提供的无形产品（如为准备税款申报书所需的收益表）上所完成的活动；

——无形产品的交付（如知识传授方面的信息提供）；

——为顾客创造氛围（如在宾馆和饭店）。”

为了能更深入地理解GB/T 19000—2008标准有关服务定义的内涵，有必要对服务这一定义作进一步的分析。

2. 对服务定义的理解

关于服务的定义，可以从三个方面来理解：

（1）指出了“服务具有无形性”的这一基本特征。服务不同于其他产品，它具有无形性的特征，这是与制造业硬件产品和流程性产品之间最主要的区别。强调服务具有无形性非常重要，因为具有无形性，才会派生出其他一系列的服务特点。

（2）指出了服务的基本条件。服务是“在供方和顾客接触面上”发生的。如果离开了这种接触的基本条件，就

不可能发生服务。与顾客进行接触有许多种形式，但是不管是什么形式，与顾客接触是提供服务的一个基本条件。

(3) 指出了服务的内容是指："至少需要完成一项活动的结果"。服务是产品的一种，所以提供服务活动以后就应该有结果，这里的"结果"应该是指，为顾客提供服务以后的效果和反映。物质生产劳动的效果表现在生产的物质产品上，通过有形产品来满足人们的某种需要。而服务劳动则是反映在直接满足顾客的需求上，其效果和反映主要是看顾客的需求是否得到满足，以及顾客对提供的服务是否满意等等。

应该说，遵守承诺就是一种服务活动的形式。因为承诺本身与硬件产品相比，就具有一种"无形性"，而且承诺就产生在企业与顾客之间直接接触的过程之中，而顾客对企业提出承诺的反应(包括购买或者不购买产品及满意与否)，本身就体现了承诺的一种结果。所以企业向顾客做出的各种承诺，并且能够认真地遵守和履行，本身就是一种为顾客服务的活动。

二、与顾客接触是服务的关键时刻之一

服务企业和其他行业之间的最显著、最本质的区别就是直接与顾客接触。其实，制造业售后服务部门以及投诉处理部门也是与顾客(包括投诉的顾客)直接接触的部门，这里把企业与顾客直接接触的每一时刻，都称为服务的关键时刻。

遵守承诺作为一种为顾客服务的活动，它必须要与顾客进行直接接触，而且这种接触，大多数都属于通过"书面或口头"等形式与顾客进行直接接触的。因此，从这一意义上讲，企业提供承诺过程，如果没有企业与顾客

的互动和配合，要提供成功的承诺是十分困难的。企业在推广各种承诺的活动中，往往是企业负责宣传和推广承诺的工作人员和接受承诺的顾客进行面对面的接触，这就决定了遵守承诺也是企业为顾客提供服务的一种关键时刻，如果这个关键时刻把握得好，就有可能达到增强顾客满意的目的，反之，也会成为顾客流失的"导火索"。

三、关于服务的可靠性

美国著名的市场营销学者科特勒曾经指出：顾客用来判断服务质量的五个基本方面是：可靠性、反应性、保证性、同情心、有形化。如果五方面分数累计为100分，那么根据顾客回答的重要程度分别为：

可靠性：占32%；

反应性：占22%；

保证性：占19%；

同情心：占16%；

有形化：占11%。

从以上数据可以看出，美国学者科特勒把"可靠性"作为顾客中的判断服务质量的五个基本方面的第一位，占全部总分的32%，几乎占了三分之一。

科特勒认为，所谓"可靠性"就是指："执行已承诺的服务的可信赖性和精确性的能力"。美国服务学者詹姆斯认为："可靠性是可靠地、准确地履行服务承诺的能力。可靠的服务行动是顾客所希望，它意味着服务以相同方式、无差错的准时完成"。在这些专家眼里，"说到做到，言而有信，遵守承诺"是企业提供服务的最基本，最重要的内容之一，也是顾客判断服务是否具有可靠性的最重要手段。

四、遵守承诺是体现服务可靠性的主要手段

企业在为顾客提供的服务中，遵守承诺的重要作用主要表现在以下三个方面：

1. 遵守承诺是提高服务可靠性的关键

要减少顾客投诉行为的产生，一个重要因素就是需要遵守企业提出的承诺，而这很大程度上取决于与顾客接触的这一关键时刻。在这一时刻中，顾客要受下列各种因素的影响：企业提出的承诺是否真实可靠？企业是否具有履行承诺的能力？顾客在决定购买产品和服务以后，企业是否能认真履行其提出的承诺？等等。实际上在这一时刻中，顾客与企业之间有一个复杂的、心理的互动过程。一般来讲，第一步是认知过程。只有当这种认知积累到一定程度时，顾客才会对企业提出的承诺有兴趣。第二步是情绪过程。顾客对企业提出的承诺产生一种信任，提高了服务的可靠性，感到自己的需求能够得到满足，这种逐步满意的情绪会对顾客购买行为的产生会有直接的影响。第三步是意志过程。通过与企业的互动，不仅消除了顾客对企业各种承诺的疑虑，而且看到了企业的真诚，就会对企业产生信任和好感，在这种情况下，产生购买该企业提供的产品和服务的行为也就顺理成章了。通过以上分析可以看出，顾客购买商品和服务行为的产生，实际上与企业如何有效地提高服务的可靠性这一关键时刻有着直接的关系。

2. 遵守承诺是评价服务可靠性的重要因素

顾客对服务可靠性评价还会来自于企业遵守承诺的

过程中，即顾客对这一关键时刻的自身感受。这里强调的是，无论企业是否能够认真地遵守承诺，顾客都会对服务的可靠性做出评价：如果企业能够真正地遵守自己所提出的承诺，顾客对该企业服务可靠性的评价必然就高，反之就低。而这种评价都会对顾客本人和顾客周围的消费群体产生重大影响。先从顾客本人角度分析，如果企业在遵守承诺这一关键时刻中能给顾客留下良好的印象，顾客就有可能再次光顾；反之，顾客就会停止购买这项服务(包括商品)。再从顾客周围的消费群体看，因为不满意的顾客总会以各种方式来散布对企业的不满，所以顾客本人对服务可靠的评价还会影响周围消费群体对该企业服务可靠性的评价。

3. 遵守承诺是决定企业是否有“回头客”的前提条件之一

在与顾客接触中，常常看到这样一种现象：很多顾客往往会在接受服务的过程中，因为企业能够遵守承诺而大受感动，从此就经常光临该企业，成为一名忠实的顾客；或者也是因为企业未能履行自己的承诺使顾客大失所望，甚至耿耿于怀，从此不再光临。这就充分说明，企业只有通过遵守承诺，才能有效地提高服务的可靠性。而服务可靠性的提高，必然又会为企业争取更多的“回头客”创造有利条件。有资料表明，争取一位新顾客所花的钱，要比保持一位老顾客多 6 倍。因此，如果仅仅是因为在顾客的接触中，特别是在企业遵守承诺的过程中，与顾客发生了摩擦，使企业失去一位老顾客，其后果是无法挽回的。所以，企业只要把握住遵守承诺这个机会，就可以为企业赢得更多的“回头客”。

当然，企业通过对承诺的遵守和履行，还可以大大提高顾客的满意程度，同时还能减少顾客投诉产生。关于这一点，本章在下一节要重点进行论述。

第四节　遵守承诺和顾客满意基本理论

遵守承诺可以大大提高服务的可靠性，从而达到增强顾客满意程度的目的。因此可以说，遵守承诺是顾客满意的前提条件之一，而顾客满意应该是遵守承诺所追求的目标。正因为如此，要做到遵守承诺，还必须要了解和掌握顾客满意的相关理论。顾客满意理论包括丰富的内容：关于顾客满意定义、顾客满意在 ISO 10001 中的地位以及顾客满意的公式等。下面分别进行论述。

一、关于顾客满意定义

首先企业必须要理解什么是顾客满意。在 ISO 10001定义中，明确引入了顾客满意定义（见本书附录一），这充分说明在投诉处理的过程中离不开对顾客满意基本概念的掌握。

在 ISO 10001 中 3.5 对“顾客满意”的定义作了如下表述：

> 顾客对其要求已被满足程度的感受
>
> 注 1：顾客抱怨是一种满意程度低的最常见的表达方式，但没有抱怨并不一定表明顾客很满意。
>
> 注 2：规定的顾客要求符合顾客的愿望并得到满足，也不一定确保顾客很满意。
>
> ［采用 ISO 9000:2005，3.1.4］

二、对顾客满意定义的理解

顾客满意是“顾客对其要求已被满足程度的感受”。这一定义包含了两层内容：

一是顾客满意只是顾客的一种感受。从顾客角度看，顾客这种感受是在与企业提供产品和服务的接触中产生的，这是一种“纯主观”的感受，而且这种感受会受到多种因素的影响。例如，顾客感受可以通过企业品牌、形象的宣传和他人介绍等渠道来获得；顾客也可以从亲身的实际感受来获得等等。应该说，顾客亲自体验是最重要的感受，也是企业了解顾客满意或者不满意信息最重要的渠道。虽然顾客满意有一定的规律（如顾客都希望得到热情的服务、希望产品使用方便等），但是由于它是一种“主观”的感受，不同顾客对同一产品和服务的满意程度可能是完全不同的。所以“顾客满意”可能会因人而异、因地而异、因时而异。这就告诉企业，在了解顾客满意程度时，仅仅调查少数顾客感受是不够的，一定要调查足够样本才能代表顾客的总体。

二是顾客满意与否的这种感受与“对其要求已被满足程度”有着直接的联系。如果顾客要求已被满足，其感受就是顾客满意。相反，如果顾客要求没有被满足，顾客感受就是不满意。可以说，顾客被满足的程度越高，顾客就越满意；反之，顾客就越不满意。由此，企业可按顾客的满意程度划分为若干的等级：

（1）很满意。顾客要求不仅得到满足，而且还大大超越了顾客的期望，其表现形式为：高兴、激动、感谢等，以表明自己兴奋的心情和愉悦感。顾客很可能因为很满意，从而成为企业的忠诚顾客——“回头客”。

(2) 较满意。顾客要求已得到较大的满足。其表现形式为称心、满足、得意等。这种满意程度仅次于很满意。

(3) 一般满意。顾客要求只是基本得到了满足,仅仅达到顾客的期望,由于没有超越顾客的期望值,所以只能给顾客一种"不出所料"之感。顾客对于这种感受没有明显的情绪反应,只是有一种"不好不坏"的感受。

(4) 较不满意。顾客要求并没有得到基本满足,有一种"略有所失"的感受。其表现形式为不满、抱怨、表示遗憾。如果企业没有对此采取积极的补救措施,就可能会永远失去这位顾客。

(5) 很不满意。顾客要求根本没有得到满足,有一种"大失所望"的感受。顾客表现形式为情绪激动、生气、投诉、愤怒、极为反感等,这是企业最不希望看到的一种顾客感受。因为很不满意的顾客,很可能再也不会光临该企业,甚至还会传播对企业的不满,给企业造成损害。

从以上顾客满意的不同程度看,顾客对产品和服务的感受直接取决于顾客对要求被满足的程度。简而言之,只要顾客的要求得到了满足,顾客就会满意;反之,顾客就不满意。

三、对顾客满意定义中注 1 内容的理解

> 注 1:顾客抱怨是一种满意程度低的最常见的表达方式,但没有抱怨并不一定表明顾客很满意。

顾客抱怨(包括投诉)都是顾客不满意的一种表达方式,它说明顾客要求没有(甚至完全没有)被满足。因此,

有顾客抱怨和投诉就表示顾客不满意，这是完全正确的。反过来讲，如果没有抱怨和投诉，就等于顾客满意了吗？也不一定。为什么没有顾客抱怨（包括投诉）并不等于顾客是满意的呢？

大家知道，如果有100个顾客对企业提供的产品和服务不满意，并不是所有顾客都会前来投诉的。前来投诉的顾客只占不满意顾客中的一小部分，而其他顾客只是因为有各种原因没有前来投诉罢了。但是如果说这些不满意的顾客没有投诉，就等于对企业提供的产品和服务顾客是满意的，这种结论显然是错误的。

四、对顾客满意定义中注2内容的理解

> 注2：即使规定的顾客要求符合顾客的愿望并得到满足，也不一定确保顾客很满意。

该注解告诉企业，如果仅仅满足顾客规定的要求是不能确保顾客很满意的；要使顾客很满意，不仅要满足顾客规定（明示）的要求，还要满足顾客的隐含和潜在要求。而且在条件许可的情况下，还要争取超越顾客的期望，才能使顾客很满意。

顾客满意定义中注2的内容十分重要。它主要体现在ISO 10001中3.3关于投诉的定义中，该定义特别强调在投诉处理的过程中，企业也必须要特别关注投诉顾客明示的和隐含的要求（见第四章第二节）。其实，企业在提供承诺的过程中，ISO 10001所提出的指导原则中，强调透明、方便、准确等（见本书第四章第三节），这些要求就是企业必须要给予关注的顾客隐含要求。因为这些透明、准确、方便等要求，顾客不一定会向企业明示，但是

如果这些要求得不到满足，企业在提出各种承诺的过程中能保证顾客满意吗？显然是不可能的。

五、顾客满意是 ISO 10001 标准的理论基础

在本书所探讨的 ISO 10001 标准中，有许多条款充分体现出顾客满意理念的影响，由此可以看出，顾客满意是该标准的重要理论基础。

1. 从 ISO 10001 标准的作用看

在 ISO 10001 的总则中，一开头就强调：

> 保持高水平的顾客满意是许多组织面临的重要挑战。迎接这种挑战的途径之一就是实施顾客满意行为规范。

从以上论述中企业可以清楚地看到，ISO 10001 的出台的根本目的就是为了保持高水平的顾客满意度。由此可见，顾客满意是制定 ISO 10001 的主要目的。为了达到这一目的，就必须要实施顾客满意行为规范。对于什么是顾客满意行为规范的概念，和如何实施顾客满意行为规范，将在本书第三章有专门的论述。但由此可以看到，理解和掌握顾客满意的相关理论，对于解读 ISO 10001有着重要的意义。

2. 从相关的术语和定义看

在 ISO 10001 第 3 章仅有的 6 个术语和定义中，有许多都与顾客满意有密切的关系。例如在该标准中，再一次把顾客满意定义引入其中（见 3.5）。而且令人感兴趣的是，与 2004 年出台 ISO 10002 不同，在 ISO 10001 顾客满意定义中，不但引入了顾客满意定义的本身，而且

还引入了顾客满意两个非常重要的注解。这充分说明顾客满意这一重要基本概念，不仅是 ISO 9000 和 ISO 10002、ISO 10003 标准的核心和灵魂，而且也是 ISO 10001的理论基础。又如在 ISO 10001 的 3.1 中，还专门制定了顾客满意行为规范的定义，该定义与顾客满意定义有着非常密切的关系。由此可见，掌握顾客满意理论应该是解读 ISO 10001 的一把“钥匙”。

3. 从顾客满意行为规范的框架看

在 ISO 10001 的 5.1 就指出：

> 规范的策划、设计、开发、实施、保持和改进应由进行决策和活动的组织框架给予支持。

以上论述告诉企业，实施 ISO 10001 的目的就是要围绕着顾客满意行为规范，来建立相应的体系框架（详见本书第四章）。因此建立顾客满意行为规范应该是 ISO 10001的核心内容。而顾客满意行为规范的建立，又离不开对顾客满意相关理论的掌握，因此顾客满意相关理论是 ISO 10001 的重要理论基础。

通过以上分析可以清晰地看到，顾客满意作为本标准引入的一种理念，已经在 ISO 10001 标准的许多条款里得到贯彻和体现，并且成为企业所追求的一个最终目标。

4. 从遵守承诺、顾客满意和投诉处理的关系看

尤其值得关注的是，ISO 10001 作为国际标准化组织 ISO/TC 176 出台的投诉处理系列国际标准之一，该标准所强调的遵守承诺是作为减少顾客投诉产生的重要

措施提出来的。为了能够有效和高效地处理顾客投诉，又必须要减少顾客投诉的产生。而要减少顾客投诉的产生，企业就必须从遵守承诺做起，通过遵守承诺来达到减少顾客投诉的目的。一旦顾客的投诉减少了，就可以为有效和高效地处理顾客投诉奠定良好的基础，这也就意味着顾客满意的程度提高了。

对于遵守承诺和投诉处理之间的关系，将在本书第三章重点进行论述。

六、关于顾客满意公式

掌握顾客满意的理论，除了必须理解 ISO 10001 所提出的顾客满意定义的内涵之外，还离不开对顾客满意理论公式的掌握。顾客满意理论公式和顾客满意定义两者在本质上是一致的，只不过表述方式上有所不同而已。

1. 顾客满意公式的内容

在现实生活中，想要购买某项服务的顾客在接受服务之前，在他的心里会有“我可以得到对方提供某种水准服务”的期待，这种“事先期待”就是顾客预先的期望值——一种期望得到的感受。而在得到该项服务以后，顾客必然会对服务的实际水平有一种评价，这种“实际评价”就是顾客的一种实际感受。顾客的满意程度，也可以说顾客对服务质量的评价，就取决于顾客的现实感受和顾客期望感受的相对关系。

对此，在西方服务业管理学中，把它归纳为这样一个公式：

顾客的满意程度＝顾客的实际感受－顾客的期望感受(值)

对这一公式的理解，应从公式中所表示的三个要素，即顾客的实际感受、顾客的期望感受（值）和顾客满意程度之间的一种定性关系来认识。这并不代表三个要素在绝对数量上的增减，而是应该认识到企业可以通过调整公式右侧的两个要素（即顾客的实际感受和顾客的期望感受）来提高顾客的满意程度。

从上述公式中可以得出以下三点结论：

一是当顾客的实际感受高于顾客期望感受时，顾客会得出“比听说的还要好！”的评价。顾客对服务肯定是满意的，而且他也有可能成为再次光临的顾客。

二是当顾客的实际感受等于顾客的期望感受时，顾客会认为只不过是得到一般的、理所当然的服务而已，不容易给顾客留下深刻印象。

三是当顾客的实际感受低于顾客的期望感受时，由于顾客期望的要求没有得到满足，顾客就会产生不满意，如果不采取补救措施的话，就可能会从此失去这位顾客。

总之，要使顾客满意，就必须使顾客的实际感受高于顾客的期望感受。一旦顾客的实际感受没有达到顾客的期望值，就必然会造成顾客不满意。

2. 提高顾客满意程度的两种思路

根据上面介绍的顾客满意公式，要使顾客满意度提高有两种最基本的思路。一种是假设顾客的实际感受是相对稳定的，尽量降低顾客预先的期望，就会使顾客的满意程度提高。用公式表示为：

↑顾客的满意程度＝顾客的实际感受－顾客的期望感受（值）↓

另一种情况，假设顾客期望感受没有被影响，保持相

对的稳定，那么通过提高顾客的实际感受，也可以达到使顾客满意程度提高的效果。用公式表示为：

↑顾客的满意程度＝↑顾客的实际感受－顾客的期望感受（值）

这就是说，企业为了提高顾客的满意程度，可以采取以上两种基本思路：降低顾客的期望感受或者提高顾客的实际感受，都可以达到增强顾客满意程度的目的。

3. 控制顾客的期望——增强顾客满意的第一种思路

控制（或降低）顾客的期望感受（值），是提高顾客满意程度的主要措施之一。由于控制顾客的期望值和遵守承诺相关理论有着密切的关系，它不仅为遵守承诺提供可靠的理论基础，而且它构成了 ISO 10001 重要的指导思想，所以我们要重点论述。关于对部分内容在本书的第二章第一节要对它进行重点进行探讨。

4. 提高顾客实际感受——增强顾客满意的第二条思路

提高顾客的实际感受，同样可以达到增强顾客满意程度的目的。这是提高顾客满意程度的主要措施之二。

由于顾客的满意程度很大程度上取决于顾客的期望感受和顾客的实际感受这两个因素，而企业要对顾客期望感受进行理想地控制和调整，要有一整套的方法和技巧（详见本书第二章第五节），因此，设法增强顾客的实际感受应该成为提高顾客满意程度的另一条重要途径。提高顾客的实际感受方法有很多，其中就包括在下面增强顾客满意的关键要点之中。

七、增强顾客满意的关键要点

增强顾客满意要点的内容十分丰富，下面运用顾客满意的基本理论，从企业遵守承诺的角度，向大家介绍一些有关内容。

1. 注意一次性服务和重复性服务的区别

根据顾客满意公式提出了基本原理，顾客满意程度的高低取决于顾客实际感受与顾客期望值之间的差距。因此，不管是遵守承诺也好，还是投诉处理也好，都必须警惕由第一次的低期望感受和高实际感受之差所形成的第二次高期望值。用一句通俗的话来讲，一旦形成了顾客较高的期望值，要让顾客的这种较高的期望值降下来可就非常不容易了。因此企业在推出各种承诺的过程中，必须要恰当地、实事求是地提出企业的承诺，要为防止顾客投诉的产生创造良好的条件。

因为根据顾客满意理论，如果从短期的一次性观点看，顾客的预先期望和顾客实际感受之间的两个值的差额越大，顾客满意程度就越高。但是，如果从长期有重复的观点看，这两个值之间的悬殊差异会给以后的重复服务带来困难，会使以后两个值之间的差越来越小。所以从长远看，必须保持两个值之间的差异不宜过大。这就意味着无论提高顾客的实际感受，还是降低顾客的期望感受都必须要作到留有余地。上述观点对于企业提出承诺是十分重要的。

对企业而言，由于遵守承诺是一种长期性的，重复性的服务活动，因此从长期的、重复的观点看，顾客的实际感受和顾客期望的两个值之间悬殊差异，必然会给以后

重复的遵守承诺带来困难。从提供承诺的整体活动看，企业有许多提供承诺的活动都有可能要重复进行。那么下次顾客的期望感受就直接取决于这次遵守承诺的现实感受，因为顾客的亲身体验就必然会构成顾客的现实感受。如果顾客的期望仅仅是一次性的话，那么两者（指顾客的实际感受和期望感受之间）的差距就可以大些，反之则应该小一些。顾客期望值的增长是极为容易的，只要具有可供作为形成期望依据的信号（甚至是暗示）就可以了。但是若要使顾客已形成的、过高的期望值再次降低则非常困难。如果企业无法使顾客增长的期望得以兑现，就会大大影响顾客的满意程度。这就要求企业在开展承诺活动的过程中，一定要根据企业的实际能力，提出力所能及的承诺。

2. 要抓住“核心要求”不放

如果企业对各种服务活动进行详细分类就可以发现，在向顾客提供的任何一种服务（包括服务承诺）中，总是有一种“核心要求”——在该项服务中明显居支配和主导地位的服务要求，在起一种核心和骨干的作用，这种“核心要求”也是顾客的实际感受最关注的那一部分。

企业在提供承诺的过程中，也应该紧紧抓住核心部分，因为这是顾客最关注的那部分内容——即遵守和履行承诺的能力。如果企业具有这种能力，那么在企业提供承诺过程中，顾客的核心要求就得到了满足，顾客满意就会有基本保证。至于在提供承诺过程中，企业的人员是否彬彬有礼，着装是否整齐等内容，尽管也可能对提供承诺的过程会产生某些影响，但这绝不是顾客所追求的根本目的。因为在企业遵守承诺的过程中，顾客最关注的核心内容只有一个，就是企业提出的承诺是否能够遵守，是否能够“说到做到”这是顾客最关心的问题，而其他问题对于顾客来讲都是次要的。

ISO 10001 的核心内容就是为帮助企业在提供承诺过程中，采取各种有效的措施来遵守承诺：包括遵守承诺的一些基本原则、编写制定各种服务承诺和产品承诺的程序文件、对各种承诺的实施以及对提供承诺过程的监督和改进等（详见本书第三、四、五、六章）。这一切都是为了一个目的，就是帮助企业在遵守承诺方面掌握相关的知识和基本要求，使企业能够更好地遵守和履行自己提出的承诺。只有紧紧抓住这一点，企业才能抓住遵守和履行承诺的核心，才能使顾客满意得到根本的保障。

3. 还可以在“辅助要求”上下功夫

顾客除了“核心要求”之外，还有一系列的其他要求。这些要求虽然没有处在主导和支配性的地位，但是也不应忽视，这里把这部分服务称为“辅助要求”。“辅助要求”是相对于“核心要求”而言的，它可以为核心要求起着保证和烘托的作用。

应该看到，随着同行业之间的竞争日益激烈，同类型企业在遵守和履行承诺的过程中，在顾客对核心要求——履行承诺的能力——能够得到基本满足的情况下，顾客满意在很大程度上就取决于这些“辅助要求”的满足。如果说顾客对核心要求的满足一般都属于顾客明示要求的话，那么顾客对辅助要求的满足则应该属于顾客的隐含要求。

根据 ISO 10001 中 3.5 顾客满意定义的注 2 所强调的内容，即使顾客明示的要求得到满足，也不能确保顾客

很满意，因为还有许多顾客隐含的要求没有得到满足。而顾客对辅助服务的要求，恰恰有许多都属于顾客的隐含要求。在ISO 10001所提出的指导原则中，如透明、方便、准确等等都属于顾客对承诺所提出的隐含要求——属于虽然顾客没有明示，但它是规定用途所必需的要求（见ISO 9001中7.2.1）。如果企业在提出承诺的过程中，对这一类顾客的隐含要求没有得到足够的关注和充分的满足，顾客同样会对承诺不满意的。

因此，企业在提供承诺的的过程中，一是要恰当处理好投诉顾客的"核心要求"和"辅助要求"之间的主次关系，切不要喧宾夺主。这就是说，企业在为顾客提供的各种"辅助要求"的时候，一定要明确突出"核心要求"的地位，其他的辅助要求都应该围绕着核心要求来进行。在市场竞争十分激烈的情况下，为了争取更多的回头客，在企业提供承诺的过程中，为了提高顾客满意的程度，在不影响核心要求——提供企业能够遵守和履行的承诺为前提，可以适当地增加顾客对辅助要求的满足，使顾客能够更加方便和准确的理解企业提出的承诺等等，就会更加有利于顾客满意程度的提高。所以在企业提供承诺的过程中，增强顾客满意也可以在"辅助要求"范围内实施，但必须牢记应该围绕着"核心要求"来进行这一宗旨。

4. 增强顾客满意的其他一些基本原则

在实施ISO 10001的过程中，提高顾客满意程度还必须遵循的其他一些基本原则。这些原则是：注意服务细节、区别不同对象、尽量方便顾客和关注受控状态等等。因为受到篇幅的限制，无法展开论述。这部分内容读者可以参考笔者撰写的"服务与顾客满意丛书"中的

《顾客满意:服务企业理解 GB/T 19000—2000 族标准的新视角》和《重在受控和方便顾客》这两本书。

第五节　遵守承诺首先是企业的一种社会责任

对于企业而言,遵守承诺不仅需要有一套科学的方法和技巧(见本书第二章),它首先还是一种社会责任。

一、言而有信、遵守承诺——当代社会的美德

"一言九鼎,一诺千金",是衡量人品、信誉的天平,它不仅是中华民族的传统美德,对于一些经过长期市场经济洗礼的西方国家,也同样把遵守承诺当做一件大事来抓,对企业而言尤其如此。

在现代化的文明社会里,遵守承诺,讲究信誉应该是当代社会文明应该具有的第一美德。不久前,广东《家庭》杂志社在全国做了一次关于当代美德认同状况的抽样调查,结果发现,人们普遍公推"守信"这一美德,因其认同率名列榜首,被誉为"当代第一美德"。也许正因为如此,西方发达的资本主义国家也把守信,看做是经营企业的第一个最基本要求。如果你不信,请看这样一个十五万美元"买"美名的故事。

1986 年的一天,某国航空公司由日本东京飞往伦敦的波音 747 型 008 号定期航班,因故需要改作另一次商业飞行。经过机场人员的耐心劝解后,已经登机的 190 名乘客离开 008 号,上了另一架临时班机飞走了。可是有位名叫大竹秀子的日本小姐执意不肯离开飞机,无奈,机场只得与总部取得联系,寻求解决的办法。总部立即召开高级公共关系顾问紧急磋商,并果断地作出决

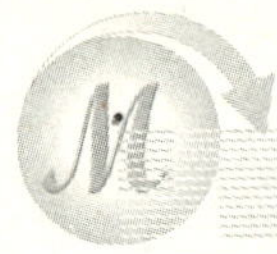

定:利用这一棘手的突发事件,制造一起新闻,希望通过“遵守承诺”这一活动来提高公司的知名度和美誉度。

定员350人的波音747宽体客机只载着大竹秀子一位乘客从成田机场腾空而起,机上15位空中小姐,6位机组人员为大竹小姐提供了极为热情周到的服务。她被请进头等客舱,享受了两餐极其丰盛的美味佳肴,看了两场电影,还美美地睡了一大觉——大竹秀子享受了一次胜过某国女王的超豪华旅行。经过13个小时的飞行,当008号班机在伦敦机场徐徐降落时,早已闻讯赶来的上百名某国各电视台和各报社记者蜂拥而至,将兴奋得难以自制的大竹秀子团团地围住……。当天,某国各大小报都在显著位置报道了这一戏剧性的事件,电视台做了现场报道。至此,某国航空公司一次成功的公关策划降下了帷幕。

这次飞行,使该公司直接损失了15万美元,但该航空公司“遵守承诺”的美名从此名扬天下。精明的策划者仅仅使用了15万美元的费用,就成功地为某国航空公司做了一个“遵守承诺”的全球广告,某国航空公司利用了这次突发事件,树立了“说到做到,言而有信”这样良好的企业形象,可以想象,这样的企业难道不会获得顾客更多的信任吗?有了这种信任,公司还会发愁客源吗?

尽管这个例子有人会认为只是企业的一种“作秀”,一种“炒作”。但是大家不得不看到,也不能不承认,某国航空公司正是利用了人们对企业应该遵守承诺的一种追求和向往,利用了诚信在当前市场经济活动中所具有的,独一无二的作用——对于提高企业美誉度和知名度的巨大作用,才策划了这样一次活动。这至少从另一个侧面说明在市场经济条件下,言而有信、说到做到、遵守承诺正是受到社会公众普遍认可的一种社会美德。

由此可见，无论对于国内和国外，只要是一个勇于是承担社会责任的企业，都不会把承诺作为儿戏，承诺自己能够做到的，兑现自己应该兑现的，这对于提高顾客满意程度、塑造企业良好形象，的确会起到积极的推动作用。

二、虚假承诺——一颗必须铲除的“毒瘤”

在推行服务承诺制的活动过程中，广大老百姓最为反感的、最容易引起顾客强烈不满和投诉的，就是某些不良企业所推出的虚假承诺，这些企业恰恰利用老百姓对企业承诺的一种信赖，却干起了不法的勾当。对于这种明知故犯的行为，有关部门应狠狠地打击，应绳之以法。

虚假承诺的形式有很多种：有的是“偷梁换柱”地进行欺骗；有的是“明目张胆”地进行欺骗。请看一个由媒体报道的案例。

案例 1

这是某媒体根据顾客的投诉，派记者针对某企业的虚假承诺进行调查的一篇报道。报道摘录如下：

记得一家红木家具厂有这样一句广告词：“没用一根钉子，却牢固无比”，这种斩钉截铁的承诺，说的就是红木家具。我们的红木家具因为榫卯结构这一中华民族独创的传统工艺而自豪。不过我们也听说过红木家具用铁钉的事，但这一直为业界所鄙夷，所以用铁钉也是偷偷摸摸。尽管如此，偶尔还是会惹出一些麻烦来。本刊编辑部就接到了北京一位消费者的投诉。

那是11月16日下午3点半，一位消费者打来电话，气愤地说他在××××买了4件红木家具，回来后发现一把椅子上有13处用了铁钉，一个书柜4个门的每个角上都有钉子，榫卯做得也特别浅，只做了表面的榫卯。“他们这不是骗人吗？”消费者愤怒地说。

第二天，两名记者就去实地调查。这位姓李的消费者详细地向记者介绍了他发现家具里有钉子的整个过程。“买这几件家具时，我就问了销售人员是不是榫卯结构，有没有用钉子，销售经理向我保证说绝对没有。有一天，我在看到电视中介绍用吸铁石检验不锈钢制品的真伪时，忽然来了灵感，能否用吸铁石检验一下所购买的红木家具是否真的都没有一颗钉子呢？于是，我找来一块强力吸铁石，在所买的红木家具上检验了一遍，竟然发现了许多问题，书柜门的四角、圈椅的连接点、衣柜的局部连接处等都发现有金属物。我顿时有了一种上当受骗的感觉，立即给家具的销售厂家打电话，将我的发现告诉了他们。可是，销售经理却非常肯定地说他们的家具里不可能有钉子，而且对我的态度非常恶劣。我越想越气愤，为了捍卫自己的权益，我想寻求媒体的帮助，还自己一个公道。”

在李先生家里，记者拿吸铁石亲手试了试，果然，当吸铁石接近书柜门的四角、圈椅的连接点时，感觉到了一股强烈的往下吸的力量，吸铁石被牢牢地吸在了家具上。

就在记者调查此事时，李先生又打来电话，说这个厂家听说他已经与媒体联系了，董事长和夫人便来到了他家，承认了家具里面的确有金属物。“他希望我们能私下里解决这件事情，答应给我换一件新的书柜。”

李先生这件事，最后以厂家换了几件家具而告结束。算是“私了”吧。这李先生算是幸运的，他这无意中的一个举动，发现了家具中的质量问题。但却不由得使记者担忧起来，大家不知道，这种虚假承诺会使得有多少“李先生”，买了这样的劣质家具，却还蒙在鼓里。

案例分析

面对媒体对某企业进行虚假承诺的这篇报道，人们不禁要问：顾客为什么对这种产品和服务会感到愤怒（注意，不仅仅是不满意！）呢？原因很简单，这些企业利用了顾客对承诺的一种信任，而实际上这些企业所提供的产品和服务根本没有达到顾客的期望值，这种巨大的落差，才造成了顾客的愤怒，这是一种最强烈的不满意！这些企业为了招揽生意，故意用“红木家具没用一根钉子，却牢固无比”的虚假承诺来大做广告，以吸引了一些不明真相的顾客。这些顾客正是冲着广告词中的承诺而来的，因此“没用一根钉子，却牢固无比”就形成了这些顾客的期望值。可是企业老板并没有真正为顾客提供“没用一根钉子，却牢固无比”的红木家具，而是千方百计，挖空心思地来“宰”客：例如，用“偷梁换柱”办法在红木家具使用了钉子。可以设想一下，顾客如果了解到一个企业是如此进行“遵守和履行”自己承诺的，顾客怎么能会满意呢？对于这样的企业，各级政府的执法部门必须要进行狠狠地打击，才能杜绝这种丑恶现象的产生。

大家再看这样一个案例。

案例 2

一位读者曾经这样向报社投诉："去××市旅游千万提防'黑心'出租车！"为此该报社记者专门前往××市，算是见识了那里出租车宰客的厉害。记者提醒打算去那儿旅游的朋友"打的"时一定要留个心眼，防止出租车利用虚假承诺进行欺诈的伎俩。

下面是该记者发回的一篇报道。报道称：

一是防火车站当"托儿"的出租车。记者 27 日下午抵达××市，一出火车站就被一位中年妇女盯上。她信誓旦旦地承诺说："我是开出租车的，只要 5 元钱，就保证载你找到一个满意的酒店，我绝对不会骗你！"正犹豫着，就被连拉带拽地带到一辆出租车前。车子一会儿来到人民广场北面的一家酒店，最后房间以每晚 150 元成交。记者交完钱后回到房间，仔细一看，才发现房间桌椅很旧、空调不制冷、杯子上都是灰尘，心里如有鱼刺，但也自认倒霉，就此作罢。傍晚，记者"打的"去西浴场，路上和司机聊起自己的经历。司机说："火车站那帮当'托儿'的人特黑，你住那酒店现在正常价格在每晚 100～120 元左右，你 150 元入住，他们能从中提成 30～50 元。"记者连呼上当，心里觉得还是眼前这位司机实在。

二是防没有计价器的出租车。记者 27 日傍晚"打的"去西浴场时，一上车就让那位出租车司机又聊开来，聊得挺"投机"。到了目的地后，司机说："我车的计价器坏了，刚才没打开，从你住的酒店到这里正常要 15 元钱，我就收你 13 元。"记者还信以为真，还向他表示感谢。但让记者目瞪口呆的是，当记者沿原路"打的"返回酒店时，计价器显示的仅为10元！

三是防不胜防。28日凌晨记者"打的"去东浴场看日出，这次学乖了，一上车就盯着让司机（一名中年女子）打开计价器。车开动后，记者越坐越感觉不对劲，计价器显示的价格飞快地上蹿，最后显示的是13.2元，司机说收13元算了，记者迟疑地付了钱。由于雾太大，记者没看到日出，随后就"打的"回住处，结果计价器显示的是9.2元。对此情景，记者只能"自愧不如"……

案例分析

面对这样的报道，大家又看到虚假承诺的另一种形式：相比较前一个案例，如果说上一个是"偷梁换柱"，那么这一个则是有些"明目张胆"了。尽管在形式上各有不同，但本质是一样的，都是通过一种虚假承诺——利用顾客对企业提供产品和服务的一种信任，在干损人利己的勾当。

在本案例中，某市一些出租司机采取不正当的手段，表面上信誓旦旦，好话说尽，实际上却用"托儿"来引诱顾客，或者在计价器上大做手脚，来挣这种不义之财。这种严重侵犯消费者权益的做法，却口口声声用各种"承诺"向顾客打保票，就等于在宰客不法行为的外面还用一张漂亮的外衣进行包装，更具有欺骗性！实际上这是一种属于"明目张胆"的欺诈行为——却故意用所谓动听的口头承诺，来诱骗顾客上当。面对这种"虚假承诺"，采用如此不正当手段来欺骗消费者，有关部门必须要狠狠打击！

因为这些人和这些企业并不是不知道什么是承诺，而是利用人们的“轻信”，使得善良消费者受骗上当，如果有关部门不狠狠打击，就会严重影响到社会不良风气的形成！更何况，如果“虚假承诺”者能够轻易地得利，而不受任何惩罚，那么今后还有那个企业愿意真正履行自己的承诺呢？

三、遵守承诺首先是企业的一种社会责任

上述两个案例所反映的问题，虽然只是属于少数，但是在我国决不是个别企业才有的现象。这里关键在于这些企业并没有把遵守承诺首先看成是一种社会责任。

有些人以为，现在是市场经济了，作为企业应该把利润最大化作为追求的目标，因此有的企业以为只要挣到钱，就可以为所欲为，什么虚假承诺，什么不正当手段都可以采用。其实质是对市场经济的严重误解。事实上，从根本上来说，“守信”才是市场经济最亲密的战友。要使商品等价交换原则得以保证，“守信”是最基本的行为准则。随着我国市场竞争的日趋公平、公正，不诚实者必将被无情地淘汰。

所以，当今经济活动中那些“言而无信”的企业，又有什么“精明”可言？如果人人都能信守自己的诺言，都把信誉看得比金钱比生命还重要，社会上会有那些不遵守承诺的事情发生吗？

市场经济需要经济信誉大堤的维护。那么，谁来维护经济信誉大堤呢？除了国家经济管理部门和立法和执法部门要来维护经济信誉大堤，要采取各种手段，确保大堤的坚固以外，更为重要的是，所有企业都要通过自律来维护经济信誉大堤。每一个企业都应该诚实经营、信守

合同、遵守承诺、言而有信。每一个企业都应懂得，信誉大堤溃决时，受害的是自己和大家，谁也无法幸免。要从自身做起，从现在做起，要养成说到做到的良好习惯。

四、“霸王”承诺——企业必须克服的一种“陋习”

企业在推行各种承诺的过程中，还有一种现象顾客也会十分反感，就是某些企业往往利用自己在行业中的垄断地位，推出了具有“霸王条款”性质的承诺。它是指企业承诺的内容：只对企业有利，而对消费者和顾客不利，因为它违背了双方权力和义务对等的原则，这种承诺就是一种“霸王”承诺。

例如某些企业在承诺的内容中，经常还额外加上将一句话：最终解释权归本企业所有。“最终解释权”的意思是：“最终”是指最后、末了，再没有回旋余地。“解释”是指说明含义、原因、理由等。“最终解释权”就是最后的说明含义、原因、理由的权力。如果企业在向顾客提供的承诺中，有这样一句话，这就意味着企业对承诺的各项条款拥有可以做出对自己有利解释的权利。

企业在承诺中包含了“霸王条款”的内容，这是垄断性行业的一种“常见病”，它违背公平公正的基本原理，它不但不能达到增强顾客满意等目的，反而会引起许多不必要的投诉。换一句话讲，虽然这种承诺对一些具有垄断行为的企业来讲，也会认真履行和遵守，但是由于这种承诺的条款只对企业有利，反而对顾客不利，因此顾客对于企业这种承诺的遵守和履行是十分反感的。

为了对这些所谓的“霸王”承诺进行有效地限制，政府有关部门对此作了很大的努力。请看一个案例。

案例

为了使顾客在购买汽车过程中，减少许多不必要投诉的产生，在××市政府有关部门的推动下，采取了一项新的举措：推出了新的《××市汽车买卖合同》示范文本。在新的示范文本中，将汽车经销商的宣传广告、公开承诺等纳入合同的组成部分，以对这些“霸王”承诺进行必要的限制。在新的合同文本中做出了这样的新规定：

(1) 夸大宣传消费者有权退车

新合同规定，经销商应在交车时当场演示、检查车辆的基本使用功能，如实回答顾客的提问，配合顾客对车辆进行验收。顾客对车辆外观和基本使用功能如有异议，应当场向经销商提出，由双方进行确认。对于确属质量问题的，顾客有权要求更换车辆；对于车辆的配置等与广告宣传有出入的，顾客有权解除合同，更换车辆与解除合同的费用由经销商承担。

(2) 质量问题改为可直观认定

鉴于汽车质量鉴定费用较高，在实际纠纷处理过程中也发现有少数经销商以此来转嫁责任或阻塞投诉。新合同文本中采纳了市消协的意见，规定双方对车辆是否存在质量问题有争议的，依据法律规定或直观观察等日常生活经验能够直接确认的事实，可以直接作为判定问题的依据；需要进行鉴定的，以具有法定资质的汽车检验机构出具的书面鉴定意见为准。鉴定费由主张方垫付，由责任方承担；经鉴定无法明确责任的，由双方分担。

市工商局有关负责人强调指出，因汽车涉及金额较高，建议买车的顾客尽量选择或参考新的《××市汽车买卖合同》文本，以最大限度地维护自身合法权益。

案例分析

企业与顾客双方签订的购销合同，对顾客来讲，实际上就是企业向顾客做出承诺的一种书面形式。但是在过去的《××市汽车买卖合同》中，由于是企业强加给顾客的，所以存在着不少属于"霸王条款"内容：例如过去顾客在验车时，或者双方对车辆是否存在质量问题有不同看法时，即使双方有争议，也只能听经销商的一面之词等等。这种霸王承诺的内容，虽然企业能够遵守和履行，但是对顾客是极不公平的，因为它直接损害了顾客的切身利益。但是由于某些企业处在一种相对垄断的地位，而顾客由于处于一种弱势地位，而不得不被迫接受。但是在新的合同文本中，对此都作了必要的修改，维护了顾客的合法权益。

从以上案例可以看出，"霸王"承诺条款的出现，是某些垄断企业的一种陋习，也是我国某些企业所独有的一种现象，应该说在这些企业的经营活动中，或多或少地保留地着计划经济所遗留下的某些痕迹，它是与市场经济的公平竞争的宗旨相违背的，因为它破坏了市场经济公平竞争的原则，尽管它与虚假承诺还有一定程度的区别，但是说到底它也是一种企业对社会不负责任一种表现，也应该给以必要的谴责。

五、树立正确理念是企业遵守承诺的重要基础

无论是对于有一部分"明知故犯"的企业，他们故意

利用虚假承诺，有意欺诈顾客，以达到扩大促销的目的；还是有一些企业利用自己的相对垄断地位，向顾客推出“霸王”承诺，以谋取超额利润等，尽管表现形式各有不同，但对于这些企业所表现出来的行为，都存在着一个理念问题、道德问题。

以虚假承诺为例，如果从社会公德的角度，来认识遵守承诺的重要性的话，对于这一类不能做到“遵守承诺，说到做到”的企业，它不只是一个方法问题，而是一个理念问题和道德问题，更是一个社会责任的问题。要解决这一问题，仅仅向这些企业介绍遵守承诺的方法和技巧是没有实际意义的。除了政府部门要使用“重拳”狠狠打击之外，还应该形成“对虚假承诺，要人人喊打”的社会环境。虽然对这类企业“虚假承诺”问题的解决，不属于本书所讨论的重点，但是由于它直接影响到企业是否能够遵守承诺这样一个重大命题，因此在本节也作了一些有益的探讨，希望能够引起广大读者的关注。

再以霸王承诺为例。虽然霸王承诺和虚假承诺的性质有着根本的区别，但是两者同样都需要有正确的理念作指导，有一些企业之所以利用自己的垄断地位，推出所谓的霸王承诺，其根本原因就在于指导思想出了问题：即没有摆正自己企业在市场经济当中的地位。当然，对于某些企业之所以出现霸王承诺，也同样存在一个方法问题。因为这些企业之所以存在这些问题，与没有很好地掌握遵守承诺的方法与技巧也有一定程度的关系。

六、掌握科学的方法是企业遵守承诺的必要条件

要让企业真正做到“遵守承诺、说到做到”，决不是一件容易的事。这一观点包含着两层意思：一是企业要“遵

守承诺，说到做到”首先有一个理念问题和道德问题必须解决。因为任何科学的方法必须由正确的理念指导，否则再好的方法，也不能发挥其应有的作用。二是企业要“遵守承诺，说到做到”，仅有一种简单的热情是远远不够的，还需要通过掌握科学的方法才能加以实现。因为正确的理念更需要通过科学的方法来加以表现。所以这两者之间应该是相辅相成的。

那么，如果把当前不能很好地遵守承诺的企业进行分类的话，大致可以分为两大部分：除了有一小部分是属于“明知故犯”的企业之外，应该说大部分都是属于“方法不当”的企业。虽然这两类企业的结果都是不能很好地遵守承诺，但是它们出现问题的性质是不同的。对于属于“明知故犯”的企业，主要是由于没有正确的理念作指导而造成的，对于这些企业关键在于要树立正确的指导思想。这部分内容因不属于本书讨论的重点，所以不作进一步探讨。

本书讨论重点是对那些属于“方法不当”的企业提供必要的指导。我国一些未能很好地遵守和履行承诺的这些企业中，绝大部分都属于“方法不当”而造成的。

例如有的企业因为面临各种竞争的压力，只想到为了达到扩大促销的目的，只是为了“随大流、赶时髦”，就很随意地对顾客作出了不切实际的各种承诺。

又如有的企业因为没有掌握遵守承诺的基本原理和科学方法，尽管有良好的愿望，提出了各种承诺，但是并没有取得企业所预期的理想效果，反而给企业带来一些意想不到的“麻烦”。

还有一些企业尽管提出一些承诺，但是由于在内部缺乏相应的考核监督机制，最终表现的结果还是属于自

身履行承诺的能力不足。

另外还有企业，由于少数员工个人素质差，缺少自我约束能力，又没有进行及时的培训和管理，不懂得不履行承诺会给企业带来的严重的消极影响——往往由于个人的不良行为，却对企业带来不遵守承诺的恶果等等。

对于上述问题的存在，企业应该通过教育和培训，帮助企业尽可能地掌握遵守承诺的基本原理和方法，使企业能够通过遵守承诺，减少顾客投诉的产生，不断提高顾客满意度。ISO 10001 的出台，对企业能够更好地掌握遵守承诺的方法和技巧，提供了一次难得的机会，这也是笔者编写本书的主要目的，更是本书探讨的核心。因此，从下一章开始，对于企业应该如何正确地遵守和履行自己的承诺将专门进行论述。

第二章 遵守承诺的要点

“言而有信，说到做到”是遵守承诺的核心要求，但是企业要达到这样一种境界，却不那么简单，并不是一件容易的事，套用一句流行语就是：“遵守承诺，想说爱你不容易”。

本章就重点论述企业遵守承诺的过程中，应该掌握的一些最基本的技巧和方法，来帮助企业最终能够达到减少顾客投诉产生和增强顾客满意的目的。根据国内外企业在开展各种承诺活动的过程中，笔者总结和提炼出来的一些客观规律，按照企业承诺产生的先后顺序，下面把遵守承诺各个环节的一些关键要点归纳如下：

第一步，要掌握遵守承诺主要理论——控制好顾客的期望值，这是为企业遵守承诺奠定的理论基础。第二步，企业必须在向顾客公开承诺之前，对自己履行承诺的实际能力要进行科学的评审，这是

遵守承诺的重要前提。第三步，企业还必须要正确处理好遵守承诺和广告促销之间的关系，这是企业遵守承诺的必要条件。第四步，企业一旦向公众公布了自己的承诺，就必须要真正履行，“说到做到，言而有信”是遵守承诺的根本措施。第五步，当企业内部或者外部条件发生了变化，而不具备履行承诺的能力时，就必须要能够及时地调整顾客的期望值，这是减少顾客投诉的关键要点。第六步，如果企业由于自身的原因未能履行承诺，就必须向客户做出必要的补偿，这也是减少顾客投诉产生的重要补救手段。

以上各大步骤的具体内容，从本章第一节到第六节分别进行论述。理解和掌握本章的相关内容可以为解读 ISO 10001 创造很好的条件。

第一节　遵守承诺基本原理
——控制顾客的期望值

曾经有人这样说过：控制金钱，可以得到财富；控制饮食，可以得到健康；控制欲望，可以得到快乐；控制情感，可以得到幸福……说的是一个人，如果学会控制，就可以得到更多。当然本节在这里并不是在讨论人生哲理，而是要分析这样一个重要课题：控制顾客期望值，可以得到顾客满意。虽然这些人生哲理和遵守承诺这样的课题两者之间好像风马牛不相及，但是其基本原理其实是完全一致的。

对于本章节讨论的主题来讲，要达到增强顾客满意目的，一定要控制好顾客的期望值。要控制好顾客期望值，首先必须先掌握遵守承诺的基本理论。

一、从两则苦涩的案例谈起

在有关部门的倡导下，在若干年前，开始在窗口行业，广泛推行服务承诺制。原来这是一件利国利民的大好事，但是，有一些窗口行业，由于没有真正掌握遵守承诺的基本原理，而是为了“跟潮流、赶时髦”，不顾企业的自身实力，盲目开展所谓的服务承诺活动，其结果企业自身不得不喝下自己酿造的“苦酒”。由于笔者长期在商业系统工作，对此曾经有过刻骨铭心的体会。

1. 两则案例

案例 1

在若干年前，某省的百货大楼等 44 家商业骨干企业联名发表倡议书“坚决不卖假货”。同时还向消费者做出郑重承诺：“商品计量少一罚十，商品质量假一罚十，商品价格假一罚十”。这一举动在当时的商界产生了不小的影响。但让人深感诧异的是：几个月后，有关部门召开的一次会议上却宣布停止“假一罚十”的承诺。8 月底，某市百货大楼也宣布中止这一承诺。至此，当初联合发出

倡议的44家商业骨干企业全都中止了“假一罚十”的承诺。

为什么当初由商家自己“大张旗鼓”发出的服务承诺，在时隔半年之后就不得不“悄然收兵”了呢？

据了解，就在某市商界发出“假一罚十”的承诺之后不久，该市一位“王海式”的消费者，在参与承诺活动的某商厦，先后两次购买了四台东芝C2卡拉OK放像机，价值共计6 120元，经日本东芝公司上海事务所检验，该消费者所买的四台放像机都是非法组装商品。以此为据，他要求商厦依照“假一罚十”的承诺赔偿61 200元。因双方交涉未成，该消费者向法院提出诉讼，状告该商厦销售假货，欺诈顾客，并违背承诺。

据介绍，除该商厦外，这位消费者还在多处商场购买假货进行索赔，有的兑现了承诺，有的通过其他方式给予了解决。

后来，某市法院对该消费者购买商品质量索赔纠纷一案作出一审判决。法院认为：商厦明知其销售的东芝C2卡拉OK放像机是假冒商品却仍然出售，违背了商业道德，侵犯了消费者权益，同时也违背了向广大消费者公开做出的承诺，但法院同时也认为，当前商界在倡议书中做出的“假一罚十”的承诺违反有关法规规定，带有经营欺诈行为，客观上构成了对消费者利益的损害。所以法院依据《消费者权益保护法》，判定该商厦返还消费者的购机款，并予以一倍罚款。两项合计12 240元。

这一案例带给商家的却是苦涩的回味：因为没能遵守承诺而走上被告席，这恐怕是当初参加“假一罚十”承诺活动的所有商家所始料未及的。

案例 2

再请看某报报道的另一个典型案例，这件事虽然也发生了多年，但也有很多值得回味的地方。

1997 年 2 月 1 日上午十时，某市药材总公司下属××药店像往常一样客流不断。在药店中央，王经理把手里捧着的厚厚的两万元人民币当众交给顾客顾某，并向他郑重道歉。因为三天前，正在这里实习的大学生营业员多收了顾某 3 角钱，违反该公司向社会发出的公开承诺。

“如出售(1 粒)假药，赔偿两万元；发现一次违价，赔偿两万元；发生一次争吵，主动登报道歉”。这是某市药材总公司下属 49 个网点 2 000 名职工率先在医药系统推出的质量、价格、服务承诺，他们把这三项承诺写进责任状里、镶嵌在门楣上，登在报纸上。此次是该公司“三项承诺”实施一年零五个月后的第一次付赔偿费。

1 月 28 日下午，某公司工人顾某在一位女营业员负责的柜台询问双黄连口服液的价格。她按价格签回答：“14.15 元，”顾某要求开一盒。这时旁边又有别的顾客询问“养心氏”的价格，该营业员又按标签回答：“14.45 元，”笔下的票上就写成了“14.45 元”。违价就这么造成。被顾客围在当中的顾某 27 岁，就住在药店附近。他说，他经常在这里买药，对“三项承诺”非常熟悉。所以，第二天在其他药店发现他买的“双黄连”价格高出

3角，立即向该公司物价科要求赔偿。短短两天内得到赔偿，顾某并不奇怪。“现在各行各业承诺多，兑现承诺少，像总公司这样的一诺千金，才是国有药店的形象。”

24岁的这位女营业员仍然在前台售药，她是公司为更好地实施三项承诺、提高员工素质充实到营业队伍中的60名应届大学生之一。按公司《三项承诺营业员责任状》的规定，她需要承担其中的5 000元；药店经理和副经理分别负担2 000元和3 000元；其余的1万元由药店全体员工的当月奖金中扣除。参加工作只有半年的这位营业员表示，自己的疏忽确实造成了违价，既然公司承诺在先，就应该实现诺言。钱是向朋友们借的，她会作为一生的教训正视这件事。

然而，让人们意想不到的是，事情才过了一个月，在同样一张报纸上，又看到了一篇文章，文章的观点，却和以前大相径庭。内容如下：

一个月前，因营业员笔误多收3角钱而赔偿顾客两万元的某市药材总公司，最近遇到了一系列意想不到的事情。

先是该市医药公司其下属49个售药网点，不同程度出现了一些只开票不买药的“顾客”，期望营业员再出笔误，好“守株待兔”。3月2日，在××药店，一位因为营业员找不出零钱而被少找零3分的顾客，针对该公司的承诺，以“违价”为由，向公司索赔两万元。几天前，一位在××大街药店购买铝箔密封药片的女士发现，在原包装未损情况下，40粒药少了一粒，于是致信当地报纸，要求商家按承诺赔偿两万元。

市药材总公司是医药系统第一个推出质量、价格、服务"三项承诺"的单位。2月1日的"3角钱违价事件"赔偿，是"三项承诺"实施一年半后的首次赔偿。虽然当时就有人提出，赔偿两万元太高了，可商家认为，既要承诺，就得一诺千金。没想到，接踵而来的索赔，却使商家有些难以招架，全公司的2 000名职工感到了极大压力。一时间，厂家密封的板状药少粒是否由商家来赔？一律赔偿两万元是否合适？承诺到底应该如何完善？由谁来监督等等问题成了此间各界众说纷纭的话题。

2. 问题在哪里？

上述两个案例非常令人深思。作为国营商家能够提出这样的承诺，应该说出发点绝对是好的，是值得肯定的，它体现了中华民族"一诺千金、一言九鼎"的传统美德。可是为什么一件好事，却出现了种种麻烦？为什么企业向顾客做出了代价如此高昂的服务承诺，仍然还会引起一些顾客不满意呢？用专业术语来讲，问题就在于，这些企业向顾客做出公开承诺的时候，盲目地提高了顾客的期望值。

某省的百货大楼等44家商业骨干企业联名发出倡议书向消费者做出郑重承诺："坚决不卖假货"的动机绝对是好的，作为国营企业不仅仅是为了响应政府有关部门的号召，同时也是为了向消费者负责，才做出这样的承诺。但是好的动机并没有产生好的效果，结果使企业不得不就违背自己的承诺而走上了被告席。

某市药材公司公开承诺："如出售(1粒)假药，赔偿2万元；发现一次违价，赔偿2万元"。可以设想以一下，

服务人员仅仅才多收了顾客3角钱，若能做到“错一罚十”甚至“错一罚百”也就足矣！但是该企业却偏偏要赔偿2万元，而2万元是3角钱的6万多倍！这岂不是有点太荒唐了？因为在这种情况下，企业如果只赔偿19 999元，顾客也不会满意的，因为它还没有达到顾客两万元的期望值，而只有达到或超过两万元的期望值，顾客才能更加满意。可是企业有这种能力吗？

只有良好愿望是不能够确保企业履行自己提出的承诺。也就是说，只有良好的动机，并不能保证有良好的结果，企业应该提倡是动机和效果完美的统一。

3. 应该吸取的教训

两个案例所涉及的行业和发生的地点虽然各有不同，但是两者出现的问题，在性质上是完全一样。为什么这里要再三提出这样的案例进行讨论？除了因为笔者长期从事商业工作，对此有极其深刻的印象之外，更重要的目的就是希望企业要从中吸取沉痛的教训，以后应该避免类似问题的再次发生。应该说，这些企业推出的承诺的初衷都是良好的，其目的是为了配合政府有关部门开展的活动而提出的。虽然后来主管部门已经宣布承诺活动停止，但由于盲目地承诺带来的一系列问题却让人无法回避，其中的教训是十分深刻的。这个沉痛的教训就是，这些企业都是由于在对外承诺中，盲目地提高了顾客的期望值，而企业本身又没有履行服务承诺的实际能力才造成的。

有专家指出：“商家为了促销，扩大自己的经营，提出‘假一罚十’或者‘赔偿2万元’的措施，从法律角度讲，这是商家对消费者的一种承诺，从合同的角度来说，是一种附加条件的契约，如果消费者购买了商品，就证明消费者跟商家签订了这个合同，如果买到是假货，这个附加条件，就是'假一罚十'，或者'赔偿2万元'也就生效了。”

不言而喻，那种承诺时大肆宣扬，出了问题要承担责任时，却又偃旗息鼓，悄无声息的做法，作为商家确实有它的难言之隐。这两个案例从反面告诉企业，如果不掌握遵守承诺的基本原理以及技巧和方法，不能有效地控制顾客期望值，企业就无法真正能够履行自己的承诺。

所以如何有效地控制好顾客的期望值，是企业解决上述问题的关键所在。当然也应该是ISO 10001的理论基础。

二、控制顾客期望值是遵守承诺的理论基础

要掌握遵守承诺的基本原理，还必须从顾客满意公式进行探讨。

1. 顾客满意公式给我们的启示

根据在本书第一章第四节介绍的顾客满意公式，提高顾客满意程度有两种最基本的渠道。

一种情况，假设顾客的实际感受是相对稳定的，尽量控制和降低顾客预先的期望值，就会使顾客的满意程度提高。用公式表示为：

↑顾客的满意程度＝顾客的实际感受－顾客的期望感受(值)↓

另一种情况，假设顾客期望感受没有被影响，保持相对的稳定，那么通过提高顾客的实际感受，也可以达到使

顾客满意程度提高的效果。用公式表示为：

↑顾客的满意程度＝↑顾客的实际感受－顾客的期望感受(值)

这就是说，企业为了提高顾客的满意程度，可以采取以上两种基本思路：降低顾客的期望值或者提高顾客的实际感受，都可以达到增强顾客满意程度的目的。

在本节重点探讨第一条思路，即如何通过控制和降低顾客的期望值，来达到提高顾客满意程度的目的。

2. 遵守承诺可以减少顾客投诉的产生

根据以上论述的顾客满意公式，必须认识到，顾客不满意，或者是顾客投诉，往往与顾客的期望值有非常密切的关系，如果顾客的实际感受低于顾客的期望值，就会造成顾客不满，而这种不满的不断积累，就会形成顾客投诉。

结合上面谈到这两个案例，由于这些企业并没有根据企业的实际能力来提出自己的承诺，使得承诺无法很容易地兑现，因此造成了许多顾客投诉，出现这种情况实在令人痛心。必须认识到，顾客投诉的多少，往往与企业提出的各种承诺能否遵守和履行有着直接的关系，要减少顾客的投诉，首先要做到的是必须遵守承诺，说到做到。为了要体现企业是一诺千金、一言九鼎的，更要控制好顾客的期望值。

因此企业在提出各种承诺的过程中，如果发现提出的各种承诺远远高于企业的实际执行能力时，首先要做的事，就是在正式向社会公众提出承诺之前，对承诺的内容要做必要的限制。也就是说，一定要控制、约束和降低顾客的期望值，这是一条最重要的基本原则。所以在各种承诺的产生过程中，作为企业必须事先要通过各种手段或者方式，向具有过高期望值的顾客发出一个明确信号：这种引发顾客产生过高期望值的承诺是不现实的，是不可能兑现的。只有这样才能为企业很好地履行和遵守自己的承诺奠定一个良好的基础。这也是为什么企业在学习和理解 ISO 10001 之前，强调必须掌握顾客满意理论的重要理由之一。

3. 控制顾客期望值有利于提高顾客满意程度

由于顾客在评价某项服务和产品时，直接会受到顾客期望值的影响。所以企业在提供产品和服务之前，或者说在顾客接受产品和服务之前，必须要通过科学的、合理的承诺，使企业要有意识地控制好顾客期望值。必要时，甚至可以事先降低顾客期望值，这样可以使顾客所接受产品和服务的实际感受，比他的预期还好，就会很快地接受，并会感到满意。由于通过科学的、合理的承诺，可以使顾客期望值得到有效控制，这就为实际感受超越顾客期望值创造了有利条件，并可以为有效地提高顾客满意程度奠定良好的基础。反之，就会严重影响的顾客满意程度。

本节开始向读者提供的两则案例中，这些企业都犯了一个同样的错误，就是在向顾客提供的服务承诺中，由于没有对承诺的内容作出必要的限制，而盲目地提高了顾客的期望值（即没有控制好顾客期望值），实际上又没有能力来兑现提出的承诺，因而不得不咽下自己酿造的“苦酒”。

那么应该如何来解决这一问题呢？企业首先要了解顾客期望是如何产生的。

三、了解顾客期望值的形成

要控制好顾客的期望值必须要了解顾客期望值是如何形成的。顾客的期望值是一种“纯主观”的感受，而且是因人而异的。可以把形成顾客期望值的渠道归纳为以下几种：

1. 各种承诺和广告促销活动

不管是工厂、公司，还是银行、商店，这些企业对顾客期望值产生影响的，就是这些企业通过大众媒体所进行的各种广告宣传和承诺。顾客都是因为接受了广告攻势和承诺的宣传之后，对自己将要得到的服务和产品就会在心目中描绘出一幅“形象图”——并想像，如果到这些企业之后，所接受的服务和产品应该与广告和承诺是一样的。

2. 推销人员推销语言的影响

在顾客与企业服务人员进行沟通联络时，顾客往往是根据服务人员（推销人员）的推销内容，去描绘心目中的服务和产品印象，从而形成顾客的预先期望。

3. 第三者的宣传

所谓第三者是指曾经接受过该企业产品和服务的顾客。这些顾客的宣传，其影响力是很大的，因此有些企业就利用曾经接受过该项服务和产品的顾客进行必要的宣传，并有效地左右其他人的期望感受。

4. 顾客自己的亲身感受

这是形成顾客期望感受最强有力的因素。因为有许多顾客都认为自己亲身体会的产品和服务才是最有把握的。市场营销专家一致认为，对顾客影响最大的不是大众传播广告，而是熟人朋友之间的口头相传以及自己亲身经历的购物感受。正因为如此，企业在做广告宣传和服务承诺时一定要尽量力求客观，切忌言过其实，必须让顾客的亲身感受和企业的广告宣传保持一致。总之，在通过广告宣传和服务承诺来调节顾客期望值时，特别要注意，不能使顾客产生过高的期望感受，否则就会导致顾客不满意以及投诉的产生。

了解顾客期望值的形成，目的是为了能更好控制顾客期望值。

四、要有效地控制好顾客的期望值

1. 运用顾客满意公式控制顾客的期望值

要控制好顾客的期望值，应该在掌握顾客满意理论的基础上，灵活运用顾客满意公式。换一句话讲，企业应该灵活运用顾客满意公式所提出的基本原理，通过控制好顾客期望值，来达到增强顾客满意的目的。

例如，一位来×银行的老人投诉说，他现在离休在家（外地），工资过去一直由×银行×市分行发行的工资卡代发。开始的时候觉得挺好、挺方便，银行也不收服务费。但现在突然宣布在异地支取现金时要收取一定的手续费。他与老伴非常不满意，觉得有一种“上了贼船的感觉”。尽管有关人员极力解释，但这位老同志最终还是不满意。

事实上，作为银行，收费是应该的，因为银行作为企业，有它的经营成本。如果银行不计成本地推广一项服务，其后果是可想而知的。当然，为了推广某种新的服务产品，打出知名度，在刚开展此项活动时，暂时为客户垫付一部分费用，如异地支取现金暂时免收服务费，作为吸引客户参加的一种促销手段，也是无可非议的。但是作为客户，这位老同志的不满意也是可以理解的，异地支付工资过去一直是免费的，可是现在突然又改成收费，一下子难以接受。

看起来，双方都有道理，那么问题出在什么地方呢？其实，只要用顾客满意公式来进行分析，就很容易发现问题的症结所在——银行突然把免费服务改为收费服务，使顾客的实际感受大大低于顾客预先的期望感受，这当然就引起了顾客的不满。因为在这位老人的期望值中，认为异地支付工资应该是免费的，而且他过去的亲身感受也证明了这一点。现在突然变成收费，老同志自然不满意。

不过，如果从"顾客永远是对的"角度看，问题还是在银行方面。因为当银行推出这项新的服务品种时，应事先降低和控制好顾客的期望值——对免费的期限为几个月（或者几年）作出明确规定，期限一到，就要改成收费服务，而收费服务的费用又是多少等等，都应该事先向顾客进行明示。如果银行事先把解释工作做好了，把客户的期望值降下来，顾客对于把免费改成收费就不会感到突然了。这里，和上面讲的第一种思路结合起来，即在提供服务前，先降低（或控制）顾客的期望值，不要盲目地提高顾客的期望（以为异地支付现金可以永远免费），那么就可以达到使顾客满意的目的。

尽管异地支付工资早晚要收费，而免费只是暂时的，但是企业还可以运用第二种思路，在顾客期望感受保持相对稳定的情况下，再尽量提高一下顾客的实际感受：如规定对于一些特殊顾客（如离休的老同志）可把免费再延长一年（或者几年），使顾客的实际感受超越原有期望（以为和一般职工一样）。说不定这位老同志还会对银行的这种优惠措施感激不尽呢！

2. 用事先明示的方法来控制顾客期望值

如果从投诉产生的角度看，顾客之所以会产生投诉，一个非常重要的原因就是企业往往没有事前控制好顾客的期望值。有相当一部分顾客投诉的产生，就是由于企业只是为了促销，做出了许多不切实际的承诺而造成的。企业必须认识到，这些承诺固然具有促销的作用，但是却大大超过了企业的实际能力，很难得到具体兑现。因此，企业对于不能履行承诺的部分必须作出必要的限制，并且事先要向顾客明示，明示的目的就是为了能够有效地控制顾客的期望值。请看下面的案例。

案例 1

近日，国内一些银行的一些基金理财产品屡遭质疑，再次掀起了不小波澜。那么国外政府对银行理财产品如何监管呢？即这些国家有关部门是如何通过监管来控制顾客期望值的呢？

据《环球时报》报道：日本和德国的法律对银行推销理财产品的程序做出了详细的规定，从源头上保证了投

资者对理财产品有风险预期的了解。

例如，××住友银行会根据风险等级将产品分门别类做成目录，并把基金产品的销售程序编成手册，发给员工，进行培训，要求他们熟悉各种产品。客户前来咨询理财产品，需要先填写一份包括家庭年收入、资金运作目的、有无投资经验等内容的问卷调查，并在调查表上签字。

随后，银行职员会根据客户经验和投资目的，有针对性地推荐理财产品。然后，银行将把产品有何风险，最坏的运作情况和最好的运作情况一一告知，客户在表示了解之后签字。通过以上三个步骤，拿到客户三个签名后，银行才能开户。

当问到"预期收益率"时，××住友银行高级部长说，这个词不可能从银行职员嘴里说出来。对于老产品，银行会出示该产品历史业绩图表，但并不解释，因为任何说明都难免带有主观色彩。而把"预期收益率"印在宣传册上，在日本银行来看，根本是不可想象的做法。

又如，德意志银行房地产基金公司总裁指出，不同的产品有不同的收益率，德国银行在宣传金融产品时，明文规定不准承诺预期收益率，只允许公示历史业绩，严禁误导投资者。

德国曾发生这样一个真实的故事：一名学生用学费投资股市，结果股票下跌，学费全赔了进去。后来，这名学生起诉银行，法庭判决银行退回全部学费。理由是银行没有尽到告知义务，学生没有收入，且不能承受这样的高风险。

案例分析

这个案例介绍的是日本和德国的金融企业是如何控制顾客(投资者)期望值的。简单地讲,日本和德国金融业的这种“不厌其烦”风险预警,目的只有一个,就是提醒投资者,投资是有风险的,一定要让对方做好充分的心理准备,一句话,尽量控制和约束顾客的期望值。为此他们采取了一系列措施:首先要采取各种措施(包括发放手册、填写调查表等)对客户做一系列了解,以便能够有针对性地提供服务。其次要告知客户理财产品的风险,包括必须让客户了解最坏的结果和最好的结果,同时还让客户签字进行确认。最后绝对不向客户介绍预期收益率,以免误导顾客等。采取这一系列措施的目的,就是为了避免客户盲目产生过高的期望值,说到底,就是为了控制顾客期望值。

相比之下,我国的某些金融行业在向客户介绍各种理财产品时,有些银行为了一些眼前的利益,不但散发各种宣传材料,还通过服务人员的口,介绍和推荐各种理财产品的“预期收益率”,而且信誓旦旦的承诺顾客能够得到的最佳效益,即往往只介绍最好的结果,而不谈最坏的结果等等。正因为这样,所以就使这部分客户对理财产品的期望值盲目地提高了。其结果不满和抱怨的产生也就在所难免。

案例 2

某企业在施工前,在某施工场地一块说明施工原因的公示牌写下这样的文字:

"因为热力管道腐蚀，管道部分塌陷，造成断裂。如果不及时维修，会直接影响到本地区今冬供暖，故在此施工。由于给您带来不便，请广大居民谅解。"

这是大家经常看到的一种告示。

案例分析

这一块在施工场地的公示牌，公示牌上告知过这里的行人注意：为了保证供暖，这里要施工，会影响到居民正常外出，会给大家带来不便等。因为事先有了这样的明确提示，即使附近的居民外出，受到了一定程度的影响，心中也不会有太多的抱怨，因为这一块公示牌的内容起了作用，它可以使大家在心里有这么一种预期：这些日子，在这里走路可能会带来一些不方便。如果用一句专业术语来解释，就是起到了一种控制、约束和降低顾客期望值的作用。但是如果在施工场地上，事先没有这样的公示牌向大家进行明示，也许就会惹来很多么不满和投诉。

这一块公示牌固然可以起到控制顾客期望值的作用，但是仔细想来，还有一些不足之处：比如在公示牌中，如果能写明施工的具体日期，从何时开始，到何时结束；施工范围包括哪些地段的话，就可以使大家了解和掌握这种外出的不便究竟在多大范围之内，可以延续多长时间，心里有一个底，也许会让这里的行人和居民更加满意。

五、结论

企业在提供服务和产品的过程中，特别是在向顾客做出各种承诺的过程中，一个重要的关键点，就是不要盲目提高顾客期望值，一定要有意识地约束、控制或者降低顾客的期望值，只有这样才能有效地提高顾客满意程度，同时也可以达到减少顾客投诉产生的目的。

第二节　企业要对遵守承诺的能力进行评审

要有效地控制好顾客期望值，企业必须对履行各种承诺的实际能力进行有效地评审。评审的目的就是为了使企业的能力与对顾客的承诺能够保持一致。这种评审活动就是有效控制顾客期望值的重要手段之一。在本书第一章第一节中提到，在中国质量万里行明察暗访活动中，有一些未能很好遵守和履行承诺的企业（以及在本章第一节所提到的两个案例），如果进行认真的分析，可以看到有相当一部分都是属于未能对履行承诺的能力进行有效评审，而出现顾客投诉的企业。

其实从 2000 年版到 2008 年版的 ISO 9001 国际标准中 7.2.2 早就为企业应该如何对遵守承诺的能力进行评审提出过明确的要求。这充分说明 ISO 9001 国际标准是 ISO 10001 国际标准的重要基础，这两套标准应该是相辅相成，互为补充的。

一、关于 ISO 9001 国际标准中 7.2.2 的要求

在 ISO 9001 国际标准中 7.2.2 的内容是这样表述的：

> 7.2.2　与产品有关的要求的评审
>
> 组织应评审与产品有关的要求。评审应在组织向顾客作出提供产品的承诺之前进行(如提交标书、接受合同或订单及接受合同或订单的更改),并应确保:
>
> a)　产品要求得到规定;
>
> b)　与以前表述不一致的合同或订单要求已予解决;
>
> c)　组织有能力满足规定的要求。

7.2.2　提出的要求,通俗地讲,就是指企业在“接活”(指接顾客订单)前,必须对“这活能不能干”作出明确回答。而企业的这种评审,实际上就是对产品要求的评审,而这种对产品要求的评审实际上就包括了对产品承诺的评审。因为对企业而言,从本质上讲,“提交标书、接受合同或订单及接受合同或订单的更改”等等,都是企业必须向客户做出的一种承诺,只不过7.2.2并没有刻意地强调罢了。

二、对ISO 9001中7.2.2的新理解

过去在学习和理解ISO 9001标准中7.2.2时,在很多情况下,产品只是指一种具有物理形态的物品,顾客对产品的要求,主要体现在订单或合同上。但是在本节学习时,企业提出的服务承诺(包括产品承诺)实际上也是企业为顾客提供的一种“产品”,只不过对这种“产品”的要求不是由顾客提出的,而是由企业提出的罢了,这样就给ISO 9001中7.2.2的相关内容赋予了一种新的意义。

1. 提出了对承诺进行评审的基本要求

（1）企业必须要对承诺进行评审。因为在这里企业应把“产品”看做是一种“承诺”，所以如果把 7.2.2 中“组织应评审与产品有关的要求”的这句话，根据上面的要求略加改动，就成为“组织应评审与承诺有关的要求”就完全是可以理解了。

（2）评审的时机必须要掌握好。评审的时机必须掌握在企业向社会公众做出公开承诺之前进行。根据 7.2.2的表述，企业对承诺具体内容的评审，应该在向顾客提供正式承诺之前进行。之所以强调这一点，是因为如果企业向公众提供的承诺时没有进行科学的评审，就有可能无法满足顾客对承诺的要求，同样也会为因盲目提高顾客期望值而埋下隐患。

2. 强调了对承诺进行评审的主要内容

（1）产品的要求已得到规定。如同企业提出的承诺也应该看做是企业提供的产品一样，需要有明确的要求，而且这些要求要得到明确的规定。因为对承诺的这种明确规定，不仅可以使企业得到有效地履行和遵守，而且不会对顾客产生误导。关于这一点，在 ISO 10001 指导原则第 7 条准确性中得到了强调。

（2）企业内部已经保持一致。在这里把它理解为对企业提出的承诺，如果企业内部表述不一致，或者理解不一致，也会影响到企业对承诺的遵守和履行。关于这一点，在 ISO 10001 中 6.7 强调必须进行企业内外沟通的要求是保持一致的。

（3）企业有能力来履行规定的要求。企业的承诺进行评审，其目的也是为了保证企业有能力履行承诺所提出的各项规定要求。其实，ISO 10001 中 4.3 关于“能力”的指导原则，就是根据这一要求提出的。

三、从 ISO 9001 中 7.2.2 得出的结论

如果从应该如何遵守承诺这一角度来看待 7.2.2 的内容，该条款至少告诉企业以下几点：

1. 企业提出的各种承诺和顾客提出标书、订单的性质是一样的

笔者就这一问题早在 1998 年 10 月《中国质量认证》杂志发表的题为《服务承诺——企业合同评审的重要内容》的论文中就进行了论述，并受到广泛的关注。在该论文中，就强调了这样的观点：

① 各种承诺其实和订单、标书的性质是一样的，都是产生在组织和顾客之间的一种要求。

② 订单和标书必须得到双方同意，各种承诺也必须得到组织和顾客的同意，如果双方不同意，订单和标书则无法执行，各种承诺也无法执行。顾客是根据企业的各种承诺前来购买产品和服务的，这一点就足以证明各种承诺已被双方接受。所以，从这个意义上看，各种承诺和订单标书，都是同一性质的。

③ 各种承诺和订单、标书不同的是，各种承诺是由企业向顾客提供的，而订单和标书则是由顾客向企业提供的，但这种不同，并不影响各种承诺和订单标书都属于同一性质的本质。

2. 企业作出各种承诺之前一定要进行评审

企业在向顾客作出各种承诺(包括服务承诺和产品承诺)之前,一定要进行评审。应该这样讲,企业对顾客做出的任何承诺都不能是随随便便的信口开河,而应该是在进行深思熟虑和反复推敲以后得出的结果。正如在ISO 9001 中 7.2.2 中所提出的,"评审应在组织向顾客作出提供产品的承诺之前进行。"如果企业只在对顾客做出承诺之后,或者等出了问题以后再进行评审,就可能已造成顾客不满意或者是投诉的产生。

3. 关键看企业是否有能力满足承诺中提出的要求

评审的内容关键看企业是否有能力来满足承诺中所提出的要求。在 ISO 9001 中 7.2.2 中指出:组织进行评审的内容包括"组织有能力满足顾客规定的要求"(见 ISO 9001 的 7.2.2 中 c))如果企业没有这种能力,那么一旦承诺就等于提高了顾客期望值。而企业又没有达到顾客期望值所要求的水平和能力,也就等于企业没有能力满足顾客期望值,这怎么能让顾客满意呢?所以ISO 9001的 7.2.2 明确提出对顾客承诺前必须进行评审的要求,这与顾客满意的理念是完全一致的。

由此可见,ISO 10001 就是对 ISO 9001 中的 7.2.2,关于承诺这一要求的一种具体展开和实际应用。所不同的是,ISO 9001 的 7.2.2 强调的只是对某个具体客户的承诺进行评审,而 ISO 10001 更强调的是要向所有潜在客户作出的承诺进行评审。

四、一个观点

也许没有专门学习过 ISO 9001:2008 标准的读者，要深刻理解 7.2.2 包含的内容可能比较困难的。但通过以上分析，其实只要记住这样一个观点就可以了：

无论何类企业，在做出任何服务承诺和产品承诺之前，企业必须对是否有遵守和履行服务承诺及产品承诺的这种实际能力，进行实事求是的评审。如果企业只是一味地强调承诺的出发点是好的，动机也是好的，但没有对企业是否有履行承诺的这种能力进行实事求是的评审，其结果只能给企业带来许多不必要的顾客投诉的产生。

上述观点对于深入分析本章第一节所提及两个苦涩案例中出现问题的原因时，提供了一种十分有用的工具。

五、应用实例

案例 1

根据国家对移动通信设备（如手机）的“三包”规定中提出：如果手机的维修部门在 7 天之内不能为顾客的手机排除故障，企业就应该提供备用手机供顾客使用。但是由于手机市场竞争日益激烈，因此有许多品牌手机纷纷作出远高于国家“三包”规定要求的各种承诺：有的品牌手机维修部门承诺：在 1 天之内不能为顾客的手机排除故障，就提供备用手机供顾客使用；有的品牌维修部门承诺：在半天之内不能为顾客的手机排除故障，就提供备用手机供顾客使用等等。为了企业的生存和发展，出现这种竞争是合理的，也是正常的。虽然这些企业承诺的内容，已经远远高于国家的相关规定，但是只要企业具有履行承诺的能力就行。

由于笔者直接接触过许多手机的售后服务企业，所以看到了一些令人不解的场面：可能有些企业迫于竞争的压力，于是就提出在1小时之内如果不能为顾客的手机排除故障，就提供备用手机供顾客使用的服务承诺，以提高企业的竞争能力。更没想到的是，××品牌手机为了竞争的需要，竟然提出："为顾客修理手机时，10分钟内修理不完，须给顾客提供备用手机，等修理完毕后，再送手机上门"的服务承诺。那么这样的承诺是否进行了评审？企业有履行这种承诺的能力吗？

案例分析

可以假设一下，某手机维修点，一天为顾客修理手机100台。如果原来承诺规定：顾客的手机1天之内不能排除其故障，企业应提供备用机供顾客使用。在这种情况下，如果企业有10台备用机就足够的话，那么，如果把原来的承诺1天改为顾客的手机10分钟之内不能排除其故障，企业应提供备用机供顾客使用，企业至少需要100台备用机(甚至更多)才能满足顾客需要。在这种情况下，该维修点如果只修改了它的承诺——把提供备用机的前提条件，由一天改为10分钟，这种修改是很容易的。但是如果备用机的数量还是原来的10台，而不是100台的话，其结果就必然会造成大多数等待维修手机的顾客，如果在10分钟内手机的故障不能得到排除，却

得不到企业提供的备用手机，必然会造成顾客的不满意，造成顾客的投诉。

这是因为企业提高了对顾客的承诺（由等待 1 天变为等待 10 分钟），这等于大大提高了顾客的期望值，要知道提高顾客的期望值是十分容易的。但是由于企业在提高对顾客承诺之前，并没有对企业履行该承诺的实际能力进行科学的评审，企业的实际能力（只有 10 台备用机）无法满足对顾客的要求（需要 100 台备用机），其结果必然使顾客的实际感受不能达到顾客的期望值，根据顾客满意公式提供的基本原理，就可以得出这样结论：这种承诺的提出，造成顾客不满意是必然的！

由此看来，企业在向顾客公布自己提出的承诺之前，对企业履行承诺的实际能力进行评审时多么的重要！

案例 2

某市供水公司的服务承诺

① 水质标准执行国家生活饮用水标准，全年管网水水质综合合格率达到 98%。全年管网水压力合格率达到 97%。

② 供水管网抢修部门实行 24 小时值班。接到报漏后，50 mm～300 mm（含 300 mm）口径户外水管 24 小时内修复；300 mm～500 mm（含 500 mm）口径户外水管 48 小时内修复。

③ 计划停水提前 24 时以公告形式通知用户，并做好解释工作（事故抢修停水例外）。

④ 供水营业部门抄表准确、到位。用户对抄表度数有疑问，自提出之日起3天内核实并给予答复。

⑤ 受理用户接水申请后，私人用户申请7个工作日查勘完毕开出施工单（不具备接水条件或城乡结合部的用户申请例外）。具备施工条件后，45天内安装完毕并通水。

案例分析

以上是某市自来水供水公司向社会大众作出服务承诺的部分内容。因条件所限，不可能对某自来水公司遵守承诺的情况进行实地调查，但是仅仅从该企业对提出承诺内容中所做出的各种限制上看，可以从一个侧面看出该公司对其承诺应该是经过认真评审的，因此分析该公司应该有履行承诺的能力。因为该承诺还有以下特点：

1. 对不同的情况作出不同的承诺

例如，在第二条中强调："接到报漏后，50 mm～300 mm（含 300 mm）口径户外水管 24 小时内修复；300 mm～500 mm（含 500 mm）口径户外水管 48 小时内修复"。由于水管的口径大小不同，所以抢修的难度也各有所异，对于小口径的水管抢修承诺在 24 小时之内，对于大口径的水管抢修承诺在 48 小时之内。之所以作出这样的承诺，就是因为企业在评审该承诺的过程中，对承诺的内容作出必要限制，而没有"一刀切"，这就是一种实事求是的表现。

2. 尽可能用数据说话

在该公司的承诺中，处处体现出用数据说话，比如"计划停水提前24时以公告形式通知用户"、对抄水表有疑问者"3天内核实并给予答复"、"受理用户接水申请后，私人用户申请7个工作日查勘完毕开出施工单"等。如果该公司不进行认真的评审，是不可能用这样具体的数据对顾客做出明确的承诺。

3. 对不能承诺的内容明确向公众告知

该承诺中还有一点值得肯定，就是对该公司无法兑现的部分，也采用明示的方法向公众告知，如虽然强调"计划停水提前24时以公告形式通知用户"，但同时还指出："事故抢修停水例外"。又如，虽然承诺"受理用户接水申请后，私人用户申请7个工作日查勘完毕开出施工单"，但同时还强调："不具备接水条件或城乡结合部的用户申请例外"等。之所以对公司对无法兑现的部分作出这样的说明和限制，就是因为在评审中，该企业发现在某些特殊情况下，是无法兑现公司的承诺，因此采用这种方式来控制好顾客的期望值，以避免不必要的投诉产生。

从以上的分析可以看出，该公司如果不经过认真的评审，其承诺是不会具有上述特点的。关于企业在公布承诺之前进行评审的内容，ISO 10001 的 6.4 中提出了明确的要求。关于这一点，本书的第五章第二节将重点进行探讨。

六、结论

在当前市场经济条件下，一方面由于市场竞争越激烈，企业为了能够更好地生存和发展，就会开展各种承诺活动作为重要的促销手段。另一方面由于顾客自我保护意识的不断提高，也必然会对企业遵守承诺的要求越来越高。在这种情况下，企业必须要对自己遵守和履行承诺的能力进行评审，就显得更为重要。

因为企业只有通过这种评审活动，才能证明该企业具备履行各种承诺的能力，而这种能力是增强顾客满意的保证，同时这种能力也是减少顾客投诉的前提。因此也可以说，企业是否对具有遵守和履行承诺的能力进行评审，实际上也是一种控制顾客期望值的重要手段之一。

第三节　遵守承诺和广告促销的关系

遵守承诺既是增强顾客满意的重要措施，而且又是企业一种重要的和有效的广告促销手段。所以在评审企业是否具有履行承诺能力的过程中，经常会面临这样一个难题：企业往往需要在遵守承诺和广告促销之间找到一个恰当的平衡点。因为遵守承诺和广告促销之间的关系十分微妙，它们两者之间既有联系又有区别，既有一致性，又有矛盾的地方。如果把承诺的广告促销的作用宣传过了头，就会盲目地提高顾客期望值，造成顾客的不满意，而引起不必要的顾客投诉。但是如果企业对提出的各种承诺限制过多，又往往就会削弱它对顾客的吸引力，从而失去它的广告促销应起的作用。因此，对于一个企业来讲，既要达到促销的目的，又要能履行自己的承诺，往往是一种“两难”的选择。

下面就从几个方面比较深入的探讨它们两者之间的关系，以帮助企业能更好地通过遵守承诺这种活动，来科

学地把握遵守承诺和广告促销之间的关系，使企业能够最终达到既能促进销售，又能提高顾客满意程度的目的。

一、遵守承诺是广告促销的一种重要形式

众所周知，在市场经济条件下，广告促销是企业生存和发展的一种重要手段。因为企业可以通过各种广告的大力宣传，不断提高企业知名度和美誉度，进一步达到扩大市场份额的目的。而企业遵守承诺的活动，就是广告促销的一种重要形式。通过企业的承诺既可以达到提高企业知名度的目的，也可以达到提高美誉度的目的。应该说两者的根本目的都是一致的：都是希望通过采取吸引顾客注意的手段，达到企业生存和发展的目的。但是企业还必须看到，两者之间也有一定的不同之处：广告宣传的直接目的就是为了促销，而进行承诺的直接目的就是为了遵守和履行。

根据美国著名的营销学家科特勒在《营销管理》一书中提出的观点，他认为：有两种类型的企业通过承诺来达到广告促销的目的应该是比较有效的。一种是这类企业的知名度不高，需要通过承诺来扩大企业的知名度。例如，某企业开发了一种清洁剂，声称可以去掉地毯上的最顽固的污渍。那么一个“如果不满意，可以退款”的承诺就可以给客户在购买此类产品时增加一些信心。另一种是企业的产品的质量低于竞争的对手。在这种情况下，企业的承诺就有可能保证获得最佳的业绩，因为他知道企业竞争对手是不能够提供同样的承诺的。由此可见，遵守承诺不仅是提高企业竞争力的一种有力措施，而且也是广告促销的重要手段之一。

其实遵守承诺的广告促销作用不仅仅对于知名度暂

时不高的企业有作用，即使对于知名度很高的大企业，只要科学的、合理的提出承诺，都可以对顾客起到很好的广告和促销的作用，只不过其业绩和效果前者比后者的效果更加明显罢了。

二、遵守承诺又是形成顾客期望值的重要渠道

虽然遵守承诺是一种有效的广告促销的手段，同时企业还必须看到，遵守承诺又是形成顾客期望值的重要渠道。

众所周知，顾客的期望感受是一种“纯主观”的感受，而且是因人而异的。本章第一节就强调要控制和降低顾客的期望值，首先要了解顾客的期望感受是如何形成的，同时把形成顾客期望感受的渠道归纳为以下几种：其中包括：广告和承诺、服务人员的推销、第三者的宣传以及顾客的亲身感受等。

而其中广告和承诺是形成顾客期望值非常重要的渠道之一，许多顾客就是因为看到企业的广告和承诺，才来购买企业的产品或服务的。当顾客购买了产品或服务之后，就会把自己的实际感受和原来的期望值作一比较，而如果此时此刻，顾客的实际感受没有达到顾客原有的这种期望值，根据顾客满意公式的基本原理，就会造成顾客的不满意。如果企业运用这一原理对上述的问题进行分析的话，就不难看出，顾客之所以会产生投诉，一个重要的原因就是企业在提出各种产品和服务承诺的过程中，盲目的提高了顾客原有的期望值。

正因为如此，企业在做广告宣传和各种承诺时一定要把握好一个“度”。而这个“度”应该如何掌握，就是下面重点讨论的问题。

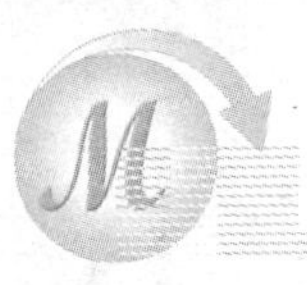

三、科学地处理遵守承诺和广告促销之间关系

从表面上看，遵守承诺和广告促销是一对矛盾。因为遵守承诺就是要告知顾客“我能做什么，我不能做什么”，其核心是“说到做到，言而有信”。广告宣传的目的就是为了促销，其核心是“广而告之，扩大销售”。实际上，遵守承诺和广告促销两者之间既有互相统一的一面，又有互相矛盾的一面。所谓互相统一的一面是指：如果企业能够遵守承诺，也就达到广告促销的目的。例如许多企业如果能够做到遵守“24 小时上门服务”的承诺，那么对于进一步扩大产品的销售一定有积极的作用。所为互相矛盾一面是指：如果企业仅仅是为了达到广告促销的目的，而是实际上又没有履行这种“24 小时上门服务”承诺的实际能力，其结果必然会使顾客的实际感受不能达到顾客的期望值，一定会造成顾客的不满意，最终还是会影响到顾客对产品的销售。如果企业为了能够更好地遵守承诺，在向顾客公示承诺的内容中，对承诺的履行作了某些限制，又有可能会影响到产品的销售。例如，有些企业由于客观条件的限制，提出“白天 12 小时上门服务，夜间 12 小时提供电话服务”的承诺，这种承诺相对于“24 小时上门服务的承诺”来讲，对于一部分顾客而言，购买这种产品的积极性就会受到一些影响。

因此，为了能更好地解决这一矛盾，企业应该掌握一些广告宣传和承诺的技巧和方法，这样使企业的各种承诺，既可以达到广告促销的目的，又可以避免盲目提高顾客的期望值，可谓一举两得。

四、既广告促销又避免提高期望值的方法和技巧

企业在做广告宣传(包括各种承诺)时，一定要注意这一点：作为广告，其目的在于通过宣传自己的长处来吸引更多的顾客，但是作为承诺，这样的结果又可能会提高顾客的期望值。因此广告艺术的技巧在于：

1. 要使顾客形成可以兑现的期望值

尽管企业的广告(包括承诺)内容要根据企业各自的实际情况来决定，但是有一点必须非常注意，这是广告宣传应该要力求客观，要实事求是，要使顾客形成可以兑现的，而不是过分的期望值。因为一旦形成过高的顾客的期望值，然后再人为地一味降低顾客的期望值是很困难的事情，在某些情况下甚至是不可能的。企业之所以要做广告并为此支付费用，目的就是在于要宣传自己的长处，而这样做的结果又往往可能会使顾客产生过高的期望值。因此，企业通过广告艺术手段来调整顾客期望值时，既要宣传企业的特点，又不致于使顾客形成过高的期望值，就必须努力使顾客的期望值与企业提供服务(包括履行承诺)的实际能力相一致。一句话，我们必须认识到，实事求是是广告促销的基本前提。

早在1991年出台的ISO 9004-2《服务指南》的6.1.5中就特别强调："任何服务的宣传应反映服务的规范和注意顾客对所提供服务质量的感受。市场开发职责部门应认识到，由于对服务作了夸张的和不切实际的宣传而承担的责任风险及经济纠纷"。它告诉企业，如果在对顾客的宣传(包括各种广告和承诺)中，进行了"夸张的和不切实际的宣传"，其结果只能使企业必须承担相应的"责任

风险及经济纠纷”。这就是说，如果企业广告宣传和各种承诺宣传过了头，使顾客产生了企业不能兑现的期望值，这样不仅会使顾客的投诉增加，而且企业还要承担各种经济责任（如各种赔偿等）。

2. 广告宣传要留有余地，话不说绝，词不用尽

为了能够降低企业相应的风险，减少各种不必要经济纠纷的产生，作为广告和承诺技巧的要点之二，就是广告和承诺还必须要留有余地，企业要通过这种方式来适当降低顾客期望值。

由于顾客期望值的形成，与企业所做的各种广告宣传，以及提出的各种服务承诺有直接联系，所以一个非常重要的策略，就是企业在运用广告宣传、提供承诺的时候，一要注意留有余地、话不说绝、词不用尽、力求客观。

应该说，企业的广告宣传和服务承诺，是企业进行营销活动的一项重要的手段，也是一种必不可少的促销措施之一。但是必须提醒企业注意的是，既要宣传企业特点和长处（包括承诺的内容），同时又避免形成过高的期望值。例如，当一位顾客看到或者听到某个企业的广告和承诺以后，就必然会对企业广告宣传中的服务和产品形成相应的期望，比如对价格的期望、对场所的期望、对服务质量和产品质量的期望等。在这里，广告宣传和承诺的技巧就在于，不仅要达到吸引顾客的目的，同时又要设法在某些方面降低顾客的期望值，以避免顾客产生一种无法兑现的期望。

因此，所谓“留有余地，话不说绝，词不用尽”，就是一定要让顾客感觉到企业“做的比说的好”，而不是企业“说的比做的好”。所以企业在广告和承诺中一定不能把

话说得太满，而是应该又有一定的余地，使企业有一定的回旋空间。另外，所谓“留有余地，话不说绝，词不用尽”，还可以指在某些方面设法降低一点顾客的期望值，使他们小有失望，但又不失去运用整体广告的吸引力来招徕顾客的机会。在顾客到达企业之后，再设法增加顾客的实际感受，就可以增大顾客的满意程度。

例如企业可以根据产品的不同性质和顾客的不同需要，提出可以为顾客提供“24 小时上门服务”或者是“24 小时电话或上门服务”的不同内容的承诺，很显然，对企业而言，后者的承诺比前者承诺有更大回旋的空间。

3. 对于定量数据要实事求是进行宣传

对于广告和承诺中的定量数据一定要作到实事求是，即对有定量数据的承诺要十分慎重，这一点必须要在评审企业是否具有满足顾客要求能力的过程中得到明确的确认。

在许多情况下，广告和承诺中的定量数据，如服务的时间、服务的距离、服务的价格等是广告和承诺中不可缺少的组成部分，它是顾客关注的重点，也是吸引顾客的关键。一般地说，商品和服务的质量以及价格是成正比的。有些企业为了广告促销的目的，不注明价格，只是一味地标榜质量，表面上看似乎对企业有利，在实际结果却可能会影响了顾客的积极决策，甚至还会导致顾客放弃进行任何购买的行为。必须注意的是，对于那些广告和承诺中较为固定的因素，例如价格、距离、时间等内容，需要客观的，实事求是地加以宣传，而不能让顾客形成无法兑现的期望。

正因为如此，企业在向顾客作出任何公开的广告宣

传和服务承诺之前，就应该做好一系列的准备工作，其中重要的一条，就是要做好承诺前的评审：特别是对较为固定的因素，如价格、距离、时间等方面的内容，一定要认真评审企业是否有履行这种承诺的能力。如果企业真的具有这种能力，企业就应该实事求是地加以宣传，以提高企业的知名度和美誉度，但是如果企业的确不具备这种能力，就不能进行这种宣传，否则就会让顾客形成无法兑现的期望，最终导致顾客投诉。

4. 广告和承诺中对有些内容的渲染要适当

在广告宣传中，对于有些定性的内容（即一些无法进行量化的内容），例如美味、舒适、漂亮等内容在合理的范围内进行适当的渲染，来吸引顾客的注意力应该是允许的。广告艺术实在是奥妙无穷，例如，有许多优秀的广告（如电视广告）往往非常吸引人，当宣传某项产品和服务时、采用是生动的画面，活泼的形象、鲜艳的色彩，欢乐的气氛、宏大的场面等，这些手段有利于达到广告宣传的目的。这里广告的技巧和奥妙在于：画面只留给人们的只是一种可以意会，不可言传的感受。当然这种手段对于对承诺的宣传则应该更加慎重，而且有些手段也不一定完全适用，这也许就是广告宣传与承诺宣传之间的重要区别之一吧！但是在对广告和承诺的宣传中，有一点是相同的，这就是绝对不能随意采用登峰造极的形容词（如全国最好、世界第一等），更不要轻易使用完全量化的各种数据。因为极端的形容词（包括定量数据）往往给人留下可以字字对证的依据。因此，即使是全部使用文字的广告和承诺，也应该有其准确的表达方式。在表达程度上，甚至语句的长短、词汇的排列等方面大有讲究（例如屡败屡战和屡战屡败的区别）。对于这一点，对广告的宣传和对承诺的宣传也是完全一致的，因为任何一个企业广告和承诺的内容都会影响到顾客购买商品或服务之前的期望值。

5. 广告和承诺中有些内容可以一带而过

在广告和承诺的宣传中，对一些无法确定的要素（如服务等待时间等）可以不加宣传，或者轻描淡写，一带而过。这种做法要比“把一些无法确定的要素硬是用明示的、确定的方式向顾客进行承诺，而实际又履行不了”的做法要好得多。因为企业一旦用明示的方式进行承诺，而实际又履行不了，就必然会造成顾客不满意。正因为如此，企业对于广告和承诺的宣传中，对一些无法确定的要素采用一带而过的方式，这就等于企业用一种“暗示”的方式，告诉顾客对此不必抱有过高的期望。

这样就使得顾客在接受广告和承诺“攻势”时，不至于盲目地提高自己的期望值。当然此时，如果在顾客到达企业之后，再设法增加顾客的实际感受，可以更加容易的增强顾客的满意程度。

6. 采用不同方式进行广告和承诺的宣传

不同的顾客对广告和承诺的不同部分有不同期望。例如，当一名顾客看到或者听到某企业的广告和承诺之后，会对广告宣传和各种承诺的服务等不同组成部分产生相应的期望：如有对价格的期望、有对服务内容的期望、还有的是对距离的期望等。企业灵活运用广告艺术的技巧和奥妙在于，可以针对不同的顾客进行不同的广告和承诺的宣传。例如，针对某些低收入人群，可以适当地宣传某项服务和产品的低廉价格，使顾客能够形成对低价格的期望；又如，对另外一些群体，也可以把距离近、方便作为广告宣传和承诺的要点，可以通过广告和承诺给顾客以不远的、交通方便的印象等。企业也可以对那些机动灵活因素加以合理的调配，使那些本来对企业期望值不高的顾客，以增加他们的实际感受。

7. 广告和承诺的内容宣传八九分足矣

广告宣传和各种承诺，即便是有十分的把握，也只须宣传到八九分就足够了，这是降低顾客期望值最有效的措施。千万不要有意或无意地盲目提高顾客的期望值，特别要防止和避免夸大宣传、有意误导和虚假承诺。关于这一点，在 ISO 10001 的 6.4 也对此作了专门的强调。这样当顾客在接受服务和产品时，原来不高的期望值和增高的顾客实际感受之间，形成的差距，就可以带来顾客满意程度的提高。

总之，遵守承诺不仅是广告促销的重要手段，也应该成为广告促销活动中杜绝盲目提高顾客期望值的一道有效的“防火墙”。

五、应用案例

为了帮助大家能够更好的理解遵守承诺和广告促销之间的关系，可以从一篇媒体报道的顾客投诉谈起。随着市场经济的深入发展，消费者的自我保护意识正在不断提高，因此顾客对企业做出各种承诺的要求也会越来越高。即使许多企业看起来似乎是无懈可击的承诺，现在也正在被“挑剔”的顾客找出了毛病。请看下面一则案例。

案例

《××日报》2008年4月21日一篇关于《手机的待机时间应该多长?》的报道对某些手机生产企业的产品承诺提出了质疑。报道称:日前,尹先生购买了一款手机,充足电后只能待机4天。而产品使用说明书却称,该品牌原装电池的待机时间在6～11天。于是向有关部门进行了投诉。后经查阅,尹先生发现说明书上还有一句解释,"该待机时间是在优化网络环境下通常所能达到的待机时间,实际待机时间可能因使用情况和环境等因素而有所不同"。说到底,最高11天的待机时间是在实验室环境中测得的。

由于在实验室环境里,电池不会遇到高温、高湿环境,因此企业或许能得到长时间的待机数据,却不能对电池在正常环境下的性能进行充分评估。类似的情况,在电冰箱、节能灯等产品上也有体现。据了解,电冰箱厂商宣传的"日耗电0.42度"往往是在产品"空载"状态下的测试数据,只是一个理想值,真正的耗电量与冰箱内食品数量,开关冰箱门的频繁程度等都有关系;而节能灯产品的使用寿命也与开关频率密切相关。

据了解,有关部门在检查中,根据具体的投诉情况对相关夸大其词严重的产品或企业进行查处。

案例分析

××手机电池的"待机时间在6～11天"、××冰箱"日耗电0.42度"等内容都写在产品使用说明书上。实

际上这些内容就构成了企业对顾客的一种产品承诺。但是令人遗憾的是，这些产品实际性能并没有完全能够达到产品说明书上注明示的要求，如××手机电池的实际待机时间只有4天，而××冰箱实际日耗电在1度左右等等。对顾客来讲，产品使用说明书上的内容，就是企业对产品的一种承诺。但是由于顾客的实际感受（顾客实际使用的结果）并没有达到顾客的期望值（使用说明书中提出要求），也就等于企业实际上并没有遵守和履行自己的承诺，其结果只能造成顾客不满意，造成顾客投诉是必然的。

应该说，该品牌手机在产品的使用说明书中强调该手机的电池“待机时间在6～11天”，而且还特别说明“该待机时间是在优化网络环境下通常所能达到的待机时间，实际待机时间可能因使用情况和环境等因素而有所不同”。这种做法比较某些只想通过虚假承诺，来捞取不义之财的企业要强得多。目前有相当一部分企业（包括一些知名的大企业）都是这样进行承诺的，而且他们都认为这样的承诺应该是无可非议的和无懈可击的。但是，对于这种做法，现在却引起一些“挑剔”顾客的不满和投诉。

那么为什么会出现上述情况？产生这种情况的原因是什么？如果把某些企业有意采用虚假承诺欺骗顾客的这种行为排除在外，一个非常值得关注的原因，就是这些企业没有能够很好地掌握遵守承诺和广告促销之间的关系。

如果企业通过对遵守承诺和广告促销之间关系的把握，企业在向顾客进行明示时，就要求对定量的数据一定要慎重行事，千万不要盲目提高顾客的期望值。以手机电池待机时间为例，在产品说明书中，不能只写在实验室环境下的待机时间，而且还应该把在顾客正常使用的情况下，所测量的待机时间同时也告知给顾客。

因为作为一名购买手机的顾客，在一般情况下，往往会先阅读手机的使用说明书，而说明书上的相关内容对顾客来讲就是企业对产品的一种承诺。当顾客看到手机电池待机时间可以达到6～11天时，作为顾客，既然企业提出了这样的承诺（注意，该承诺是企业主动作出的，不是顾客要求的），他们当然有理由要求企业提供的手机应该达到说明书中所提出要求。那么尽管此时企业在说明书上还有一句“该待机时间是在优化网络环境下通常所能达到的待机时间，实际待机时间可能因使用情况和环境等因素而有所不同”进行解释，但是由于顾客在实际使用环境中，不可能具备这种实验室条件，因此顾客也会不满意的，因为你没有达到顾客要求的“手机电池待机时间6～11天”的期望值。而且这个“手机电池待机时间6～11天”的过高期望值完全是由企业给顾客造成的一种“假象”。

作为企业正确的做法应该是，不仅应该告知顾客在实验室条件下，该手机的电池待机时间应该是“手机电池待机时间6～11天”，而且还应该告知顾客在正常条件下，手机电池的待机时间应该是多少，如4～6天等等，以有效地控制好顾客的期望值。

也许有些人会认为，如果把手机电池的待机时间说得太短，就会妨碍手机的销售。如果有这样的指导思想在作怪，人们就有理由认为，企业之所以只把实验室条件下的待机时间告知顾客，而没有告知在正常条件下手机的待机时间，就有故意误导顾客之嫌了。难道你们不认

为这样的分析是有道理的吗？

第四节 企业要认真遵守承诺

企业一旦向顾客正式做出承诺之后，就一定要采取各种措施来保证承诺能得到有效的遵守和履行。因为企业在向顾客正式作出承诺之前，已经对企业是否具有履行和遵守承诺的能力进行了科学的评审（见本章第二节）。因此，凡是正式向顾客做出的承诺，企业就应该具备履行承诺的能力。换一句话讲，企业到了这个阶段，关键不是“能不能”做的问题，而是“愿意不愿意”做的问题了。应该正视这样的现实：现在一些未能遵守和履行承诺的企业中，除了有一部分企业由于提出的承诺过于随意，未能对企业履行承诺的实际能力进行认真评审之外，的确还有一部分企业，它们并不是没有能力遵守和履行自己的承诺，而是并没有认真地、全力以赴地去遵守和履行自己提出的承诺。在本书第一章第一节通过中国质量万里行促进会对我国部分企业遵守承诺的实际情况进行调查的结果，就有力地证明了这一点。

那么对于众多的企业而言，应该如何来履行自己的承诺呢？笔者认为有以下几点，必须要给以高度的关注。

一、珍惜企业的信誉，养成言而有信的好习惯

企业应该如何来履行自己承诺，首先要珍惜企业的信誉，一定要养成言而有信的好习惯。为了说明这一观点，向大家介绍，2008 年 4 月 14 日《人民日报》发表了一篇短评：《百年老桥折射我们的缺失》。内容如下：

报导称：驻扎外滩已历百年的上海市的外白渡桥，当

年是由外国人设计制造的。近日被从桥墩上拆除全钢结构的桥梁，正在船厂全面体检、大修。明年此时，老桥便又能以原貌回到原地，继续“安全使用50年”。

鲜为人知的是，老桥的“体检通知单”，是由某国一家设计公司开出的。2007年底，他们给上海市政工程管理局来信提醒，外白渡桥造于1907年，桥梁设计使用年限为100年，现已到期，请注意维修。

《人民日报》就此发表了一篇短评，并且发出了：“这一细节，令人感叹”的赞美！在短评中说：“扪心自问，关注一份百年前完成的设计作品，将服务客户、质量第一的责任意识坚守百年，这个故事发生在中国企业身上的可能性有几分？我们不敢乐观”。

当然，《人民日报》是站在一个更高的角度来分析这一问题。在这里笔者仅仅想从遵守承诺的角度，来谈一些看法。

毫无疑问，在100年以前，为上海建设外白渡桥的这家某国企业是遵守承诺的典型。因为在事隔100年以后的今天，仍然在遵守和履行着100年前的承诺，他们给上海市政工程管理局来信提醒，外白渡桥造于1907年，桥梁设计使用年限为100年，现已到期，请注意维修。你们说，一个企业遵守和履行承诺难不难？看起来好像一点都不难，因为给上海市政管理局来信，提醒有关部门“现已到期，请注意维修”，对于这家企业来讲，写封信仅仅是举手之劳！何乐而不为呢？其实，问题并没有这样简单，看起来写封信好像仅仅是举手之劳，但更应该看到：这是他们长期遵守承诺和珍惜企业信誉的一种固有行为，也是长期以来养成“言而有信”良好习惯的一种必然结果。

但是对于我国有些企业来讲，要做到遵守承诺就好

像十分困难了。现在不少企业过于急功近利，“百年老店”的责任意识极为淡漠。不珍惜企业的信誉，更没有养成言而有信的好习惯。本书在第一章第一节提到的“在中国质量万里行明察暗访中，某年对某市 34 家公开承诺：‘24 小时提供上门服务’售后服务企业进行检查，只有 18 家能够做到上门服务，只占 52%”，等等，这些现象的出现，都是与一些企业“急功近利”和浮躁的具体表现有关。

如果一些企业刚刚提出的“24 小时提供上门服务”服务承诺还不到 1 年，企业中的一些人在执行过程中，就可以随随便便地不遵守、不履行的话，那么平时就没有养成“说到做到，言而有信”的好习惯，怎么能够相信这些企业在 1 年、2 年、5 年、10 年、20 年、甚至在 50 年、100 年以后还能够认真履行企业提出的承诺呢？仅从这一点看，某国这家企业能够在 100 年以后的今天，还能遵守和履行自己的承诺，实属不易！难怪《人民日报》一篇短评，发出了“这一细节，令人感叹”的赞美！

要让企业能够认真地履行自己的承诺，就必须要让企业的全体员工要珍惜企业信誉，养成言而有信的好习惯。而这种习惯的养成就需要从平时一点一滴的小事开始做起，从认真履行企业提出的各种承诺开始做起。

当然，在这里也不能不提到对企业监督和管理的重要性。某国企业这样做，也许还有另一个目的，就是为了免除桥梁发生意外后所需承担的法律责任。可见，在一个监管体系完备的社会，企业在追求经济利益的同时，也势必要加强企业内部和外部的管理，这也是企业遵守和履行承诺的重要保证。

二、加强企业内部的监督管理是遵守承诺的根本保证

先从企业内部进行分析，企业是否能遵守承诺，主要是一个执行力的问题。也就是说，许多企业本身都有一些相应完善的管理制度，来保证承诺的履行，只不过有些企业没有认真去执行，而仅仅停留在文件上或者是口头上，还没得到很好的落实。

1. 影响企业遵守承诺的各种因素

根据笔者参与中国质量万里行促进会开展的明察暗访活动中，对发现的问题进行深入分析之后，认为影响企业承诺的原因有以下几种

——虚假承诺，有意欺诈；

——“霸王”承诺，故意垄断；

——企业面临各种竞争的压力，只想为了达到促销的目的；

——企业管理者没有掌握遵守承诺的基本原理和科学方法；

——企业盲目承诺，而实际又缺乏遵守和履行承诺的实际能力；

——企业自身对遵守和履行承诺认识不足，内部缺乏相应的考核监督机制；

——企业员工个人素质差，不懂得不履行承诺给企业带来的恶果等。

对于上述影响企业履行承诺的各种因素分析看，除了虚假承诺之外，其他的各种影响履行承诺各种因素的存在，绝大部分都属于在企业内部培训不到位和监管不

力而造成的必然结果。

例如，在万里行的明察暗访活动中发现，有的企业老总的确非常重视服务，但是一线的服务人员却存在一种“无所谓”的现象，即在服务重视程度上形成了“一头粗，一头细”的状态。如某汽车企业向社会承诺24小时救援服务，在质量万里行以用户的名义要求该单位救援时，员工却回答“去不了”，明察暗访的工作人员问：“你们不是承诺24小时救援服务吗？怎么来不了呢？”员工回答：“这个承诺根本做不到，只是领导为了卖车做的宣传。”后经核实，领导非常重视服务工作并要求下面坚决落实这个承诺，只是这位工作人员为了多睡会儿觉不愿意这样做罢了。又如个别保险公司车保人员夜间值班不负责任，接案以后不愿意出现场，总是制造借口，糊弄用户，让用户直接找122(交通事故报警热线)。事实上对于单方事故的处理，所有保险公司都没有先找122的规定，而是要求理赔员必须到现场。总之，相当一些企业的夜间服务工作人员，服务意识淡薄，经常借口地域、交通、时间等因素拒绝上门服务，或者告诉用户这样、那样各种不实际的补救办法。这些问题的出现，至少说明在企业内部对落实承诺的监督管理力度不够，归根结底一句话，企业的执行力出现了问题。

如果企业认真按照ISO 9001质量管理体系的要求进行执行的话，一旦出现不履行承诺的情况时，就等于出现了不合格服务，完全可以按照该标准8.3不合格品控制条款的要求来进行处理，要及时采取纠正措施或者是预防措施，以防止此类问题的再次发生。其实只要企业真正按照ISO 9001质量管体系要求执行的话，企业内部的管理水平就一定会得到强化，不遵守承诺的现象就会大大减少。

对于上述内容，很多企业其实并不陌生，只不过需要企业认真地去执行、去落实罢了。

2. 企业内部的承诺要保证对外承诺的履行

与企业对外承诺交织在一起的是企业内部提供的承诺：即企业内部一个部门对另一个部门作出的承诺。如果企业内部的承诺不能履行，那么对顾客的承诺就无法得到遵守。例如，××企业的管理部门每年都要培训上百名的管理人员，要培训就必须要达到培训的要求。那么作为企业内部的一个部门（如培训部），就向总部承诺：如果培训课程达不到参加者的期望值，培训部将退回学费，或者寻找其他途径来满足他们要求。企业应该把内部的承诺作为企业执行质量管理体系的一个重要组成部分。企业内部的这种承诺应该有助于企业对外部顾客进行承诺的落实。如果企业内部各部门的承诺得到了落实，企业对顾客的承诺就有了可靠的保证。

3. 通过持续改进，不断完善企业的各种承诺

作为 ISO 9000 族国际标准的重要补充，ISO 10001（包括 ISO 10002/ISO 10003）标准的出台，为企业内部强化培训提供了很好的契机，通过对该标准的学习和培训，可以帮助企业管理者和职工能够很好地掌握遵守承诺的基本原理和科学方法，为企业遵守承诺奠定良好的理论基础。

学习和掌握 ISO 10001 是保证企业各项承诺活动能够得到有效落实的最具体措施，ISO 10001 的第 5、6、7、8 章对此有专门的要求。其中第 5、6、7 章强调的是如何科

学地制定和实施企业提出的各种承诺，而第8章则专门对持续改进提出了要求(见本书第五章)。可以说企业实施的任何承诺活动都不可能一步到位，都有一个逐步完善过程。企业就可以通过持续改进，使企业的各种承诺活动得到进一步完善。

三、开展各种形式的企业外部监督活动

为了保证企业提出的各种承诺能够得到落实，除了在企业内部要加强监督和管理之外，还必须开展各种形式的企业外部的监督活动。这种活动主要包括几个方面：

1. 企业要自觉接受社会的监督

企业的自律行为很重要，现在有不少企业在推行承诺的过程中，能够自觉接受来自社会的各种监督，特别是顾客(客户)的监督。企业的这种自律行为不仅是保证企业能够遵守和履行承诺重要措施，更为重要的是它可以为企业履行承诺形成一种强大的外在动力。

例如，某供电公司为了不断地提高供电服务质量，更好地为客户服务，公司特向社会公开优质供电服务承诺制度，以接受社会各界的监督。

特别值得一提的是，为了保证上述承诺能够得到有效地落实，企业还提出了自觉接受社会监督的各种具体措施，其内容如下。

1. 违反承诺举报电话：“96×××”。

2. 广大客户对因供电服务未履行有关承诺而造成的损失，可直接向本公司进行投诉，由公司派出服务质量监督员上门处理，根据查实的违约情况作出10～100元

的经济赔偿。

3. 质监员应在十天内将处理意见答复投诉人。

……

这些具体措施的提出可以说明两点：一是企业真诚地希望能够认真履行承诺；二是说明企业愿意接受来自社会各方面的监督，特别是广大顾客和用户的监督，以切实保证这些承诺内容的落实。否则该企业就不会向社会公布监督服务电话，也不会向公众提出一旦违约必须进行赔偿的要求。

2. 有关部门要适当开展对企业的监督活动

中国质量万里行促进会对"窗口"行业开展的明察暗访活动就是对企业是否履行其提出的各种承诺进行监督和检查的一种好办法。这种监督检查和来自顾客的监督检查有很大的不同，无论是系统性、专业性还是有效性都明显地提高，而且对企业遵守承诺的活动也有很大的促进，例如从若干年前万里行的明察暗访中，企业履行承诺的合格率只有50%多一点，而现在企业履行承诺的合格率平均在80%以上，这就是很好的证明。

另外，还有政府的有关部门开展的各种活动（如开展的百城万店无假货活动）以及中国消费者协会对顾客投诉的受理等等，都是对企业遵守承诺活动进行监督检查的有效形式，这里就不进行详细探讨了。

3. 完善企业外部的各项法律法规

完善企业外部的各项法律法规，是保证企业遵守承诺的一项基础性工作。在本节开头提到的一家某国企业遵守承诺的案例就是最好的证明。因此作为国家主管企

业的政府部门，仅仅通过开展各种活动来促进企业遵守承诺，这是远远不够的，还应该不断完善企业内外的各项法律法规，来保证企业对承诺落实。要为企业遵守承诺创造一个良好的大环境，这样企业才能把遵守承诺作为神圣不可侵犯的信条。

四、企业遵守承诺需要得到顾客的配合

从外部环境看，要使企业能够真正做到遵守承诺，除了企业本身要有正确的理念、科学的方法以及严格的管理之外，同时作为接受服务的顾客也应该给以积极配合。如果没有顾客的积极配合，即使企业有了正确的理念，也掌握了科学的方法，同样也不能使遵守承诺落到实处。

几年前，某市 62 家国营书店向社会、向读者作出庄严的服务承诺。他们在文明用语、规范服务等方面作出了明确的规定，应将其承诺的主要内容张贴于店堂内外，以便让顾客监督。其中一条是为了方便买错书、买重书的顾客，三天之内可以无条件退书。可是就这样一条善意的承诺，却成了某些顾客乘机钻空子占便宜的机会。据某书店统计，自从公开服务承诺之后，该书店收到退书 126 人次 239 册，涉及金额 8 000 多元。虽说顾客买错书和买重书难免时有发生，但是也确实有人在这里占公家便宜，甚至心理上还“理直气壮”——反正书店已经承诺在先！更令人头疼的事，在有的音像书店里，居然还出现了先听、先看之后，还要求退换 VCD、CD 的顾客，服务承诺中无偿退货，变成了不讲理退货，令书店工作人员感慨万分。一位书店的服务人员无奈地说：“我们的服务承诺有顾客来监督，但是顾客的不文明行为，又应该由谁来监督呢？”

由此可见，企业遵守提出的各种承诺，离不开外部环境的保证。如果对这种顾客不文明行为，不加以制止，以后哪个企业再敢提出服务承诺呢？

第五节　企业要科学地调整顾客的期望值

企业在履行承诺的过程中，往往还会出现这样一种情况：就是当企业的内部或者外部环境出现了变化时，企业对顾客遵守和履行自己承诺的实际能力就会受到影响。在这种情况下，企业如果不及时调整对顾客承诺的相关内容，即科学地调节好顾客的期望值，就必然会产生许多不必要的顾客投诉。因此作为企业，必须要学会科学地调节好顾客期望值，熟练地掌握调整顾客期望值的一些方法和技巧，最大限度地达到顾客满意的目的。

如何调节顾客的期望值有很多学问，下面通过一个例子来加以说明。

一、×××餐厅的启示

案例

×××是全球著名的快餐连锁企业。有哪一家×××餐厅会告诉顾客，本店的价格最贵呢？有，就在美国亚利桑那州大峡谷的一家×××连锁店中就碰到过。

大峡谷是美国的一个旅游景点，由于风光秀丽，每年吸引了不少游客。但是由于该景点离城市很远，而且交通不便，所以在景点附近的×××餐厅，所提供的×××

食品要比城里的×××食品贵好几倍。为了不使顾客误解,聪明的老板在×××餐厅门口,贴了这样一张安民告示:"本店的价格比大多数的×××快餐店都要贵。我们想让来本店用餐的顾客知道如下情况:大峡谷地区常年缺水,本店所用之水需从60英里以外运来,其费用是常规的25倍;为了吸引雇员来此沙漠工作,我们必须支付比一般连锁店高得多的工资;为了在旅游淡季亦能维持开业,为旅游者提供服务,本店必须承担季节性的亏损;所有这些因素使本店的价格最贵,但我们为的是向你提供更好的服务,相信顾客们会理解这一点。"

由于顾客在就餐之前就先看这张安民告示,因此,他们对这里×××的价格贵,有了一定的心理准备。也就是说,事先已控制了他们的期望值。所以,当顾客虽然在地处深山老林的大峡谷旁边,在这家店里花了7美元要了一份汉包堡、一罐炸马铃薯片和一杯可口可乐,边吃边琢磨着这份"告顾客书",心里觉得很坦然,并没有"上当"的感觉。

案例分析

这一个案例很能说明问题。大家想想,同样是×××食品,可是两者之间的价格差好几倍,那么为什么比较贵的×××食品,顾客同样能够接受而且还会感到满意呢?这里的秘诀就在于:聪明的老板事先就较好地调整了顾客的期望值。下面总结一下,调整顾客期望值的几个要点:

1. 必须事先进行

调整顾客期望值，必须在顾客接受服务之前进行。大家可以看到，这位×××餐厅老板，他把安民告示，张贴在餐厅门口，每一个需要就餐的旅客，在就餐之前都能看到（这一点非常重要！）。这就意味着愿意进来就餐的旅客，都事先知道本店的×××食品是比较贵的，因此都有了一种心理准备。同时顾客还拥有一种选择权，你可以用餐，也可以不用餐。大家可以设想一想，如果老板没有把这张安民告示事先贴在门口上，而是当顾客用餐完了以后，在向顾客收费时，再进行解释的话，其后果就可想而知了。

2. 理由必需充分

调整或者降低顾客期望值，不是一件容易的事情。因此企业提出的理由必须充分。对这家×××餐厅来说，餐厅提出本地×××食品成本高的三点理由，都比较会容易地得到大家的理解，这里距离城市有近百公里远，各种费用必然会增加，所以×××食品的价格贵一些，也是可以理解的。这也就为增强顾客满意，奠定了一种良好的基础。

3. 气氛必须融洽

在调整顾客期望值的第三个关键是，企业与顾客之间的关系需要融洽，这种融洽是建立在双方互相信任基础之上的。融洽的气氛可以使顾客与企业之间保持一种良好人际关系，而这种关系，对于增强顾客满意也是必不可少的。就拿这家×××餐厅来说，餐厅老板所采取的

措施，本身就为前来就餐的游客，提供了一种良好的和融洽的气氛，这种融洽的气氛，不仅为双方建立信任的良好关系创造了条件，更可以有利于顾客期望值的降低，这样不仅老板赚到了钱，而且顾客还感到满意，这样的事情又何乐而不为呢？

下面就根据以上总结出来的如何控制顾客期望值的几个要点，结合当前各类企业在对顾客做出各种承诺中，一旦需要调整顾客期望值，所必须把握的几个要点，作进一步分析。

二、调整顾客期望值要事先进行

调整顾客的期望值第一个关键点，就是必须在顾客购买商品和服务之前进行。请大家注意！“之前”和“之后”，尽管只有一字之差，它却反映出企业的两种不同的理念，而且会造成两种完全不同的结果。如果调整顾客的期望值是在顾客购买商品和服务之前进行，这反映了一种以顾客为关注焦点的理念，其结果就可以达到增强顾客满意的目的。如果调整顾客期望值是在顾客购买商品和服务之后才进行，这只能反映出一种“言行不一，言而无信”的理念，其结果只能是造成顾客的不满意。

最近看报纸，笔者看到有这样一则消息：《花钱看电影凭啥被迫看广告》，仔细一看原来又与顾客投诉有关。

案例 1

这则消息是这样报道的：一位北京读者投诉：2008 年 7 月 11 日晚，他在××国际影城看电影《赤壁》时，被迫看了 20 分钟的广告。电影票上影片的放映时间为 20 点整，而此时，荧幕上显示的却是一家手机公司的广告；在手机广告之后的18分钟里，汽车、饮料、通信、婚介等广告也纷沓而至。观众们恼怒了，起哄声、叫骂声此起彼伏，嚷嚷着要退票。

电影结束后，观众们走出放映厅时依然愤愤不平。一些电影爱好者说，现在电影放映前的广告越来越长，10～20分钟的也是见怪不怪。

《赤壁》的发行方——中国电影集团公司经理称："该片在北京各大影院的贴片广告为4分50秒。国家工商总局曾建议电影发行方把贴片广告控制在5分钟之内，我们一直是严格遵守的。但现实是，一些影院私接广告的情况普遍存在，有时导致了电影延时放映。"

案例分析

从上述案例中就不难看出，看电影的顾客产生强烈不满的原因，就是因为他们在看《赤壁》电影之前，被迫看了20分钟的广告！之所以出现这样的问题，就是观众在看电影之前，并不知道还有20分钟的广告片，而是简单地以为时间一到就可以直接看电影了。后来只有进了电影院，看了20分钟的广告之后，才大呼上当！说到底，电影院的失策在于，把调整顾客的期望值的时机，放在了顾客购买电影票之后才进行，这必然会引起顾客的强烈不满。

其实，如果企业掌握了遵守承诺和顾客满意的基本理论，解决这一问题的方法很简单，只需要在顾客购买电影票之前(注意，是之前！)，向顾客告知即可。也就是说，顾客购买电影票之前，通过一种公告的形式(其实这就是

一种承诺)，向顾客事先说明:《赤壁》电影放映前有20分钟时间的广告，让顾客有一个心理预期，有一种思想准备，实际上这就是一种调整、约束和降低顾客期望值的重要手段。然后让顾客进行自主选择，如果你认为为了能够看到《赤壁》电影这部大片，可以接受20分钟广告的话，就可以购票，否则也可以不购票。如果电影院在事先能够科学地调整好顾客的期望值，采取了上述的办法进行处理，当进入电影院的观众看到20分钟广告片时，还会有这种强烈不满的情绪产生吗？很显然，顾客的不满情绪一定会大为减少的！

由此，笔者又想到了另外一个例子。

案例2

几年前，为了迎接北京2008年奥运会，故宫、颐和园、天坛、北海等著名景点就开始了夜以继日地紧张施工，即使在旅游旺季也不停歇。一位来自外地的游客说：今天来到这里景点才听导游说现在里面在维修，但门票价格不变。我们大老远来也不可能改路线了，咋说还是进来看看吧，没办法。后来有许多游客反映，由于施工中诸多景点处于封闭状态，游人只好到此止步。但价格不菲的景点门票却价格依旧，不周全的明示更引起了消费者的不满。也遭到了许多媒体的指责。

例如在各个正在修缮的景区，门票都没有折扣。这是消费者难以接受的。为奥运把景点装点得更美，这大家都理解。但景点也该讲一分钱一分货吧？在颐和园，来自广州的李先生游览时说：到处都在维修，我们来一次不容易，心里多少有些失望。为了迎奥运，我们理解。这里既然修，就应该把门票降一降。

案例分析

其实解决这一问题的方法也不难，如果有关部门在旅游景点的售票窗口，在顾客购票之前，能够通过公示的方式（必要时，还要通知旅行社事先向游客告知）向顾客说明本旅游景点，有哪些地方正在维修不能参观，哪些地方没有维修可以参观，并且用图示的方法进行说明，即使旅游景点的价格没有进行调整（当然如果价格能适当的调整，效果更好），游客也可以根据自己的不同情况，自主决定是否可以购票参观，这样做至少可以减少相当一部分游客的不满意。因为这种处理方式就意味着顾客的期望值事先得到了有效的调整。

这里就涉及调整顾客期望值的一个关键点，就是调整顾客期望值，需要事先进行。从上述两个案例看，实际上无论是看电影增加广告片，还是减少旅游景点，都是调整顾客期望值的具体内容之一。它需要事先向顾客明示。上述两个案例之所以会引起顾客不满，就是因为没有事先向顾客说明，而是强加给顾客的，当然会引起顾客的不满意。如果观众在购买电影票之前，就得知需要增加广告片，观众还有理由不满意吗？如果我们的旅游景点在游客购买门票之前，就告知正在维修的景点有那些，游客还会投诉吗？显然，如果采取上述措施的话，顾客的不满情绪就会少得多。

当然还有一点也必须说明，就是在许多主要旅游景点进行维修的情况下，有关部门应该对门票的价格进行

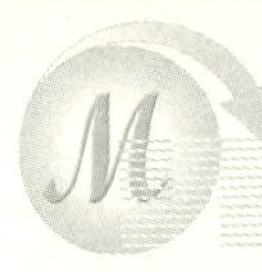

调整。因为对于大多数游客来讲，旅游景点维修可以理解，既然有些景点正在维修，不能参观，就应该在票价中体现出来，因此作为游客的期望值，门票应该打折，特别是对于千里迢迢来自外地的游客，他们的期望值更是如此。但多数旅游景点的门票价格并没有进行合理的调整。更令人遗憾的是，有关部门也并没有向顾客说明价格之所以不变的正当理由是什么，这当然会引起更多旅客的不满意，出现游客投诉也就不意外了。

三、调整顾客期望值的理由必须合理

调整顾客期望值除了必须要事先进行之外，第二个关键点就是必须向顾客告知调整顾客期望值的实际理由是什么，告知的理由越充分，调整顾客期望值效果就越好。只有让顾客了解调整顾客期望值的理由，才能使顾客相信调整期望值是合理的和必需的。这是因为在许多情况下，企业调整顾客的期望值，必然会影响到顾客的实际利益，在当前消费者自我保护意识不断增强的大背景下，企业如果没有充分的理由进行说明，而是随意对顾客期望值进行调整，特别当顾客的实际利益确实受到影响的话，顾客是绝对不会买账的。

这里值得一提的是，在奥运会期间北京市的交通管制却得到了广大市民的好评。早在2008年北京奥运会举办前，北京市交管部门就组成专家组，专门负责设计绕行路线，对每一条道路、每一个路口进行了详细的现场调查和勘验，然后才发布道路交通管理的通告。所以在北京举办2008年奥运会期间，北京市交通部门推行出了错峰上下班、公交车辆和地铁延长运营时间，甚至采取汽车单双号限行等一些的措施。这些措施的落实，实际上就是在调整顾客(市民)对交通服务的期望值。本来这些措施的实施,肯定会给许多市民的外出带来不便,但是大家毫无怨言,坦然接受。之所以能够为广大市民所接受,一个非常重要的原因,就是大家都认为,为了支持百年奥运的召开成功,采取这些措施完全是合理的和必要的,就是自己做出了一些“牺牲”,也是完全值得的,因为举办奥运会,得到了大家的真诚理解和完全支持。

在奥运会举办期间,不少出行的北京市民都有同感:路上车少了,不堵了,气顺了。“这样好的交通,能不能延续下去?”家住北京市丰台区的“有车一族”这样问。交通限行第一天,有人就在网上发布了一组自己拍摄的“北京限车第一天,路面真实状况”的照片。照片显示,平时车流量很大的长安街,变得非常顺畅。这个帖子在网上引起了热烈讨论,很多网友对北京市的交通限行措施表示了肯定和支持。由此可见,把调整顾客期望值的理由说充分,得到大家的理解和支持是非常重要的。

再看一个例子。

案例

笔者在入住某酒店时,在客房中,看到一张致客通知,内容如下。

尊敬的宾客:

根据电业局的要求,酒店将于下列时间进行例行停电保养检查:

2006.7.7.23:00～2006.7.8.01:00

届时酒店会出现短时停电现象,特此通知。由此给

您带来的不便，敬请谅解。

2006.7.6

案例分析

这是一张致客通知，它告诉住店的客人在第二天夜里11点至凌晨1点酒店要进行停电保养检查。尽管这种通知会意味着会给客人带来一定的不便，如停水停电等等，但是由于它是通知在先，而且理由充分，所以笔者认为这是对客人那种尊重。由于这一张通知，把停电的理由讲得很充分，是应“电业局的要求”，而且是“例行停电保养检查”，使客人很容易接受，实际上就是在事先调整顾客的期望值。此时即便是给顾客带来一定的不方便，大多数顾客也能够支持和配合。如果该企业只是生硬的向顾客告知××点停电检查，恐怕未必会得到顾客的充分的理解。

这一张通知还有一个特点，就是用词十分礼貌：一开头就是“尊敬的宾客”，最后结尾是“由此给您带来的不便，敬请谅解”，使客人感到一种尊重，这就给调整顾客期望值创造了良好的气氛。

四、调整顾客期望值的气氛必须融洽

调整顾客期望值的第三个关键点，就是在调整顾客期望值的过程中，双方的气氛必须融洽。由于调整顾客期望值，会给一部分顾客带来一些不便，影响到他们的实际利益，在这种情况下，融洽的气氛会有助于消除顾客的某些不满。应该说，把调整顾客期望值的理由说充分，本身就为调整顾客期望值创造良好气氛奠定很好的基础。

除此之外，采用良好的，更加人性化的沟通方式，这样会更加有助于顾客的配合和理解。一定要避免让顾客产生一种“你说我听”，“高高在上”，“指手划脚”的印象，使得调整顾客期望值更容易取得预期效果。

案例

在2008年北京召开奥运会期间，为了保证各国来宾能够顺利出行，有些路段经常实行交通管制。这种事情一旦处理不好，很容易引起市民的不满。但是由于北京市交管局在调整顾客（即外出市民）期望值的过程中，措施得力，因此取得较好的效果。

“市交管局提示：因参加北京奥运会宾客离京，××日机场高速路将采取交通管制。往返机场请提前出行并绕行机场北线、京承高速路。谢谢！”

北京市民王先生看着这条短信备感亲切，这是他几天来收到的第三条交通绕行提示短信。“服务挺好，北京交了份满意的‘交通’答卷”，王先生这样评价。

奥运会期间，出租车司机老张最关注北京电视台晚上播出的“明日交通预报”，他知道，了解这个可以节省油钱。通过媒体发布“明日交通预报”，正是此次奥运会期间交管工作的一项交通服务项目，不少市民在奥运会结束后还致电北京市交管局，要求延续此项服务。

案例分析

很值得一提的是，这些人性化的沟通方式之所以容易为大家所接受，就是这些沟通方式一个最大特点，向顾

客进行了告知内容，不仅十分礼貌，而且很具有亲和力，有了这样一种人文关怀，在这样一种融洽的氛围里，即使调整了顾客的期望值，给自己带来了一定的不便，那又算得了什么呢？这难道这不是北京奥运会期间，实施交通管制受到广大居民广泛好评的另一条重要的理由吗？

五、调整顾客期望值要给顾客一定的选择权

由于在许多情况下，调整顾客的期望值之后，顾客的实际利益会受到影响，为了尽量弥补这方面的损失，尽可能给顾客提供一定的自主选择权，不仅可以有利于缓解顾客的不满情绪，而且还可以在一定程度上增强顾客的满意程度，这是调整顾客期望值第四个关键点。

比如在北京奥运会期间，如果去机场的高速路实行交通管制，那么，其他道路如何通行？有关部门就有多种方案供市民选择；再如旅游景点在进行维修，有关部门如果能根据不同的情况，推出不同的门票调价折扣，供游客选择，我们认为这一定会更加有助于消除顾客的不满意。

还应该注意的一点，企业在对顾客作出的各种承诺中，如果顾客在一定范围内有选择权利，还会在一定程度上将增加顾客的满意程度，可以起到“锦上添花”的作用。反之，就会影响到顾客满意度的提高。比如现在在机场办理登机手续时，可以允许让顾客自己选择飞机上的座位，这种做法显然可以增加顾客的满意程度。又如，到医院看病，能够让患者自己选择中意的大夫看病也是顾客的一种自主选择权，这些措施都可以有效地增加顾客的满意程度。

值得一提的是，让顾客拥有对服务承诺的选择权，不仅能够让顾客感到开心和满意，而且在许多情况下还可

以降低服务成本。例如，有客户投诉××企业，抱怨他们的维修服务部不够迅速。最初，公司只考虑要增加维修人员，当然这样做会增加服务成本。公司经过深思熟虑以后，他们决定给顾客一种自主选择权，由顾客来选择维修时间，对于出现严重故障的客户，维修人员还可以优先到达。采取这一措施以后，顾客满意程度直线上升。但是令人吃惊是，所需要的维修人员比估计的还要少。其实在某些情况下，顾客不仅在乎企业是否能够遵守服务承诺，是否能及时维修，他们似乎更注重的是自己的选择权。因此得出的结论是，在调整服务承诺的同时，再给顾客应有的自主选择权，也可以使顾客更加满意。

综上所述，在调整顾客的期望值的过程中，从本质上讲，必然会给顾客的实际利益带来一定损失，为了弥补这一损失所造成的不良后果，在调整顾客期望值的过程中，如果能够尽可能给予顾客一定的选择权，不仅可以为顾客弥补一定的损失，而且有利于增强顾客的满意程度。

第六节　企业对未履行承诺的行为要承担责任

当购买企业的产品或服务之后，一旦顾客发现企业没有遵守和履行自己提出承诺而开始抱怨或投诉时，企业应该主动而且必须要为此承担责任，必要时要作出适当赔偿，以表示企业遵守和履行承诺的一种决心。

一、企业未能履行承诺要向顾客道歉

在一般情况下，企业如果未能履行自己的承诺，首先要向顾客进行道歉。这种道歉是一种道义上认错的表示，一方面对企业未能履行承诺的一种自责，另一方面也

表示对顾客的尊重。

道歉的方式有很多种，有口头道歉和书面道歉，还有本人道歉和领导出面道歉等等。在一般情况下，口头道歉和本人道歉，分量比较轻，书面道歉和领导出面道歉，分量显得比较重。企业可以根据不同情况，采取不同方式。

二、根据顾客损失情况做适当补偿

如果由于企业没有遵守承诺，给顾客造成了一定的损失，其中包括物质损失和精神损失（如财产的损失、时间的浪费、体力的消耗等），企业就应该主动做出适当的赔偿。这样做的目的，一方面可以在一定程度上弥补顾客造成的损失，另一方面也可以通过赔偿来挽回企业造成的不良影响。当然，最终还是为了增强顾客满意。

1. 一个案例给我们的启示

这里还想给大家讲一个真实的故事。一对到美国探亲的老夫妻在某报刊撰文，专门谈到了他们在美国发生的一件亲身经历的，但是又闻所未闻的事情。

“我们在纽约玩了几个小时，已经是黄昏，此时我们进入了×××州，儿子想找一家西餐馆吃一顿正宗西餐为父母饯行。但是很不巧，家家餐馆都座无虚席，最后总算找到一家承诺只需等侯一刻钟便可入座就餐的饭馆。

这里环境幽雅、布置得朴实无华而具有民族色彩，顾客之间的谈话都是轻声低语的。我们入座点菜后，很快，饮料上来了，色彩鲜艳的开胃菜上来了、我们边吃边聊，不知不觉过了半个小时;但是,主菜——牛排还没有端来,等啊等:等得够心焦的,小孙子更坐不住,便哭闹起来,而且比我们晚来的客人倒是后来居上。正当我们感到纳闷时,服务小姐来到我们身边,面带歉意地说:'很抱歉,因为某种缘故,给你们上菜的时间拖晚了,刚才点的主菜将予免费供应,同意吗?'可真是给我们带来一个惊喜!我们当即点头同意。之后,才过了十分钟,主菜便上来了。过了一会儿,那位小姐又过来询问,是否需要一些甜食点心,并且说该点心也是免费供应的。看上去她的态度相当认真,可我们已经吃得饱饱的,便摇头说:'no! no!'看来,该企业的服务人员对顾客表示的'sorry'不是停留在口头上,而是体现在行动中。这使我们觉得怪不好意思的,于是,结账时将小费加码,连同饮料、开胃菜共支付20元美金,而这餐饭本来需要付100多元美金。”

一顿主菜免费的晚餐,吃得老两口全家满意而归。主菜迟迟不上,完全是一次可以投诉的服务,但是由于服务小姐提出:因为上菜的时间拖晚了,刚才点的主菜将予免费供应,可真是给他们带来一个意外惊喜!为客人提供免费的主菜——即为企业没有遵守承诺做出适当的赔偿——这种做法,大大超过了顾客的期望值!因为他们觉得由于“误餐”而“免单”,国内似乎是一件不可想象的事情,可是现在却明明白发生在他们的旅途中,这怎么能使他们不满意呢?

现在不知道这个位于美国×××州“只需等侯一刻钟便可就餐”的餐馆,是否就算它对顾客作出的一种招揽生意的公开承诺,不管这家餐馆这样的公开承诺是为了招揽生意,还是为了扩大宣传,至少“因为上菜的时间拖

晚了，刚才点的主菜将予免费供应”这种主动赔偿措施，给客人带来了意外的惊喜！起码说明一点，“主菜将予免费供应”对这种赔偿，实际上是对顾客浪费等待时间的一种补偿。企业通过这样的行为，一来可以挽回企业由于时间拖得太晚（未遵守承诺）给顾客造成的损失，进行了必要的弥补。二来可以把顾客原本可能是投诉的行为转化为顾客满意的结果。三来可以向顾客表示本企业是讲诚信的，是有信誉的。

2. 国外企业对未履行承诺进行赔偿案例

由于企业对未履行承诺的行为，进行适当的赔偿的这种措施，对于增强顾客满意程度和扩大市场份额有多种的作用，所以国外有相当多的企业在遵守和履行承诺的过程中，就直接把企业未履行承诺时所做的补偿，也作为向顾客进行公开承诺的内容一部分，以表示企业履行和遵守承诺的决心。

案例

有这样一些国外企业的实例可以供参考：

在西特尔一个连锁经营的饭店里，提出了下一种告示：“当顾客等候的预定时间要晚 10 分钟，但是不超过 20 分钟时，我们免费奉送饮料。如果等候时间超过 20 分钟，这顿饭我们就请客。如果客人坐下 5 分钟以后面包还未送到，我们将免费赠送杂烩小吃”。

BBBK 是一家灭虫公司，该公司作出承诺：

1 在害虫全部消灭之前，不需付费。

2 如果灭害无效，顾客将收到全部退款费用。

3 如果旅客在该公司所委托的旅馆里发现一个害虫，将由公司支付旅客的房费，并附上一封致歉信。

4 如果该公司所委托的旅馆因此而被关闭，该公司将承担全部罚金和损失的利润，再外加5 000美元。

由于有如此高的承诺条件，因此，尽管该公司的收费标准高于其竞争对手费用的10倍，但仍然占有很高的市场份额，而为了兑现承诺条件所支付的金额仅占其销售额的0.4%。

一家在芝加哥的建筑供应商，做出了如下担保：如果在产品目录中的某一项产品缺货，并且不能立即供应，顾客将免费得到它。这项使顾客高兴的保证，帮助企业在1988年至1991年提高公司的销售额33%，而在这同时，其同行企业与前期相比的销售额下降41%。

可劳斯公司承诺它的钢笔和铅笔是终身保修的。所以顾客的钢笔如果坏了，只要给公司写封信（信纸和信封在任何销售该公司文具的商店里都有供应），公司就会免费给你修笔或者是更换新笔。

……

案例分析

以上种种案例可以清楚地看到，这些外国企业在他们向顾客的公开承诺中，都有这样的内容：如果企业提供的承诺未能得到履行和遵守，这可以得到相应的赔偿，这种赔偿的方式很多，其中有："免费赠送杂烩小吃"、"如果灭害无效，顾客将收到全部退款费用"等内容。这些内容

一方面反映了企业有遵守和履行承诺的这种决心，同时也反映了市场经济条件下，企业之间竞争的激烈程度。用公开的方式向顾客明示，企业一旦未履行承诺，将做出一定的赔偿，只有在市场经济得到充分的发展的条件下，才能出现这样的情况。如果市场经济发展不充分，或者说有些企业还处于垄断的情况下，是不可能出现这种情况的。

三、企业进行赔偿的作用

综上所述，把企业对未履行承诺的行为进行赔偿的作用归纳如下：

1. 这是市场竞争的结果

把遵守承诺只看做是广告宣传的促销手段，还是又看成是减少顾客投诉的重要措施，这是区分真假承诺的重要分界线之一。由于市场竞争的结果，越来越多的企业会认识到，遵守承诺不仅仅是一种广告促销的手段，更是减少顾客投诉产生的一项重要措施。

2. 是企业决心遵守承诺的具体表现

这种补偿机制充分体现了企业认真履行承诺的决心，更是增强顾客满意的重要措施，充分体现出以顾客为关注焦点的理念。

3. 是企业生存和发展的需要

这种补偿不仅可以弥补由于企业未能履行承诺给顾客造成的各种损失，更为重要的是实行这种补偿机制，最终目的是为了扩大市场份额，争取到更多的回头客。

4. 有助于树立企业良好的形象

一个负责任的，讲形象的企业是通过在日常的经营活动中，一点一滴的行为逐渐累积起来的。企业通过遵守和履行承诺这种活动，特别是对未履行承诺的行为作出一定补偿，实际上就是对企业树立良好形象提供一次难得的机会，许多企业因此而获得成功，就是很好的说明。

5. 可以有效地消除顾客不满意

企业一旦没有遵守和履行承诺，就有可能造成顾客的不满和投诉，在这种情况下，如果企业能够对未能履行承诺的行为作出适当补偿，就可以在一定程度上避免顾客投诉的产生，为增强顾客满意创造条件。

第三章 遵守承诺和投诉处理的关系

从论述遵守承诺和投诉处理之间的关系开始，本章引出本书所要探讨的主题——对 ISO 10001 的理解。作为投诉处理系列国际标准之一，ISO 10001 的核心内容强调的就是通过遵守承诺，来达到减少顾客投诉的目的。因为只有减少顾客投诉的产生，才可以为有效和高效地处理顾客投诉奠定良好的基础，这也是国际标准化组织（ISO）把 ISO 10001 放在ISO 10002 和 ISO 10003 之前的主要原因。正由于遵守承诺和投诉处理之间有密切的关系，因此这也是把《遵守承诺和投诉处理》作为本书的题目重要理由。

本章在讨论遵守承诺和投诉处理之间关系时，主要从三个方面：首先通过对 ISO 10001的产生背景，以及通过对ISO 10001和 ISO 9001、ISO 10002、ISO 10003 的关系来进行探讨，来论述ISO 10001和遵守承诺之间的关系（见本章第一节）。其次，通过对

ISO 10001的重要内容之一——以遵守承诺为核心的顾客满意行为规范的基本概念进行深入探讨，进一步分析遵守承诺和投诉处理关系(见本章第二节和第三节)。最后论述 ISO 10001 所强调的，以遵守承诺为核心的顾客满意行为规范，在企业内部投诉处理和外部争议解决过程中所应该发挥的作用(见本章第四节)。

第一节 遵守承诺和 ISO 10001 的关系

ISO 10001 是国际标准化组织(ISO/TC 176)于 2007 年 12 月正式出台的国际标准，作为投诉处理系列国际标准之一，ISO 10001 的核心就是遵守承诺，也可以说，它是投诉处理的重要前提。关于这一点，可以从 ISO 10001与其他国际标准关系来进行分析。

一、ISO 10001 和遵守承诺的关系

四年前，即在 2004 年 7 月国际标准化组织(ISO/TC 176)就正式出台了 ISO 10002(目前已等同采用为 GB/T 19012，见附件二，但为了论述方便，在本书一律称 ISO 10002 下同)。在 2007 年国际标准化组织(ISO/TC 176)又出台了 ISO 10003(目前已经等同采用为 GB/T 19013，见附件三，但为了论述方便，在本书一律称 ISO 10003 下同)。而 ISO 10001 的最大特点，即与 ISO 10002 和 ISO 10003 侧重于企业内部处理投诉及外部争议解决的最大不同，就是该标准主要通过企业建立

顾客满意行为规范和各种承诺，来避免和减少各种投诉的产生。同时，ISO 10001 作为 ISO 9000 族标准的重要补充，还能有效地完善企业质量管理体系的建立。因此理解和掌握 ISO 10001，其核心就是帮助企业掌握如何遵守承诺，为企业有效和高效地处理顾客投诉创造良好的前提。

二、ISO 10001 和 ISO 10002、ISO 10003 的关系

作为都是由 ISO/TC 176 出台的投诉处理系列国际标准 ISO 10001 和 ISO 10002 以及 ISO 10003 之间有着密切的联系，这种联系在 ISO 10001 中有着明确的阐述。对三个国际标准之间联系的论述集中体现在 ISO 10001 的总则的有关条款和附录 B 当中（见附件一）。

1. ISO 10001 的总则中的表述

在 ISO 10001 的总则中，对 ISO 10001 和 ISO 10002 与 ISO 10003 之间的关系，作了明确的表述：

> 本标准与 ISO 10002 和 ISO 10003 相容。这三个标准均可独立使用，或与任何一个共同使用。当共同使用时，本标准、ISO 10002 和 ISO 10003 可以作为一个更广泛的综合性框架的一部分，在这个框架下通过行为规范、投诉处理和争议解决来提高顾客满意（见附录 B）。
>
> ISO 10002 是内部处理与产品相关投诉的指南。组织可通过履行在顾客满意行为规范中做出的承诺，降低顾客对于组织及其产品的期望存在的潜在疑惑，减少产生问题的可能性。

ISO 10003 是与产品相关的投诉无法在组织内部得到满意解决时的争议解决指南。当争议产生时，行为规范可以帮助各方理解顾客的期望以及组织如何满足这些期望。

2. 对该条款的理解

（1）明确了三套国际标准之间的关系。这一表述明确了国际标准化组织对 ISO 10001 和 ISO 10002 以及 ISO 10003三套国际标准的定位。换句话说，ISO 10001、ISO 10002 和 ISO 10003 三套国际标准是相兼容的，它们分工明确，各有侧重，构成了与 ISO 9000 族质量管理体系国际标准相配套的投诉处理的系列国际标准（见本节下文）。

（2）强调 ISO 10001 的作用。在 ISO 10001 的总则中强调 ISO 10001 的作用分两个层次：第一，ISO 10001 和 ISO 10002、ISO 10003 一起可以作为增强顾客满意的一个大框架中的一部分。作为大框架的另一部分 ISO 9000族国际标准，主要是通过企业内部的质量管理来达到增强顾客满意的目的。而作为投诉处理系列的国际标准，ISO 10001 和 ISO 10002、ISO 10003 主要是在产品进入流通和消费领域之后，通过与顾客的互动（投诉处理）的方式，来达到增强顾客满意的目的。第二，在总则中还特别强调，ISO 10001 所提出的建立顾客满意行为规范，也可以在企业内部的投诉处理以及外部争议解决过程中发挥起应有的作用。

（3）关于 ISO 10001 中的附录 B。在 ISO 10001 的

附录 B 专门对 ISO 10001 与 ISO 10002、ISO 10003 的关系进行了探讨。

3. 关于 ISO 10001 附录 B 的内容

附录 B

ISO 10001、ISO 10002 和 ISO 10003 的内在联系

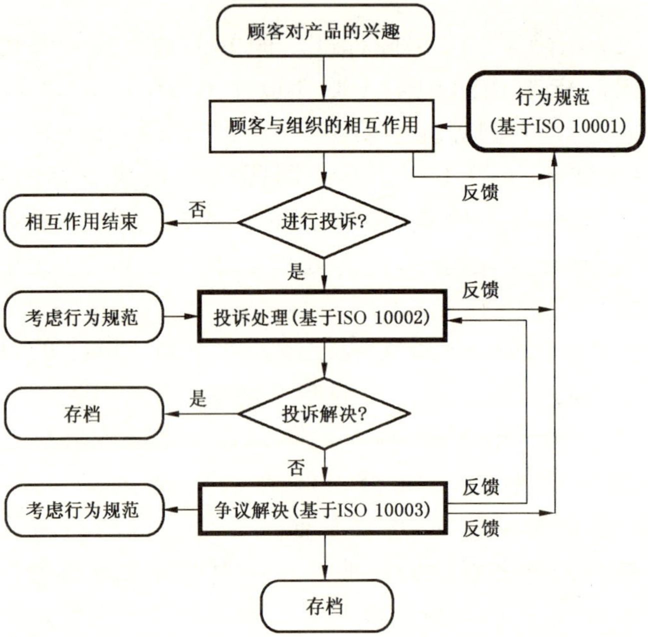

顾客对产品的兴趣

顾客与组织的相互作用

行为规范
(基于ISO 10001)

反馈

进行投诉?

否

相互作用结束

是

考虑行为规范

投诉处理(基于ISO 10002)

反馈

投诉解决?

是

存档

否

考虑行为规范

争议解决(基于ISO 10003)

反馈

反馈

存档

4. 对附录 B 内容的理解看

在 ISO 10001 的附录 B，对 ISO 10001、10002、10003 的关系是这样描述的：从图中可以看到 ISO 10001、ISO 10002和 ISO 10003 三套在投诉处理过程中的不同作用。

(1) ISO 10001(见书后附录一)的作用。该标准的作用主要体现在顾客与组织的互动过程(见上图),也就是当客户(顾客)对企业提供的产品和服务产生兴趣之后,在这个阶段如何有效地控制、约束和降低顾客的期望值(即通过科学地遵守承诺),来达到减少顾客投诉的目的。同时也可以通过企业在内部处理和外部争议解决的过程中,通过信息反馈和持续改进,进一步达到能够有效地减少顾客投诉的产生。总之,企业通过遵守承诺来减少顾客投诉的产生,是国际标准化组织出台 ISO 10001 的根本目的。

(2) ISO 10002(见书后附录二)的作用。该标准的主要作用是在企业内部采取各种措施来达到有效和高效地处理顾客投诉的目的。而且大部分顾客投诉应该在这个阶段能够得到处理和解决。同时在解决顾客投诉的过程中,ISO 10001 中提出的顾客满意行为规范可以发挥其应有的作用,同时也应该把需要改进的信息提供到相关部门当中去。

(3) ISO 10003(见书后附录三)的作用。该标准的主要作用在于当企业内部顾客投诉得不到有效处理,而需要通过外部争议解决时,ISO 10003 可以为企业选择适当的提供方,以及提出有效的外部争议解决的方案提供必要的指导。在 ISO 10003 实施的过程中,ISO 10001 提出的顾客满意行为规范也可以发挥其应有的作用,同时还需要把相关改进的信息反馈到企业内部投诉处理以及企业与顾客互动的阶段当中去。

三、ISO 10001 和 ISO 9001 的关系

1. ISO 10001 的表述

在 ISO 10001 的总则中,还专门论述了与 ISO 9000

族标准关系：

> **与 ISO 9001 和 ISO 9004 的关系**
>
> 本标准与 ISO 9001《质量管理体系　要求》和 ISO 9004《质量管理体系　业绩改进指南》相容，并通过有效和高效地开发和实施与顾客满意相关的行为规范的过程支持上述两项标准的目标。本标准也可单独使用。
>
> ISO 9001《质量管理体系　要求》规定了质量管理体系要求，可供组织内部使用，也可用于认证或合同目的。遵循本标准实施的顾客满意行为规范可以作为质量管理体系的一个要素。用于认证或合同不是本标准的目的。
>
> ISO 9004《质量管理体系　业绩改进指南》为业绩持续改进提供指南。使用本标准能够进一步增强组织行为规范的业绩，提高顾客和其他相关方的满意程度，促进以顾客和其他相关方的反馈为基础的产品和过程质量持续改进。

2. 对该条款的理解

（1）ISO 10001 可以独立使用。上述的这段论述，就清晰地表明 ISO 10001 和 ISO 9000 标准之间关系。对于没有通过 ISO 9000 质量管理体系认证的企业，ISO 10001标准可以单独使用。我们认为，它之所以强调 ISO 10001 标准可以独立使用，主要是针对尚未通过 ISO 9000质量管理体系认证的企业而言的，使ISO 10001 能适用于更多的企业。

(2) ISO 10001 可以成为 ISO 9000 企业质量管理体系的一部分。在 ISO 10001 总则中,之所以强调这一点,就是国际标准化组织希望把 ISO 10001 作为ISO 9000质量管理体系的一部分。这对于已经通过ISO 9000质量管理体系认证的企业,学习和掌握ISO 10001标准相对就容易得多。至少对 ISO 10001 国际标准中所涉及的与 ISO 9000标准有关的各种术语:如顾客、顾客满意、管理评审、持续改进等一些基本概念,能够更加容易理解,从而可以降低学习和掌握 ISO 10001 的难度。同时两者的结合,更有利于补充和完善企业内部建立的质量管理体系。

(3) ISO 10001 和 ISO 9004 之间的关系。ISO 9004 的重点在于业绩改进,而实施 ISO 10001 也同样需要持续改进,因此这两套国际标准也可以相辅相成。

3. ISO 10001 和 ISO 9000 标准相互兼容

把 ISO 10001 所提出的顾客满意行为规范逐步纳入到 ISO 9000 标准的质量管理体系之中,这是该标准追求的理想目标。

由于 ISO 10001 标准是建立在 ISO 9000 族标准基础之上的,因此 ISO 10001 完全可以成为 ISO 9000 质量管理体系一部分。作为一种理想的目标,把按照 ISO 10001要求建立的顾客满意行为规范应全部纳入到 ISO 9000 质量管理体系文件之中。其主要出于两个目的:一是只有这样才能把 ISO 10001 标准要求建立的顾客满意行为规范,按照 ISO 9000 标准质量管理体系的要求进行内审和管理评审,才能确保 ISO 10001 提出的顾客满意行为规范要求得到真正的贯彻和落实。二是也可

以帮助 ISO 9000 质量管理体系更加完善，更加有效地运行。因为企业实施顾客满意行为规范和各种承诺，不仅可以减少顾客的投诉产生，而且可以使顾客的满意度提高，而这些恰恰也是 ISO 9000 标准所追求的最终目标。但是要使企业达到这一步，需要具备一定条件。这个条件就是，企业必须要有建立和实施 ISO 9001 质量管理体系较长的实践经验，以及对 ISO 9000 和 ISO 10001 的深刻理解。

四、遵守承诺和投诉处理关系

通过以上分析，可以清楚地看到遵守承诺和投诉处理两者之间十分密切的关系。企业如果要有效和高效地处理顾客投诉，首先要做的工作就是如何减少顾客投诉的产生，那么在这个领域中 ISO 10001 就应该，也必须要发挥其应有的作用。

第二节 遵守承诺是顾客满意行为规范的主要内容

在 ISO 10001 中，顾客满意行为规范是该标准提出的各项术语中，最为重要的术语，准确掌握该术语的内涵对于理解和掌握 ISO 10001 有着十分重要的意义。

而在顾客满意行为规范的术语中，遵守承诺又构成了该术语的重要内容，也可以说，遵守承诺应该是企业必须积极开展的一项极为重要的顾客满意行为规范。为此，我们在本节必须对顾客满意行为规范概念做准确的理解。

一、顾客满意行为规范的概念

1. ISO 10001 中 3.1 对顾客满意行为规范定义的表述：

> 3.1　顾客满意行为规范
>
> 组织为提高顾客满意就其行为对顾客做出的承诺及相关规定。
>
> 注 1：相关规定可以包括目标、条件、限制、联系信息和投诉处理程序。
>
> 注 2：本标准中，术语“规范”即表示“顾客满意行为规范”。

2. 对顾客满意行为规范定义的理解

（1）指出了顾客满意行为规范的内涵。在ISO 10001的3.1对顾客满意行为规范的定义中，主要包含两层内容。第一层“对顾客做出的承诺及相关规定”是顾客满意行为规范的主要内容。也可以说，如果不是与承诺以及相关规定有关的内容，就不应该属于顾客满意行为规范的领域之内。第二层就是顾客满意行为规范必须是能够达到提高顾客满意程度目的的一种行为。如果这种行为不能达到提高顾客满意程度的目的，也不应该属于顾客满意行为规范的领域。简单地说，在ISO 10001中所强调的顾客满意行为规范，必须具备两大主要特征：一是与承诺及其相关规定有关；二是能够提高顾客满意程度。

（2）明确了各种承诺和顾客满意行为规范之间的关系。遵守承诺和顾客满意行为规范之间有着密切的关系。我们说企业提出的各种服务承诺和产品承诺（见本

书第一章第二节)，只要是以达到增强顾客满意程度目的的，就都应该属于顾客满意行为规范的范畴之内。对于其他一些类型的承诺，如虚假承诺、霸王承诺(见本书第一章第五节)等，由于这些承诺并不能达到增强顾客满意的目的，所以就不能属于 ISO 10001 中关于顾客满意行为规范探讨的范畴之内。至于对于其他类型的行为规范，比如在企业内部提高产品质量等这些活动，虽然这些行为规范的实施，其最终目的也都是为了达到顾客满意，但是因为它和各种承诺没有直接的关系(只有间接关系)，因此也就不属于本标准顾客满意行为规范讨论的范围之内。

(3) 关于该定义中的注 1。特别强调与承诺有关的各种相关规定所包括的内容。根据顾客满意行为规范定义，顾客满意行为规范不仅包括各种承诺内容的本身，而且还包括与承诺相关的各项内容(规定)。例如企业做出的任何承诺必然与企业制定的相关目标有直接关系，而且会受到时效性与各种客观条件的限制，同时也会受到与顾客沟通和联系方式以及投诉处理的程序内容的影响等。由于这些内容都是属于与承诺有关的相关规定，因此都应该属于顾客满意行为规范的范畴之内。

(4) 关于该定义中的注 2。在该定义中还强调指出："规范"即指"顾客满意行为规范"。之所以做出这一强调，有两个原因：一是为了区别在 ISO 9000 中对规范的定义。在 ISO 9000 的 3.7.3，对"规范"有明确的定义，它主要是指："阐明要求的文件"。很显然，ISO 10001 强调的规范是指顾客满意行为规范，它与 ISO 9000 所强调的规范是不同的两个概念。二是为了使 ISO 10001 使用的文字更加精练。

还特别要说明的是，由于顾客满意规范所包含的主要内容是承诺，严格地讲，承诺只是顾客满意行为规范的主要组成部分，而不能完全代替顾客满意行为规范。但是由于大家对于承诺（包括服务承诺和产品承诺）比较熟悉，对于使用顾客满意行为规范还不太习惯，因此在本书中，在一般情况下，“规范”和“承诺”有时也可以互为代替。

二、顾客满意行为规范包括的内容

了解顾客满意行为规范的定义，我们还应该进一步了解顾客满意行为规范所涉及到的范围。在ISO 10001的总则中，对顾客满意行为规范所涉及的范围作了明确的表述。

1. ISO 10001总则中对顾客满意行为规范的表述

> 顾客满意行为规范由承诺以及相关规定构成，包括产品交付、产品退回、顾客信息处理、广告，及与具体产品属性或性能有关的规定（示例见附录A）。

2. 对该表述的理解

（1）指出顾客满意行为规范所涉及的领域。在质量管理的领域里“包括产品交付、产品退回、顾客信息处理、广告，及与具体产品属性或性能有关的规定”等领域都可以体现出的顾客满意行为规范的应用。也就是说，企业提出的以各种承诺（包括服务承诺和产品承诺）为核心的顾客满意行为规范，可以运用于质量、产品、广告、合同、标准、销售、价格、包装、计量、退换、售后、维修、客户服务、个人信息、投诉处理、争议解决等诸多方面。虽然这些领域所涉及的内容各有不同，但是它们都有一个共同的特点，就是以各种不同的方式能够与顾客直接进行接触。因此作为企业都可以在上述不同的领域，向顾客作出各种不同内容的承诺，并且把它作为顾客满意行为规范一部分。

(2) 强调顾客满意行为规范和投诉处理关系。在ISO 10001 的总则中指出："顾客满意行为规范可以是有效投诉管理方式的一部分"。实际上强调的就是ISO 10001在投诉处理系列国际标准中的地位(见本章第一节)。因为国际标准化组织(ISO/TC 176)出台的投诉处理系列国际标准中，ISO 10001 主要的作用就是为了减少顾客投诉的产生，这就可以为对顾客投诉的有效处理奠定良好基础。

(3) 关于附录 A。为了能够更好地帮助读者理解和掌握顾客满意行为规范所涉及的内容，在 ISO 10001 的附录 A 中，通过不同行业的简例，向大家介绍顾客满意行为规范的相关内容。通过对这些简例的理解，企业可以得出这样的结论，遵守承诺是顾客满意行为规范的核心。下面对 ISO 10001 附录 A 的内容向大家作一介绍。

三、遵守承诺是顾客满意行为规范的主要内容

在 ISO 10001 的总则中，还专门提出了附录 A，该附录对于企业准确理解顾客满意行为规范的基本概念以及与遵守承诺之间的关系很有帮助。其内容如下：

1. 关于附录 A 的内容

表 A.1 不同组织规范内容简例

规范内容示例	组织类型				
	匹萨饼送餐公司	诊所	零售连锁机构	旅馆	列车
承诺	“如果匹萨送到时不热或未能在30分钟内送到，则该匹萨免费”	“如果预约就诊时间推迟将立即通知患者，并提供其他可供选择的时间”	“如果商品的扫描价格高于标识价格，个人或团体顾客有权免费获得该商品”	“如果顾客对旅馆的服务不满意，我们将尽一切努力改正，或者给顾客打折”	“如果列车晚点、盥洗室卫生差或服务不礼貌，乘客可以得到赔款”
向顾客公布承诺的限制条件	地点位置、天气或交通条件限制	急诊可能打乱正常的就诊预约	不适用于柜台销售的化妆品和单独定价商品	超出旅馆控制范围的因素	糟糕的气候条件
规范的其他规定	说明迟送匹萨的成本将不从送货者工资中扣除	说明在正常工作时间之外医生可以提供的就诊时间	说明规范的目标是“保持扫描价格的准确性”	说明规范的目标是“顾客完全满意”	说明规范的目标是“清洁、准时的列车和礼貌的服务”
支持性信息	如何进行投诉	如何进行质询	如何进行质询或投诉	如何得到折扣	到哪里领取赔款
规范策划、设计、开发和实施活动	预先试行程序	顾客服务培训	与零售连锁机构成员磋商	采用焦点小组访谈的方式确定最适当的补偿额	对员工进行如何与公众交往的教育

续表 A.1

规范内容示例	组 织 类 型				
	匹萨饼送餐公司	诊所	零售连锁机构	旅馆	列车
保持和改进活动	开展调查，并据此对规范用语进行修订	评估投诉资料	请顾客组织参与数据评审	修订营销宣传	修改盥洗室清洁程序
业绩指标	及时送货百分比	通知患者百分比	错误价格百分比	不满意顾客百分比	乘客投诉率

2. 对附录 A 内容的理解

附录 A 通过不同行业的简例，为我们明确了顾客满意行为规范应该包括的 7 项内容。这 7 项内容十分重要，其中有：

(1) 承诺。这里是指企业对顾客进行承诺的具体内容。承诺是顾客满意行为规范最重要的核心内容。这些内容应该通过各种渠道，用明示方式向公众进行广泛地沟通和传播。

(2) 对承诺的限制，向顾客沟通。向顾客进行沟通和明示的有关承诺的内容时，还应该包括对承诺的各种限制条件(即在什么情况下不能履行承诺等)，以控制、约束和降低顾客的期望值。

(3) 其他的规范规定。这里是指为了保证企业对承诺的遵守和履行，在企业内部还应该制定一些相应的配套措施作为保证。

(4) 支持性信息。这里是指企业一旦未能遵守和履行自己的承诺，顾客应该如何进行投诉等相关信息，也应该作为配套措施向顾客提供。

（5）规范的策划、设计、制定和实施活动。为了能够使承诺能达到预期的目的，企业应该采取哪些步骤、确定哪些措施和办法，来保证企业承诺的落实。

（6）保持和改进活动。企业在遵守和履行承诺的过程中，如果能够达到预期的目标，就应该保持下去。如果企业不能达到预期目标，或者遇到了顾客的投诉，就应该以增强顾客满意为目标，努力进行持续改进，使顾客的投诉降到最低。

（7）业绩考核指标。可以通过考核遵守承诺的比例情况（如及时送货百分比等），来测量企业是否达到所预期设定的目标。

以上 7 项要求可以简要地归纳了顾客满意行为规范的具体内容。从上述内容中可以看到，ISO 10001 中提出的顾客满意行为规范，就是企业向顾客做出的以承诺为核心，并包括与之相关规定在内的，以增强顾客满意为目标的一种活动（见顾客满意行为规范定义）。

3. 对附录 A 中简例的说明

在附录 A 中，还列举了许多不同行业推行顾客满意行为规范的例子。下面以附录 A 中提到的简例之一——匹萨饼送餐公司为例进行说明。

匹萨饼是国外的一种快餐食品，匹萨饼送餐公司是为这种快餐食品提供上门服务的一家企业。为了企业的生存和发展的需要，企业可以通过为顾客提供各种承诺，来提高企业的竞争能力。为此就必须要做到以下几步：

（1）该公司向顾客做出承诺。匹萨饼送餐公司向顾客做出承诺：如果匹萨饼没有在 30 分钟内送到并是热

的，将不收费。这样的服务承诺，对顾客来说当然有很大的吸引力，把它作为一种促销手段无疑是非常有效的。但是为了能够遵守和履行此项承诺，企业还必须要采取其他措施作保证。

（2）企业必须对承诺的内容作出一定的限制。为了能够真正的遵守和履行上述承诺，匹萨饼送餐公司还必须做出一些必要的限制，例如地理、天气、交通条件的限制，即如果距离超过××公里以后、天气条件恶劣、交通堵塞等情况出现时，就不可能遵守和履行上述承诺，那么就应该事先向顾客进行说明，以降低和控制好顾客的期望值，否则就必然会引起许多不必要的顾客投诉。

（3）提出必要的保证措施。匹萨饼送餐公司还必须提出其他相关规定作为必要的保证措施。例如关于匹萨饼延误的成本不从匹萨饼的报酬中减去的内容，说的就是公司内部可以规定，一旦匹萨饼快递的承诺因条件所限没有兑现，企业所造成的损失（如免费赠送匹萨饼）由企业承担，而不是由员工来承担，以保护员工的积极性。这些具体规定虽然不用向顾客进行明示，但是在企业内部做出这样的规定，还是非常必要的。

（4）为顾客提供必要的相关信息。如果说上一步骤是对企业而言的话，那么这一具体步骤是对顾客而言的。这里说的支持性信息，是指能够支持和保证承诺落实的相关信息。例如企业若未能履行承诺，顾客应该如何进行投诉，必须要向顾客进行告知，以便企业能够根据顾客的投诉进行改进。

（5）可以进行必要的试验。为了保证企业提供的承诺能够落实，匹萨饼送餐公司在向社会公众公布企业的承诺之前，应该预先进行一些试验方案，看企业是否具有遵守和履行承诺的实际能力。这种试验实际上就是对企业履行承诺的能力进行评审。这是企业推行“规范的策划、设计、制定和实施活动”中不可缺少的内容。

(6) 采取保持和改进措施。这里是指匹萨饼送餐公司在推行其承诺活动以后,可以对顾客就其履行承诺的实际情况进行必要的调查,根据调查进行改进。例如匹萨饼送餐公司可以对于 30 分钟承诺时间做必要的调整等。

(7) 关于考核指标。为了能够保证匹萨饼送餐公司提出了承诺能够落到实处,必须要设定相应的考核指标:例如及时送货率必须达到 80%以上等。

四、顾客满意行为规范的其他内容

通过以上对该标准附录 A 相关内容的分析可以认为,遵守承诺应该是 ISO 10001 中所强调顾客满意行为规范中的主要内容。如果企业离开了遵守承诺,那么顾客满意行为规范也无从谈起。

还必须指出 ISO 10001 所提出的顾客满意行为规范除了包括以上所讨论的各种正式承诺之外,实际上有的企业还包括其他一些形式:比如企业的营业时间、计量设备、商品价格、服务标识等,都需要向顾客进行明示和告知的,这些内容虽然与企业的一种正式承诺有所区别,但它也应该属于对顾客做出的一种“非正式”的承诺(这只是相对于正式承诺而言),因为它也需要“说到做到,言而有信”,而且与提高顾客满意程度也有直接的关系。因为如果这些内容达不到企业公开明示的要求:例如已经到了规定的营业时间,但是企业仍然没有开门营业;由于计量设备不准确,造成缺斤短两;企业营业场所的服务标

识，与企业的实际情况不一致等，也同样会造成顾客不满意。所以严格地讲，这些内容也可以作为顾客满意行为规范的一部分，因为无论是正式承诺，或者是“非正式”承诺，都需要说到做到，也都需要企业进行认真地评审，更需要企业进行认真地遵守和履行。因此不同企业可以根椐不同情况划分和界定适用于本企业的顾客满意行为规范的内容。这也是 ISO 10001 的范围中，强调指出：本国际标准不规定顾客满意行为规范的实质内容的目的之一。

但是在本书中对 ISO 10001 的顾客满意行为规范，还主要应该把企业提出的正式承诺作为重点探讨的对象。

第三节　遵守承诺是减少顾客投诉产生的必要措施

企业在处理顾客投诉的过程中，往往可以发现顾客投诉的原因，除了对产品和服务质量的投诉之外，有相当一部分，是与企业未能遵守承诺有直接的关系。换一句话讲，遵守承诺是减少顾客投诉的必要措施。关于这一点，ISO 10001 的总则中有明确论述。

一、ISO 10001 总则中的表述

> a）投诉预防，通过适当使用顾客满意行为规范；

在 ISO 10001 的总则中，在提到顾客满意行为规范所起的作用时，该标准的第一条就强调：可以通过运用适

当的顾客满意行为规范来预防投诉。这就是说，企业首先应该学会通过对顾客满意行为规范的运用来预防顾客投诉的产生。而遵守承诺就是顾客满意行为规范的主要内容，因此也可以说，企业完全可以通过遵守承诺，来达到减少顾客投诉产生的目的。为了能够很好地说明这一问题，下面可以从几则案例开始探讨。

二、从几则案例谈起

这里向读者介绍的几个顾客投诉的案例，虽然行业各有不同，但是他们都有一个共同的特点，就是这些顾客投诉的产生，都与企业未能遵守和履行自己的承诺有密切关系。

案例 1

这是一则顾客对电信行业进行投诉的案例。在案例中，顾客之所以会投诉，是与企业未能认真履行自己提出的承诺有密切的关系。用户夏某于 2001 年 7 月购买了××公司 IP 电话卡。据该公司电信业务宣传手册上介绍用该卡上网，费用同 163 注册用户。但用户使用后，发现收费远高于 163 用户。用户认为电信业务宣传手册误导了消费者，没有让用户明明白白的消费，为此向有关部门进行投诉，要求维护其合法权益。

经了解，××电信局曾于 2000 年 5 月为庆祝“第 32 届世界电信日”搞过一次促销活动，并在媒体上做广告：“IP 卡既可打国内外长途又可上网，上网费用与 163 用户相同”。5 月份活动结束后，2000 年 7 月在电信局编写

的宣传手册上对IP卡上网功能及收费情况又按照5月份促销活动的广告宣传“照本宣科”，致使误导了用户。

案例分析

从上述案例中可以看到，用户之所以对××公司进行投诉，完全是由于公司未能履行其承诺而造成的。也就是顾客的实际感受，没有达到顾客的期望值，至使顾客产生不满而投诉的。因为在企业提供的广告宣传中，明确承诺“IP卡既可打国内外长途又可上网，上网费用与163用户相同”，于是就形成了顾客的期望值。可实际情况，仅限于5月份的促销活动期间执行，过了5月份，这种促销活动就停止了。但是在2000年7月在电信局编写的宣传手册上却又按照5月份促销活动的广告宣传“照本宣科”。这也就等于顾客的实际感受，并没有达到顾客的期望值，顾客当然会投诉了。因为企业并没有遵守它提出的承诺。所以，遵守承诺是增强顾客满意度的一条重要的原则。

虽然这种不“遵守承诺”的企业，并不是企业有意造成的，而是因为对某些细小环节的忽视造成的顾客投诉，但是至少也说明遵守承诺是减少顾客投诉的重要措施之一。同时也说明，该企业还没有很好地掌握进行科学承诺的方法，关于这一点，本书的第四、五、六章要专门论述。

案例2

这是一则对旅游行业的顾客投诉。顾客投诉的原因也是与旅行社未能遵守其承诺而造成的。读者向某报社投诉,投诉的内容如下。

编辑同志:

我们12人参加了××××旅行社推出的“日本大阪、京都、箱根、横滨、东京六日豪华游”的旅游项目。旅游过程中我们发现,实际景点与旅行社的承诺的内容相距甚远:住宿条件没达到三星级标准;导游服务不到位等问题。我们几次向旅行社投诉,均未得到公正解决。

针对顾客的投诉,某报社专门派出记者进行了调查,并且把调查结果也作了报道。调查结果如下:

问题一:景点打折扣。×先生说,根据出团计划,他们参加的旅游项目编号为R56,团费为11 080元,旅游内容为:大阪、京都、箱根、横滨、东京迪斯尼门票、三星城市酒店。出行前的说明会上,主持小姐证实要去横滨观光。但实际行程中并没去横滨。游客先后在4份不同的文件中都看见“横滨”二字,难道打字员都打错了?没人核对?如果以行前说明会的具体安排为准,行程中又没有“横滨”这部分,那么旅行社之前做的宣传又说明了什么?

问题二:标房不标准。×先生说,第三天的温泉住宿,他们本应住在“富士五湖”之一的河口湖,却被安排到小镇。在旅店里,所谓的标准双人房,是由一张床和一个沙发临时改成的“床”组成的,房内没有床头灯,只有一盏拉线开关的顶灯,而且没有衣橱,灯具不全,墙纸破损等诸多问题。×先生说:“这个饭店根本没有达到三星级标准。”

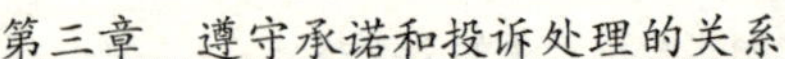

案例分析

在上述案例中可以看到，不论是旅游景点打折扣，还是住房没有达到相应的标准等等问题，尽管内容各有不同，但是本质是一样的：都没有达到顾客的期望值，才造成顾客的投诉。明明在合同上写的旅游景点包括“横滨”，但是实际并没有旅游到横滨；明明在合同上写的提供三星级住房的标准，而实际又根本达不到！

应该讲，大部分游客都是通情达理的，由于出国旅游有许多不确定因素的存在，旅游的安排常常会变动，这可以理解。但是消费者选择的是“豪华游”，就是希望享受“豪华游”的待遇。如果旅行社的确没有能力安排“豪华游”，就应该把旅游项目改为“普通游”，以降低顾客的期望值。但问题是旅行社并没有这样做，而是事先通过对“豪华游”的过度宣传，并且通过合同（注意！这种合同对顾客来讲就是一种承诺）的形式，来吊顾客的胃口，而实际并未达到合同上的标准，说明旅行社事先安排没达到标准，这是对消费者的不负责。之所以造成顾客投诉，完全是由于该旅行社没有认真履行在合同中提出的承诺而造成的。由此可见，企业是否遵守承诺与顾客投诉的多少有直接的因果联系。

案例 3

目前有许多企业出于竞争的目的，经常开展一些有奖销售的促销活动。然而这种活动通常会给顾客带来一些不必要的烦恼，而顾客的这种不满和烦恼，往往与企业在开展促销活动中的各种承诺有直接的因果关系。

张先生就参加了一次某企业开展的有奖销售活动，他十分幸运，中了一个三等奖，能够得到一部×××品牌的手机。然而本来应该为自己的好运气而高兴，却想不到给他带来无尽的烦恼，为此，他还欠下了1 000多元的债务。事实是这样的：张先生得知中奖去取奖品时，却被告知必须要用户办理手机入网业务，费用为1 300元，否则手机不能拿走。也就是说，如果不在这里入网，这将要取消他的获奖资格。可是对于张先生来讲，他的目前就业状况不好，一时拿不出这么多钱，手机入网后也用处不大，每月还要支付50元的基本服务费。不入网吧，白白放弃中奖资格又觉得太冤。无奈之下，他只好向朋友借了1 000元钱办了手续。

让当事人感到不理解是，手机入网点很多，为什么一定要在你那里入网？再说领奖通知单上并没有注明"必须当时入网"的规定，要是领奖人没有带齐1 300元钱，岂不是让顾客白跑一趟吗？

这样的情况相信有许多顾客也都遇到过。按理说，任何抽奖活动的中奖者对奖品享有完全的支配权，然而有些商家却出一些花招，让你虽然得奖，却如同丢了东西一样难受。这种看起来似乎是商家"精明"的促销手段，却给顾客带来了极大的不满，其结果必然会带来顾客投诉。类似这种"中奖的烦恼"，在我们的生活中见得的还少吗？

案例分析

这里的关键在于企业在中奖广告的促销活动中，并

没有认真地遵守自己所提出的承诺而造成的必然结果。从上述案例中可以看到，对于中将者在领取手机的同时，还有“必须当时入网”的规定，并没有事先进行明示。因此在顾客的期望值中，只要中奖就可以领取手机。但事实上并非如此，所以在顾客心中的不满，完全是由于企业未能履行自己的承诺所造成的。

然而在这些企业管理者的眼中开展中奖活动，仅仅是为了达到促销作用，只要达到了促销的目的，企业是否能够认真地遵守承诺已经并不重要。的确，开展有奖销售活动其目的是为了达到促销目的，但是，如果把顾客的胃口吊得过高，而企业又没有很强的实力来兑现作出的承诺，造成大量的顾客不满意，这样能达到促销目的吗？由此可见，如果企业能够认真地遵守自己提出的承诺，顾客还会有这种投诉产生吗？

顾客满意理论指出：控制（或降低）顾客的期望感受，是提高顾客满意程度的主要思路之一。要提高顾客满意程度，首先必须要控制好顾客的期望值，如果不能做到这一点，就必然会给顾客带来不满意，造成顾客的投诉，案例中这一位中奖者的烦恼明确的告诉企业这一点。因为中奖的顾客是否满意，与他的期望值有的密切关系：作为中奖者，在他的期望值中认为，自己对中奖的奖品应有完全的支配权：我可以自己用，也可以转赠给其他人，或者出售转卖，其他人无权干涉。可是，张先生没有想到的是，由于商家对领取商品的顾客，设置了重重的附加条件（注意：这些附加条件并没有事先明示），而这些条件大大限制了顾客期望值的实现，这只能使顾客感到极大的失望，其结果必然使顾客产生极大的不满，这种不满的必然结果就是投诉的产生。

三、结论:企业要减少顾客投诉必须从遵守承诺做起

从以上几个案例企业可以看到,无论是顾客对电信部门的投诉也好,还是游客对旅行社的投诉也好,或者是中奖顾客的投诉也好,这些顾客之所以对企业提出投诉,一个最重要的直接原因就是企业没有认真地遵守和履行自己提出的承诺。因此要减少顾客投诉的产生,企业首先必须从认真履行和遵守承诺开始做起。

但令人遗憾的是,有些企业在提出各种承诺的过程中,出于种种原因,有的企业仅仅是为了达到吸引顾客的注意力,扩大促销的目的;有的只把这种承诺看作是一种短期行为,是“一锤子买卖”,“打一枪换一个地方”;有的是为了“赶时髦、随大流”;有的是为了怕麻烦;有的甚至是采取“虚假承诺”的手段等,于是就不顾企业的实际能力,而提出了一些企业无法兑现(或者是不想兑现)的承诺。本来只是为了求得一种“广告促销”的结果,可以“大捞一把”,但是其结果却往往适得其反,常常会使这些企业不但促销的目的没有达到,反而造成了许多不必要的顾客投诉,严重地损害了企业的品牌和形象,使企业处在一种更加被动和不利的局面。

为什么会出现这样的情况?作为企业本身有着不可推卸的责任:因为在推行承诺的过程中,没有做到事先控制、约束和降低顾客的期望值;或者说在推出各种承诺的过程中,有意或者是无意地提高了这些顾客的期望值而造成的必然结果。因此企业在提供各种承诺的过程中,正确处理遵守承诺和投诉处理之间的关系是非常重要的。

第四节 遵守承诺是处理投诉和争议解决的有效手段

企业遵守承诺，不但是可以起到减少顾客投诉产生的一种预防作用，同时一旦产生顾客投诉之后，遵守承诺还是企业有效处理顾客投诉和争议解决的一项重要的关键因素。换一句话讲，遵守承诺的作用还可以在企业内部处理顾客投诉和企业外部争议解决的过程中得到充分体现。

一、ISO 10001 总则中的有关论述

在 ISO 10001 的总则中，当论述到顾客满意行为规范的作用时，除了第一条强调指出顾客满意行为规范可以用来预防投诉之外，还可以在投诉处理和争议解决的过程中发挥其应有的作用，其内容表述如下：

> b） 内部投诉处理，例如在遇到顾客表示不满意时；
> c） 外部争议解决，投诉无法在内部得到满意处理时。

在 ISO 10001 在总则中所强调的顾客满意行为规范（主要指各种承诺），它同样可以在企业内部投诉处理过程中以及在外部争议解决的过程中发挥其重要的作用。

在国际标准化组织出台的投诉处理系列国际标准中，ISO 10002 是关于企业内部处理投诉的国际标准，ISO 10003 是关于企业外部争议解决的国际标准。在这两套标准的相关条款中，就可以充分地体现出遵守承诺在投诉处理和争议解决中起到的重要作用。

二、遵守承诺和ISO 10002的关系

ISO 10001可以帮助企业通过遵守承诺来达到减少顾客投诉产生的目的。但是这并不意味着，企业就没有投诉了。一旦企业面临顾客投诉时，企业应该如何处理顾客投诉呢？ISO 10002(GB/T 19012，下同)专门对此提出要求。可以说，ISO 10002就是为解决企业内部如何处理顾客投诉而出台的。在实施ISO 10002的过程中，ISO 10001提出的以遵守承诺为核心的顾客满意行为规范，也同样可以发挥其应有的作用。

1. ISO 10002中的承诺

在ISO 10002(见附录二)的5.1中是这样表述的：

> 5.1　承诺
>
> 由组织的最高管理者主动倡导和表明有效和高效地处理投诉的承诺尤其重要。
>
> 郑重承诺对投诉做出回复，将促使员工和顾客都能够对组织的产品和过程改进做出贡献。
>
> 这种承诺应反映在确定、宣传和贯彻解决投诉的方针和程序的方面。管理者的承诺应体现为提供适当的资源(包括培训)。

2. 对该条款的理解

(1) 指出企业最高管理者在投诉处理过程中的重要作用。在ISO 10002的5.1中，首先强调“由组织的最高管理者主动倡导和表明有效和高效地处理投诉的承诺尤

其重要”这一段论述包含的两层内容：一是企业必须对有效和高效地处理顾客投诉进行承诺，因为处理顾客投诉是企业的一种义不容辞的责任，只有通过承诺这种形式，才能更好地体现企业这种责任。二是这种承诺应该有最高管理者率先垂范。因为遵守承诺就意味着企业必须“说到做到，言而有信”，只有作为企业的最高管理者能够“以身作则”，做好对顾客的承诺，才能起到身教重于言教的作用。

（2）强调企业的全体员工进行承诺在投诉处理过程中的作用。最高管理者对顾客进行承诺的表率作用，可以促使并要求企业的员工在处理顾客投诉的过程中，认真遵守和履行企业所提出的承诺。

（3）为了保证落实承诺，企业应该承担哪些工作。为了保证这种对顾客进行承诺的落实，ISO 10002 还特别强调，要把这种履行承诺的内容体现在企业的投诉处理方针目标以及各种程序文件上，而且特别强调说通过培训，来提高员工履行承诺的能力。

三、在投诉处理过程中的与承诺有关案例

企业在处理投诉的过程中，也必须要“说到做到、言而有信、遵守承诺”。因为只有这样做才能最大限度地消除顾客不满意，最终达到增强顾客满意的效果。如果做不到这一点，只能使顾客更加不满意，从而更增加企业处理顾客投诉的难度。请看这几则案例。

案例 1

用户电视机屏幕出现问题，向某维修部报修，该维修

部维修人员检查机器后，说电视机需要更换配件，并且答应在两周内解决问题。2007 年 7 月 13 日维修店向厂家订购零件。到 2007 年 8 月 20 日客户都没有得到维修部任何消息，客户感到不满意。客服中心已联系维修店，了解了具体情况。维修店刘小姐答应客服中心与客户联系，向客户解释清楚。维修店刘小姐向顾客解释该零件无货，需要订货，但顾客仍不满意。

案例分析

也许有人认为，该维修店之所以未能履行承诺，也确实有难言之隐，但是这不应该成为企业不履行承诺的理由。

对于本案例出现的问题，提出以下几点看法：

（1）该案例投诉维修部是因没有零件库存，不能马上给用户进行修复而造成的。

（2）令顾客最不能满意的是，维修人员本来答应在两周之内解决问题，但是时间过了一个多月，仍然没有任何音信。

（3）维修部在没有零部件的情况下，应该主动并事先向用户抱歉，说明原因，取得用户的谅解并向用户明确零件到达和维修所用的时间。

对于本案例中出现的顾客不满意，主要责任在维修部。首先顾客报修以后，说电视机需要更换零件，维修部门没有零配件，顾客可以理解，但是什么时候能够到货，应该告知顾客，否则就会造成顾客不满意。更何况已经向顾客进行承诺，在两周之内解决问题。

也许有的维修人员会提出，零配件什么时间能够到

货，自己也不清楚，怎么能够向顾客明示？这个问题可能会存在，这里有两条措施必须注意：第一条，作为维修人员向顾客做出的任何承诺应该有一定的依据。例如应该主动和有关部门联系，尽可能要掌握到货的时间，尽管不可能完全了解到准确时间，但是大概时间，维修人员心里还是应该有底的。但是对于顾客来讲，心里却没有底，维修人员应该把这个底交给顾客，这样做至少可以减少顾客不满。第二条，如果长时间没有到货，就应该在承诺两周之内的时间到来之前，一定要及时地、主动地与顾客联系，维修人员可以通过这种联系，向顾客表示这件事我没有忘记，我们是认真履行承诺的，只不过因为客观条件不具备（如零配件没有到货），而适当修改履行承诺的时间，及时调整好顾客的期望值（见本书第二章第五节）。

维修人员之所以如此轻率地对待自己承诺，至少说明该企业并没有认真对待承诺，也并没有把遵守承诺作为处理投诉过程中的一项关键因素来认识，这些问题的出现与企业缺少相应的培训有直接关系。由此可见，在处理顾客的投诉过程中，如果企业能够认真地遵守承诺，也可以防止顾客产生新的投诉的产生。

案例 2

用户来电投诉：用户的音响是在某经销商购买的样机，在使用中发现有噪声大的问题，随后找到经销商，经销商已经联系维修站，而且维修站与用户预约的维修时间是 2006 年 5 月 8 日。但是当日由于维修站的分贝仪外借了出去，所以没有为用户上门，今天 2006 年 5 月9 日维修站再次为用户上门，但上门检测时分贝仪的电池又没有电了，用户很气愤，于是进行了投诉。

案例分析

出现这种投诉是很不应该的，因为维修人员的行为对顾客造成了严重的不信任。也是企业不遵守承诺的另一种表现形式。

分析顾客投诉的原因主要的一个是，既然维修站的分贝仪外借了出去，为什么维修站还要与用户预约上门的维修时间？如果发现维修站的分贝仪外借了出去，就应该主动与用户联系，说明没有上门的原因，已取得用户的谅解。如果与用户预约了上门维修时间，这就证明企业对上门的时间作出的承诺，可是又没有为用户上门服务，也不向用户说明没有上门服务的原因和理由，用户又怎么能不抱怨呢？

顾客投诉的另一个原因，是因为维修人员虽然上门提供服务，但上门检测时分贝仪的电池又没有电了。出现这种“低级错误”，完全是由于维修人员工作责任心不强造成的，对顾客造成了又一种“言而无信”的感觉，如果维修人员提高一些责任心，在上门服务前，对分贝仪做一下检查，就完全可以避免这种情况的发生。

遵守承诺的要点强调，如果由于客观环境起了变化，不能履行自己的承诺，这应该事先（再重申一下，必须要事先！）要科学的调整好顾客的期望值，并且要向顾客说明调整顾客期望值的理由（见本书第二章第五节），如果做不到这一点，必然会引起顾客更大的不满。

四、遵守承诺是企业内部处理投诉的重要措施

以上两则案例至少可以反映出该企业缺乏对员工关

于如何履行承诺方面的培训。由此可见，ISO 10001 所提出的顾客满意行为规范及其各种承诺，企业在处理投诉的过程中，如果能够结合 ISO 10002 的实施得到适当地运用，对于有效和高效地处理顾客投诉有十分重要的意义。关于这部分内容，可以参考笔者的另一部著作《投诉处理的理论与实务——解读 ISO 10002 国际标准》一书。

五、遵守承诺和 ISO 10003 的关系

当顾客投诉在企业内部不能得到有效的处理，而必须通过企业的外部争议得到解决时，ISO 10003 将发挥它应有的作用。ISO 10001 所提出的顾客满意行为规范和各种承诺也同样可以在实施 ISO 10003 的过程中，成为企业外部解决争议的一项关键因素。

1. 在 ISO 10003 中的承诺

在 ISO 10003（见附录三）的 5.1 中是这样表述的：

> 5.1　承诺
>
> 组织应承诺遵循争议解决方针建立有效和高效的争议解决过程。组织的最高管理者表明和倡导该承诺尤其重要。对争议解决的明确承诺有益于组织内部的投诉处理过程，将促使员工和投诉者都能为改进组织的过程和产品做出贡献。这种承诺应反映在建立和宣传争议解决方针和程序方面，并提供适当的资源（包括培训）。

2. 对该条款的理解

（1）在外部争议解决的过程中，也同样强调最高管理者必须对此进行承诺。在 ISO 10003 的 5.1 中，也同样强调最高管理者在有效和高效地争议解决过程必须对顾客进行承诺。因为作为顾客满意行为规范的一种，对顾客进行各种承诺同样可以有效和高效地为企业外部的争议解决奠定良好基础。

（2）关于承诺的内容和落实承诺的方法。对于承诺的内容和落实承诺的方法，包括对方针目标的制定和对员工进行培训等各项措施，ISO 10003 的 5.1 与 ISO 10002 的5.1要求基本一致。所不同的地方在于所应用的领域不同：ISO 10003 强调的是在企业外部争议解决过程中来体现对顾客的承诺，而 ISO 10002 则强调的是在企业内部投诉处理过程中来体现对顾客的承诺。

六、在外部争议解决过程中与承诺有关的案例

企业在外部争议解决的过程中，是否能够履行承诺对于参与争议解决的顾客来讲，同样具有实际意义。

案例 1

汽车企业在处理顾客投诉的过程中，在有些情况下，由于双方对处理结果意见不一致，所以需要通过第三方（如汽车质量鉴定中心）进行解决。然而企业在处理外部争议解决过程中，关于汽车质量问题鉴定往往会让顾客头疼。因为在企业外部的争议解决中，一旦顾客和企业较起真来，鉴定汽车质量的好坏，对顾客来讲，就变成了

一道很大的难题。一位车主驾驶某品牌越野车在时速五十多公里时，左转弯翻车造成了左胳膊截肢。花了大量的财力、精力均无法证明汽车质量问题而导致了这次事故。直到从网上查询，才知道在国外进行的这种车型试验中，发现存在设计缺陷，他才得到有力证据。对于这种争议的解决难度是很大的。因为汽车系统的复杂性，许多顾客缺乏汽车消费的专业知识，有的甚至根本不懂车，所以，无法像分辨其他商品一样对其有一个基本评判。因此在这种情况下，企业的品牌信誉，以及是否能认真履行对顾客的各种承诺，就显得格外地至关重要。

案例分析

当顾客对企业对处理投诉的结果有意见时，就必然会产生争议，一旦有了争议，应该找提供方（即公正的第三方——见 ISO 10003 的 3.9）进行解决，在一般情况下，应该先到权威部门进行检测，以取得客观公正的证据。

厂商说起来很有道理，要检测可以到权威部门去，但鉴定部门也有难处，因为只有厂商提供真品的样本或者数据才好鉴定。顾客则说，厂商提供的样品和数据能保证客观真实吗？很多难题使汽车质量争议的解决在这一关就被卡住了。

这是外部争议解决所经常面临的一道“障碍”。其实从企业角度看，顾客存在的这种担心也是可以理解。这里的关键在于企业是否能够做到讲诚信。“讲诚信”说起来容易，做起来可不容易！有的企业之所以未能取得顾客对它的信任，很可能以前曾经有过不讲诚信的事实（如经常不遵守承诺)，让顾客有所发现。在这种情况下，要让顾客越过这道“障碍”，又怎么可能呢？如果失去了这种起码的信任，企业所面临的这种外部争议怎么能得到有效解决？

由此可见，通过遵守和履行承诺，取得顾客的信任，是企业在外部争议中得到有效解决的又一重要条件。

案例 2

酒店是否应该收取开瓶费？这已经成为企业在外部争议解决过程中的一个“老大难”问题。那么遵守承诺在外部争议解决过程中能够发挥什么作用呢？请看这个案例。

“中消协不是已多次曝光‘开瓶费’的问题吗？酒店凭什么还要收取我们 160 元的‘开瓶费’？”近日，市民顾女士来到区消协，对某大酒店的行为提出质疑。经调解，酒店最终补偿顾女士 200 元餐券。

区消协受理调查后认为，顾女士反映情况属实。酒店的规定是不合理的，侵害了顾女士的选择权和公平交易权。顾女士有权要求酒店退还全部“开瓶费”。

对此，酒店有关人士解释称，收“开瓶费”是餐饮业“行规”，许多大酒店都这样做。不过，酒店同时表示，为妥善解决此事，他们愿意主动找顾女士协商。最终，双方达成和解，酒店送给顾女士 200 元餐券作为补偿。

案例分析

长期以来，“谢绝自带酒水”和加收“开瓶费”就一直

是餐饮企业与消费者的一场利益博弈，至今仍争论不休。一方面，消费者有《消法》支持；另一方面，餐饮企业有自己所谓的“行规”做依据。

根据《消法》第九条规定，消费者享有自主选择商品或者服务的权利。消费者有权自主选择商品品种或者服务方式，自主决定购买或者不购买任何一种商品，接受或者不接受任何一项服务。酒店强收“开瓶费”，显然侵害了消费者的合法权益，属于一种违法行为。

而作为餐饮业行业组织的协会则公开明确表示：餐饮企业对自带酒水和食品的消费者适当收取服务费（含“开瓶费”）是合理的。对餐饮行业收取“开瓶费”的各种争议至今都没有停止，听起来好像都是：公说公有理，婆说婆有理，似乎很难有一个明确的了断。

但是如果从遵守承诺的角度来分析这一问题时，可以获得一些新的思路。且不说酒店“开瓶费”的收取是否合理（这个问题应该由行业主管部门决定），首先看酒店在向顾客收取开瓶费，事先是否对顾客进行明示？也就是说，当顾客进入酒店之后，是否向顾客进行了事先告知：例如可以在酒店营业现场张贴告示，或者通过服务人员事先向顾客进行沟通：本酒店对于自带酒水的顾客是收取“开瓶费”的，每瓶收取××元，供顾客进行选择。如果顾客同意，就可以在这里继续就餐，否则可以到别的酒店就餐。如果事先也不作出任何说明，等顾客就餐完毕之后，然后再告知顾客：本酒店收取开瓶费××元，显然，此时就餐的顾客就有一种被“欺诈”的感觉，在这种情况下，产生投诉和争议是不可避免的。

可以这样讲，如果是一家重信誉、讲承诺的酒店，如果企业的最高管理者能重视和关注承诺，如果酒店能及时开展关于承诺方面的培训，就应该通过各种方式把酒店收取开瓶费的这一信息，向顾客事先（指在顾客就餐前）进行告知，以控制好顾客的期望值，并由顾客自主选择。试问酒店如果采取这一措施之后，事先能科学地调节顾客的期望值，所谓“开瓶费”的投诉和争议还会不断产生吗？

七、遵守承诺是企业外部争议解决的一项重要因素

由此可见，在争议解决的过程中，企业是否能掌握遵守承诺的相关理论也是一项十分重要的因素。以上两则案例充分说明，如果一个讲信誉、讲诚信的企业，掌握遵守承诺的技巧和方法，也可以对企业有效和高效地解决外部争议起到十分关键的作用。因此，企业在外部争议解决的过程中，ISO 10001 所提出的顾客满意行为规范及其各种承诺，如果能够结合外部争议解决中得到适当地运用，对于有效和高效地解决外部争议也有十分重要的意义。关于这部分内容，可以参考笔者的另一部著作《投诉处理的外部争议解决方案——解读 ISO 10003 国际标准》一书。

第四章 ISO 10001概述

从本章开始全面介绍ISO 10001的相关内容。本章重点介绍的内容有：ISO 10001的结构框架、关键术语、指导原则和相关附录。分别由第一节、第二节、第三节和第四节进行论述。关于ISO 10001正文部分的核心内容，将在下一章专门进行重点论述。

第一节 ISO 10001的结构框架

一、ISO 10001的主要内容

ISO 10001主要内容有以下8章。

1 范围

2 规范性引用文件

3 术语和定义

4 指导原则

5 规范框架

6 策划、设计和开发

7 实施

8 保持和改进

以上 ISO 10001 中 8 章的内容主要分两部分：第一部分重点论述 ISO 10001 的框架结构、关键术语、指导原则以及相关附录。即关于 ISO 10001 的第 1 章、第 2 章、第 3 章、第 4 章的内容将在本章进行论述。第二部分重点论述 ISO 10001 的核心内容，其中包括该标准的第 5 章、第 6 章、第 7 章和第 8 章。以上内容将在下一章进行专门探讨。

二、ISO 10001 的第 1 章：适用范围

在 ISO 10001 的“1 范围”中，对该标准的适用范围做如下表述：

> 本标准可供各种类型、不同规模和提供不同产品的组织使用，包括为其他组织设计顾客满意行为规范的组织。附录 C 提供了小企业指南。
>
> 本标准未规定顾客满意行为规范的具体内容，也不涉及其他类型的行为规范，如组织与员工、与其他组织、与供方关系的行为规范。
>
> 本标准不宜用于认证或合同目的，也不拟改变适用的法律法规所规定的权利和义务。
>
> 注 3：虽然本标准不宜用于合同，但顾客满意行为规范承诺可以包含在组织的合同中。
>
> 注 4：本标准适用于所有的顾客满意行为规范，特别是针对顾客为个体或家庭购买或使用商品、财产或服务的顾客满意行为规范。

在上述内容中突出强调了以下几点：

1. ISO 10001 适合各类企业使用

作为投诉处理系列国际标准之一，ISO 10001 也和其他国际标准如 ISO 9000、ISO 10002 和 ISO 10003 一样，适用于各类企业。因为不论企业的规模大小，也不论是制造业还是服务业，它们都需要，而且可以通过遵守承诺这种顾客满意行为规范，来达到减少顾客投诉产生的目的。

2. ISO 10001 只涉及顾客满意行为规范的内容

ISO 10001 只涉及顾客满意行为规范的内容，而不涉及其他类型的行为规范，例如企业员工操作行为规范等，不属于本标准所讨论的范围之内。关于这一点在本书第三章第二节已有论述。

3. ISO 10001 适合为顾客提供消费服务的企业使用

众所周知，无论是对于制造业还是服务业而言，投诉处理和遵守承诺都是企业的一种服务活动。但由于服务对象的不同，企业一般把这种服务活动划分为生产性服务和消费型服务两大类。所谓消费性服务的特点主要是企业以顾客个人为服务对象的。这里既包括对顾客本人提供的服务，其中包括提供交通、金融、保险、美容、餐饮、健身、医疗、物业等服务的企业，以及包括对顾客使用物品提供服务的，其中包括家电维修和汽车维修服务等。所谓生产性服务的特点，是指它的服务直接对象并非顾客个人，而是指为组织（企事业等）提供的服务，其中包括机械、化工、电子、纺织等制造业所提供的服务，他们的服务内容主要是原材料供应、设备加工、零配件提供、货物运输等。

应该指出的是 ISO 10001 更强调适用于提供消费性服务的企业。因为在 ISO 10001 的范围条款中的注 4，对此作了特别强调，即 ISO 10001 最适合于能够提供消费型服务的企业，因为“本标准适用于所有的顾客满意行为规范，特别是针对顾客为个体或家庭购买或使用商品、财产或服务的顾客满意行为规范”。当然对于提供生产性服务的企业也能够适用，但是两者相比较，更适用前者。

4. 顾客满意行为规范可以列入企业合同的内容之中

在 ISO 10001 的范围条款中，还指出：“注 3：虽然本标准不宜用于合同，但顾客满意行为规范承诺可以包含在组织的合同中”。这段话强调的内容有两层含义：

一层是 ISO 10001“不宜用于合同目的”，强调的是该标准不能用于合同目的，即进行体系认证活动。这是和 ISO 9001 之间的最大区别之一。二层是关于 ISO 10001中顾客满意行为规范方面内容，特别是企业提出的各种服务承诺和产品承诺方面的内容，完全可以列入企业的合同之中，即作为企业与客户之间订立合同中内容的一部分。

之所以要强的这一点，就是为了防止出现这样的误区：因为 ISO 10001 不能用于合同目的(即不能用于认证)，以为该标准中关于顾客满意行为规范中做出各种承诺的内容，也不能用于双方之间的合同，这就大错特错了。因此在 ISO 10001 中 1 范围条款的注 3 中强调这一点，就是希望企业把顾客满意行为规范里关于做出各种承诺的内容，尽可能列入企业的合同之中。

5. 附录 C 的内容

在 ISO 10001 的 1 范围条款中，指出附录 C 是针对小企业的指南，ISO 10001 附录 C 的具体内容如下：

附录 C：小企业指南

本标准适用于不同规模的企业。但应承认许多小企业在策划、设计、开发、实施、保持和改进顾客满意行为规范方面资源有限。以下示例突出了一些关键部分，并附有每项活动的建议，组织重点关注这些方面即可制定一个适用的规范。

——研究其他企业使用的规范，确定是否适合本企业。

——考虑遵照一个已建立的规范（如由行业或专业协会管理的规范项目）。

——征询顾客和商业伙伴最希望看到的对顾客的承诺。

——为有效和高效履行规范的承诺，组织考虑有必要改变当前运行的哪些方面，包括相关程序、培训、招聘新员工、更新设备、使用新通讯设备等。

——考虑如何能够测量出是否有效和高效地履行了承诺。

——在最终完成规范和公布之前，规范试行是否良好。

——对顾客就规范或其实施提出的质询和投诉采取简单程序。

——考虑参与外部争议解决项目。

——评审适用的法律和法规（如消费者权益保护法）。

——通过标志、广告和其他方式告知顾客规范正在实施。

——定期评审组织履行承诺的情况，通过征求顾客和商业伙伴对于规范及其实施的意见，并进行改进，确保规范的适宜性、充分性、有效性和效率。

6. 对附录 C 内容的理解

（1）为小型企业如何实施 ISO 10001 提供指南。小型企业虽然它的人力和财力等资源有限，也应该根据企业的实际情况来策划、设计和推行顾客满意行为规范和承诺的活动。附录 C 为这样的小型企业“出谋划策”——对一些关键领域提出了具体建议。

（2）对小型企业实施 ISO 10001 提出的具体建议。在附录 C 对小型企业的具体建议有 11 条之多。下面对建议中的第一、二条举例进行说明。

——“研究其他企业使用的规范，确定是否适合本企业”。这是具体建议的第一条。它是指小型企业可以学习和借鉴其他企业是如何开展承诺和规范活动的，必要时可以借鉴其他同行业的做法，再根据本企业的具体情况，适当进行修正和完善就可以使用。这对于小型企业来讲，不失为一种简单、便利的方法。

——“考虑遵照一个已建立的规范（如由行业或专业

协会管理的规范项目)”,这是具体建议的第二条。它是指小型企业除了可以借鉴其他企业的具体办法之外,还可以根据本行业所制定的各种行业规范或者是国家有关部门提出的相关规定所提出的具体要求,来参考执行等。

三、ISO 10001 的作用

在 ISO 10001 的总则中,特别强调了实施该标准的重要作用。具体内容表述如下:

> 保持高水平的顾客满意是许多组织面临的重要挑战,迎接这种挑战的途径之一就是实施顾客满意行为规范。顾客满意行为规范由承诺以及相关规定构成,包括产品交付、产品退回、顾客信息处理、广告,及与具体产品属性或性能有关的规定(示例见附录 A)。顾客满意行为规范可以作为有效的投诉管理方法的组成部分,包括:
>
> a) 投诉预防,通过适当使用顾客满意行为规范;
>
> b) 内部投诉处理,例如在遇到顾客表示不满意时;
>
> c) 外部争议解决,投诉无法在内部得到满意处理时。
>
> 本标准为组织确定顾客满意行为规范中的所有规定提供指南,使顾客满意行为规范满足顾客的需求和期望,并且是准确的,不会产生误解。其用途如下:
>
> ——促进公平交易及增强顾客对于组织的信赖;
>
> ——改进顾客对组织的产品及其与顾客关系方面预期的理解,以减少误解和投诉的可能;
>
> ——降低增加组织顾客管理行为新规则的可能性。

根据上述内容把 ISO 10001 的作用归纳为以下几点：

1. 实施 ISO 10001 的目的是增强顾客满意

在 ISO 10001 总则的开头就强调："保持高水平的顾客满意是许多组织面临的重要挑战，迎接这种挑战的途径之一就是实施顾客满意行为规范"。这段话讲的意思是：在企业内部制定和运用一套顾客满意行为规范，是保持高水平顾客满意的主要措施之一。换一句话讲，要保持高水平的顾客满意有许多工作要做，除企业要不断提高产品质量之外，还有一项十分重要工作就是要制定和运用一套顾客满意行为规范。

那么企业应该如何制定和运用一套顾客满意行为规范呢？其中最好的办法就是学习和掌握 ISO 10001 的相关内容。正如在总则中所提出的："本标准为组织确定顾客满意行为规范中的所有规定提供指南，使顾客满意行为规范满足顾客的需求和期望，并且是准确的，不会产生误解"。关于顾客满意行为规范的基本概念，包括附录 A的相关内容，在第三章第二节已进行了探讨。关于在企业内部如何制定和运用一套顾客满意行为规范将在本书的第五章专门进行论述。

2. ISO 10001 的应用领域

在 ISO 10001 的总则中，强调实施该标准的应用领域主要运用在以下三个方面；一是可以预防顾客投诉的产生；二是可以有助于企业内部投诉处理的解决； 三是可以有助于企业外部争议的解决。关于后两方面的内容，本书在第三章第三节和第四节已有论述。下面重点

论述第一方面内容。

3. ISO 10001 的具体作用

根据该标准的论述，实施 ISO 10001 可以取得以下三个具体方面的作用：

（1）可以增强顾客对企业的信心。它是指一个制定和运用顾客满意行为规范的企业，一个遵守和履行自己承诺的企业，一定会具有良好的企业形象，这种良好的企业形象有助于增强顾客对企业的信心。因为对于企业而言，良好的企业信誉、品牌和形象是企业的一种“潜在的销售额”，它不仅可以为当前的企业带来可观的利润，而且可以为企业今后提供更加广阔的市场空间。

（2）可以起到减少顾客投诉产生的作用。“改进顾客对组织的产品及其与顾客关系方面预期的理解，以减少误解和投诉的可能”。从企业的实际情况看，大约有近 1/3 左右的顾客投诉都是由于企业未能履行自己的承诺而引起的。所以一个企业制定和运用顾客满意行为规范的最直接作用，就是可以大大提高企业遵守和履行承诺的能力，而这种能力提高的直接结果，就是有效地减少顾客投诉的产生。如果把“源头”堵住了，就可以为企业有效和高效地处理顾客投诉创造条件。

（3）可以减少企业为处理顾客投诉所需要付出的成本。这是指如果一个企业面临众多的顾客投诉，而又未能有效和高效地进行处理，就必然会对企业带来更多的人力、物力和财力的消耗，为此企业不得不再制定许多新的管理规则，来强化管理。这样不仅可以使企业支付的直接成本增高，而且还会给企业的品牌形象等无形资产带来许多负面影响。因此通过企业制定和运用一套顾客满意行为规范，就可以大大减少企业为处理顾客投诉所付出的各种成本。

四、ISO 10001 的宣传方式

在 ISO 10001 总则的“符合性说明”中强调指出：

> 本标准是一个指南性文件。本标准中提供的所有适用的指南，是对顾客满意行为规范的策划、设计、开发、实施、保持及改进进行指导。
>
> 但是，任何声称或暗示符合本标准的说明都是不适当的，因此不应作这样的说明。
>
> 注：在促销和沟通材料中任何有关符合本标准的声称或暗示都是不适当的，如新闻稿、广告、营销手册、视频资料、员工通告、标志、标语和用于各种媒体的言词，涵盖印刷、广播、互联网、多媒体应用、产品标签、标记和标语。

有些人以为实施 ISO 10001 可以与 ISO 9000 质量管理体系标准一样，可以通过质量体系认证，并且可以进行广泛宣传，其实这是不对的。

上述这段文字向企业清楚地表明 ISO 10001 与 ISO 9000族标准在宣传上是不同的。ISO 9001 标准是可以通过认证的，可以由有关部门授权的认证中心颁发相应的证书，但是 ISO 10001（同时也包括 10002、10003），只能作为 ISO 9000 族标准的重要补充，它既不能用来认证，也无法颁发相应的证书。因此，尽管有许多企业要求宣传和贯彻 ISO 10001 和 ISO 10002、ISO 10003，但是企业在对外宣传时，不能将其与宣传和贯彻 ISO 9000 标准相提并论，它只能作为 ISO 9000 标

准的补充。也就是说，它只能为 ISO 9000 质量管理体系标准起到完善和补充的作用，而不能和它相提并论，对此企业务必要有清醒的认识。

五、ISO 10001 和其他国际标准的关系

ISO 10001 的总则中所涉及的其他国际标准的关系。关于这部分内容在本书第三章的第一节已有论述。

第二节 ISO 10001 的主要术语

在 ISO 10001 第 2 章《规范性引用文件》中，主要强调 ISO 10001 是把 ISO 9000:2005《质量管理体系—基础与术语》国际标准作为基础的。由于 ISO 10001 的主要术语都集中在该标准的第 3 章，所以本节重点介绍 ISO 10001 的第 3 章的相关内容。

在 ISO 10001 第 3 章《术语和定义》中，共有 6 条术语，这些术语主要分两部分：一部分是从其他国际标准中借鉴过来的（主要是 ISO 9000:2005 及 ISO 10002 和 ISO 10003），还有一部分是 ISO 10001 所专用的。

一、ISO 10001 的术语和其他国际标准术语的关系

这里指的其他国际标准术语主要是指与 ISO 10001 有密切关系的 ISO 9000 和 ISO 10002、ISO 10003 中的术语。下面分别进行论述：

1. ISO 10001 的术语和 ISO 9000 的术语关系

在 ISO 10001"术语和定义"中，特别指出在本国际标准中，ISO 9000:2005 标准给出的下列术语和定义均

适用。这就是说，在 ISO 10001 中和ISO 9000中的术语是通用的。例如，在 ISO 10001 的术语和定义中，除了顾客(3.4)、顾客满意(3.5)、组织(3.6)这些术语是专门采用 ISO 9000 中的术语之外，在本标准的其他条款中，还涉及的程序、管理评审、持续改进等术语也专门采用于 ISO 9000。这是因为 ISO 10001 是 ISO 9000 族标准的重要补充，都是由 ISO /TC 176 制定的，而且都是相辅相成的。因此，ISO 9000 的许多术语和定义都可以在 ISO 10001 中得到广泛应用。

2. ISO 10001 的术语和 ISO 10002、ISO 10003 的术语之间的关系

在 ISO 10001 的术语中，还有一部分术语是采用 ISO 10002、ISO 10003 中的术语。例如投诉者(3.2)和投诉(3.3)术语就是采用 ISO 10002 的术语。因为ISO 10001 国际标准和 ISO 10002、ISO 10003 都属于投诉处理系列的国际标准，因此它们之间的术语有许多也是通用的。

二、ISO 10001 的专用术语

在 ISO 10001 的 3 定义和术语的条款中，共提出了 6 条专用术语。其中只有顾客满意行为规范(3.1)的术语专门是 ISO 10001 所独有的，也可以说，它是专门为 ISO 10001 制定的，它应该说是 ISO 10001 中最重要、最核心的术语了。对顾客满意行为规范定义的理解，因为在第三章第二节有专门论述，这里不再重复。

三、ISO 10001 的其他术语

ISO 10001 中其他 5 条术语，如上所述都是同其他

国际标准中借鉴过来的。在这 5 条术语中,关于顾客满意(3.5)的术语,是 ISO 10001 另一个核心术语,对顾客满意定义的理解,在本书的第一章第四节也已有专门论述,这里不再重复。

下面对其他 4 条术语,做简单的探讨:

1. 关于投诉者定义

> 3.2 投诉者 complainant
>
> 提出投诉(3.3)的个人、组织(3.6)或其代表
>
> 注:出自 ISO 10002,其中的“代表”能够代表个人或组织

这里指的投诉者既可以是指个人,也可以是组织。这条术语是采用 ISO 10002 国际标准的。

2. 关于投诉的定义

> 3.3 投诉 complaint
>
> 对组织的产品或投诉处理过程不满意的表示,其中包括期望得到回复或解决的明示的或隐含的表示
>
> [ISO 10002,3.2]
>
> 注:投诉可以针对规范(3.1)。

关于投诉的定义它主要包含两层内容:一层指出顾客产生投诉的原因。这里原因有二:一是顾客对其产品不满意;二是顾客对企业投诉处理过程本身不满意。二层是指顾客对处理投诉的具体要求。这些具体要求也体现在两方面:一是要满足投诉顾客的明示要求,如返工、返修、退换、赔偿等要求;二是要满足投诉顾客的隐含要

求，如要求在投诉处理过程中关于方便、透明、公平、保密等方面要求。

关于对投诉者和投诉的定义详细理解可以见《投诉处理的理论与实务——解读 ISO 10002:2004〈质量管理 顾客满意组织内部处理投诉指南〉》一书，这里不再重复。

特别要指出的是，在 ISO 10001 的投诉的定义中，专门增加了一个注："投诉可以是关于规范的"。这里说的是顾客的投诉可能会来自于对企业顾客满意行为规范和有关对各种承诺的投诉。之所以强调这一点，是因为实施 ISO 10001 的根本目的，不是为了处理顾客投诉（关于对顾客投诉的处理，见 ISO 10002、ISO 10003），而是为了尽可能地减少顾客投诉的产生。为了能够达到这一目的，企业应该根据顾客对各种承诺的投诉（包括质疑），来不断完善各种承诺，更好地制定和运用顾客满意行为规范，最终达到减少顾客投诉的目的。

3. 关于顾客的定义

3.4 顾客 customer

接受产品的组织（3.6）或个人

示例：消费者、委托人、最终使用者、零售商、受益者和采购方。

注 1：顾客可以是组织内部的或外部的。

注 2：本标准中的术语"顾客"包括潜在顾客。

注 3：修改采用 ISO 9000:2005，3.3.5。

顾客的定义是采用 ISO 9000 的，它是指产品的接受

者，它既可以是个人，也可以是组织。

与 ISO 9000 中 3.3.5 顾客定义不同的是，在本标准的顾客的定义中增加了几个注。除了注 1 和注 3 是为了强调顾客定义是采用 ISO 9000 之外，其中注 2 强调的是对于ISO 10001而言，这里的顾客它可以包括潜在的顾客。也可以这样讲，ISO 10001 所提出的顾客满意行为规范，不仅是针对已经购买产品和服务的顾客，而且还针对大量的尚未购买产品和服务的顾客，即潜在顾客。这是因为企业提出的顾客满意行为规范，只有对众多潜在的顾客产生吸引力，才能为顾客购买企业的产品和服务奠定良好基础。这也是 ISO 10001 和 ISO 9000 的不同之处吧。

4. 关于组织的定义

> 3.6 组织 organization
>
> 职责、权限和相互关系得到安排的一组人员及设施
>
> 示例：公司、集团、商行、企事业单位、研究机构、慈善机构、代理商、社团、政府机构或上述组织的部分或组合。
>
> 注：修改采用 ISO 9000:2005，3.3.1。

本标准的组织定义采用于 ISO 9000。本标准对组织的理解与 ISO 9000 标准对组织的理解应该是完全一致的。因为制定和运用一套顾客满意行为规范，即为顾客提供各种承诺，对于许多组织来说都是必须的，而且应该把它作为组织内建立质量管理体系的一部分。

第三节　ISO 10001 的指导原则

在 ISO 10001 的第 4 章中，特别强调实施顾客满意行为规范必须遵循的 8 项指导原则。内容如下：

4　指导原则

4.1　总则

4.2　承诺

4.3　能力

4.4　透明

4.5　方便（附录 D）

4.6　响应（附录 E）

4.7　准确

4.8　职责

4.9　持续改进

上述 8 项指导原则中，4.5 方便原则、4.6 响应原则后括号里的内容是 ISO 10001 的附录部分，即指的是与该指导原则内容相关的附录。

理解和掌握 ISO 10001 所提出的 8 项指导原则，应该成为有效和高效地实施顾客满意行为规范的重要环节。在对 ISO 10001 的 8 项指导原则进行探讨的过程中，同时还会把与这些指导原则有关的附录一并进行探讨，以帮助读者可以更好地理解这些指导原则的深刻内涵。

一、关于指导原则的总则

1. 4.1 指导原则的具体表述

> 4.1 总则
>
> 有效和高效地策划、设计、开发、实施、保持和改进顾客满意行为规范是建立在4.2～4.9中以顾客为关注焦点指导原则基础上的。

2. 对该指导原则的理解

（1）指出实施ISO 10001指导原则的目的。“有效和高效地策划、设计、开发、实施、保持和改进顾客满意行为规范”就是实施本国际标准指导原则的根本目的。根据ISO 9000的相关定义，所谓有效性，是指企业设定目标是否能够达到；如果能够达到，就证明是有效的，反之就是无效的。所谓效率是指企业达到目的所支付的成本是否低廉；如果支付成本低，就证明效率高，反之就是效率低。本国际标准指导原则的总则，就明确地告诉企业，坚持实施这8条指导原则可以有效和高效地推行各种承诺和规范活动。

（2）强调坚持这8条指导原则是以顾客为关注焦点理念的具体体现。在8条指导原则中，其中第1条承诺和第2条能力是对企业推行承诺和规范活动的总体性要求。因为对顾客做出各种承诺，就是企业有能力体现以顾客为关注焦点理念的一种具体行动。第3条透明、第4条方便、第5条响应和第6条准确等指导原则，都是对企业应该如何进行承诺和规范提出的具体要求。这些具体要求从不同侧面也反映出企业树立以顾客为关注焦点的理念。第7条职责和第8条持续改进指导原则是指企业内部应该通过建立和完善质量管理体系，为企业能够积极推行承诺和规范活动提供可靠的保证，保证企业能够认真地遵守和履行自己的承诺。这也体现出一种以顾客为关注焦点的理念。

二、指导原则之一：4.2 承诺

1. 4.2 指导原则的具体表述

> 4.2 承诺
>
> 组织应积极致力于使用、整合和公布顾客满意行为规范，并履行其承诺。

2. 对该指导原则的理解

（1）要求企业必须积极开展以各种承诺为主要内容的顾客满意行为规范。作为 ISO 10001 指导原则的第一条，就是要求企业必须积极地开展各种承诺活动。这是该标准对各类企业所提出的第一条总体性要求。

也许有人会说，既然企业提出承诺和规范这么“麻烦”，干脆就不要开展承诺和规范活动了，企业不是照样可以生存和发展吗？其实这是一种“因噎废食”的想法。ISO 10001 指导原则的第一条，之所以要求企业必须积极开展各种承诺和顾客满意行为规范最根本的目的是，开展承诺和规范活动能够充分体现出企业的一种为顾客提供高水平的顾客满意服务的意愿和能力。对企业来讲，企业通过什么样的方式能够证明企业已经树立的以顾客为关注焦点的理念呢？企业通过什么样的有效方式才能让顾客感觉到企业有能力提供一种高水平的，并且能令顾客满意的服务呢？企业积极开展各种形式的承诺

和规范活动就是一种最好的形式之一。而对于顾客来讲,认识和了解企业的第一步,就可以通过企业提供的各种承诺以及顾客满意行为规范来的达到这一目的的。因为在市场经济条件下,通过承诺和规范等各种途径,来获得顾客更多的认识、认同和认可,就是企业增强顾客满意的一条重要手段。

(2) 强调指出企业推行规范活动核心的内容就是承诺。顾客满意行为规范包括的内容很多,但是其中最重要的,也是最核心的部分应该是企业制定、推行和遵守各种承诺。也可以说,ISO 10001 就是希望企业能够通过开展各种承诺活动来推进和传播顾客满意行为规范。这不仅因为企业提出的各种服务承诺和产品承诺就是顾客最能直接感受到的一种顾客满意行为规范,而且遵守和履行以承诺为核心的顾客满意行为规范,必然能够对企业质量管理水平和服务质量水平提出更高要求。

(3) 突出强调企业不仅要提出承诺,更要遵守和履行其承诺。对于任何企业来讲,对顾客提出各种承诺并不难,难的是要认真遵守和履行自己提出的承诺。而要认真遵守自己提出的承诺,有两个必备条件:一是必须要有正确的思想作指导,即把遵守和履行承诺看作是企业一种神圣的社会责任,关于这一点在本书第一章第五节有专门论述。二是必须要掌握科学的方法。关于这一点,是本书第二章以后一直在继续探讨的重点。

总之,在市场经济条件下,为了能够向顾客提供高水平的顾客满意的服务,积极推行各种承诺,并且遵守其承诺是 ISO 10001 向企业提出的核心要求。

3. 案例说明

为了帮助读者能够更好地的理解和掌握 ISO 10001 中关于“承诺”这一指导原则，下面通过介绍××企业向顾客推出的关于服务承诺的相关内容，来进行说明。

案例

在为顾客提供的售后服务中，许多企业会提供各种服务承诺作为吸引顾客的重要手段。下面是××企业向顾客提供台式电脑的同时，向顾客作出的服务承诺。

××台式电脑“三包”服务承诺包括以下内容：

××将全面执行《微型计算机商品修理更换退货责任规定》(以下简称“微机三包规定”或“三包规定”)中规定并在此基础上提供如下××台式电脑“三包”细则：

(1) 7 日内免费退货、换货或修理。

自您购买××台式电脑之日(以有效购货发票日期为准，以下同)起 7 日内(含第 7 日)，如果您所购买的电脑主机出现国家“三包规定”所列性能故障，您可以选择退货、换货或者修理。如您选择整机退货，我公司将按照发票价格(即以有效购货发票价格为准，下同)一次性退清货款。

(2) 8 至 15 日免费换货或修理。

自您购买××台式电脑之日起第 8 日至第 15 日内(含第 15 日)，如果您所购买的电脑主机出现国家“三包规定”所列性能故障，您可以选择换货或修理。如您选择换货，我公司将免费为您更换同型号同规格的商品或不

低于原商品性能的××电脑商品。

(3) 整机一年内维修两次以上仍不能正常使用的，可以更换或修理。

自您购买××台式电脑之日起 1 年内，如果您所购买的电脑主机出现国家“三包规定”所列性能故障，且经两次维修仍不能正常使用的，您可以选择整机更换或故障部件维修。如您选择整机更换，我公司将为您更换同型号同规格的商品或不低于原商品性能的××电脑商品。……

案例分析

以上是××企业向购买电脑的顾客做出服务承诺的部分内容。从上述内容可以看到，该企业提出“7 日内免费退货、换货或修理”、“8 至 15 日免费换货或修理”、“整机 1 年内维修两次以上仍不能正常使用的，可以更换或修理”等项内容，这些承诺的内容是从顾客购买电脑之日起，一直到 1 年之内如果出现质量问题所提供的相关服务。这种承诺的内容本身就应该属于顾客满意行为规范的重要组成部分，它可以有效地提高顾客的满意程度。企业之所以要提出这些服务承诺，其根本目的就是为了提高企业的竞争能力，适应市场经济的需要。因为在市场经济条件下，企业竞争非常激烈，除了产品质量之间的竞争之外，服务之间的竞争也成为一个新的焦点。因此，服务承诺就构成了服务之间竞争的一种有力工具，其作用至少可以体现在以下三方面：

(1) 可以提高企业的竞争能力。对企业来讲，在市场竞争的大环境下，当产品的价格和质量趋于一致的情况下，企业的承诺，特别是服务承诺的内容，必然会成为争取顾客的一种有力手段。因为顾客是价值最大化追求者（科特勒语），企业提出服务承诺的内容越多，对顾客而言，就意味着可以获得更多的价值。因此 ISO 10001 提出的指导原则的第一条，要求企业积极地推行各种承诺，其目的就是为了适应市场经济发展的需要，提高企业产品和服务的竞争能力。

（2）可以提高顾客的满意程度。对顾客来讲，企业提供服务承诺的内容越多，就意味着可以给顾客带来更多的方便，如果这种方便是顾客在其他企业中无法获取的，这必然会有效地提高该企业的顾客满意程度，并且为企业赢得更多的回头客。

（3）可以为企业减少顾客投诉的产生奠定基础。如果企业提出的承诺都能得到很好的遵守和履行，这就为减少顾客投诉的产生创造有利的条件。这是因为国际标准化组织之所以提出 ISO 10001 其根本目的就是希望企业能够通过承诺，来减少顾客投诉的产生，并通过顾客投诉的减少，来提高顾客满意程度。

因此，ISO 10001 指导原则的第一条强调企业必须积极地推行承诺，其理由就在于此。

三、指导原则之二：4.3 能力

1. 4.3 指导原则的具体表述

> 4.3 能力
>
> 组织应配置充足的资源用于规范的策划、设计、开发、实施、保持和改进，并进行有效和高效的管理。

2. 对该指导原则的理解

(1) 能力是企业遵守和履行承诺的根本保证。这是该标准对各类企业所提出的第二条总体性要求。这里所指的能力主要是指履行承诺的能力,这种能力是遵守和履行承诺的重要基础。这也是 ISO 10001 向企业提出的另一条核心要求,它与上一条指导原则(4.2 承诺)两者应该是相辅相成的。可以这样说,企业提出的承诺(见 4.2)是企业具有能力的一种外在表现;企业具有相应的能力(见 4.3)是企业遵守和履行承诺的基础和保证,是企业具有能力的一种内在要求。在本书第二章第二节所提出的,关于 ISO 9001 中 7.2.2 提出的"企业必须对履行承诺的能力进行评审"这一观点,实际上是与这一条指导原则提出的要求是完全一致的。所不同的是 7.2.2 提出的"企业必须对履行承诺的能力进行评审"观点,实际上是对这条指导原则的具体理解,而更具有实际操作性罢了。总之,ISO 9001 中 7.2.2 所提出的要术,有助于企业对该指导原则的理解。

(2) 有充分的资源作保证,也是企业具有履行承诺能力的内在要求之一。企业如果没有充分的资源作保证,遵守和履行承诺就会成为一句空话。因此作为企业在向顾客做出正式承诺之前,一定要对企业是否具有遵守和履行承诺的能力(包括相应的人力、物力和财力资源)进行评审(见本书第二章第二节),就是至关重要的一步,也是企业是否具有履行承诺能力的内在要求之一。

(3) 对企业实施的各种承诺和顾客满意行为规范进行策划、实施、保持和改进,是企业具有履行承诺能力的内在要求之二。为了能够履行承诺和实施顾客满意行为规范，在企业内部必须要有一套策划、实施和改进的机制。它主要表现在企业可以根据市场和顾客的需求确定、调整和改进企业提出的各种承诺，使企业提出的各种承诺能够最大限度地满足顾客要求，这就可以为企业不断扩大市场份额奠定很好的基础。

（4）对企业实施的各种承诺和顾客满意行为规范进行有效和高效地管理，是企业具有履行承诺能力的内在要求之三。"有效和高效地管理"主要体现在企业内部对于认真履行承诺的部门和员工要及时给予肯定，对于不能认真履行企业承诺的部门和员工，必须要有相应的处理措施，做到奖惩分明，令行禁止。

四、指导原则之三：4.4 透明

1. 4.4 指导原则的具体表述

> 4.4　透明
>
> 应向顾客、员工和相关方公布规范。

2. 对该指导原则的理解

（1）透明性指导原则是对企业提出承诺和规范的第一条具体要求。相对于 4.2 承诺和 4.3 能力这两条总体性的指导原则而言，透明性指导原则（包括 4.5 方便、4.6 响应、4.7 准确等指导原则）就是企业对承诺和规范提出的具体要求。所谓透明，就是指企业提出的承诺必须要让企业内外的相关人员都了解和掌握。透明的具体要求主要包括对内和对外两个方面：一方面是指企业提出的

承诺和规范对外要向社会和顾客进行明示；另一方面它在企业内部要进行广泛的沟通。下面分别简要进行论述。

（2）企业提出的承诺和规范必须要向社会和顾客进行明示。首先透明性体现在企业必须对外进行明示。因为企业之所以要推行承诺和顾客满意行为规范其直接目的，就是一种有效的、吸引顾客的促销手段，而根本目的是为了通过对承诺的履行，达到提高顾客满意程度的目的。因此如果企业提出的承诺不向顾客进行公示，就不可能达到上述目的。当然向顾客进行明示的方法有很多：例如通过广告、媒体、营业现场、互联网等渠道，都可以达到这一目的。

（3）企业提出的承诺和规范在企业内部要进行广泛的沟通。在企业内部进行有效的沟通也是透明性的重要表现之一。而对于这一点，有不少企业容易忽视，但是在企业内部的有效沟通其实是非常重要的。因为企业如果要认真地履行自己的承诺和规范，必须要做到企业内部各部门和全体员工的认同和支持，如果做不到这一点，企业要认真履行承诺就会打很大的折扣，就必然会使顾客不满意，甚至有可能造成顾客投诉的产生，这是得不偿失的。

下面可以通过一个案例来加以说明。

案例

任何企业提出承诺必须要方便企业内部和外部的沟通。尤其是作为企业，必须要为外部的顾客的有效沟通创造良好的条件。但是有些企业却忽略了这一点，其结果只能使企业作出的承诺打了不少折扣，令人非常遗憾。下面是某报社记者用暗访的手段，对某医院的承诺进行调查的一次报道。

××医院推出了一系列服务承诺的具体措施，记者受朋友之托询问服务承诺的相关事宜，但是由于医院没有向社会公众提供相应的服务热线电话，因此只能向114电话求助。

下午15:00，记者拨通了该医院总机的号码，有人接了，记者称想了解有关服务承诺的情况，总机随后给了记者42××××××号码。

记者拨了42××××××的号码。

“请问，是××医院吗？我想了解关于服务承诺的情况……”

“找门诊部。”电话“啪”地就挂掉了。

记者通过总机再拨通门诊部号码，“请问是××医院门诊部吗？我想……”“找办公室。”“那……”没等记者往下问，电话里就已经传来了“嘟……嘟……”的声音。对方很快把电话挂了。

无奈之下，记者只得又通过总机电话查询，查到了该医院办公室的电话号码。此时已经是16:40。仅仅为了问一个号码，足足折腾了一个半小时，打了若干个电话，遭遇到了无数个无礼生硬的态度。试想如果是一个病患者要了解服务承诺的相关内容，结果又如何？

记者又想到了××医院提出“服务承诺”的宣传，但愿这服务承诺不仅停留在标语上。

案例分析

由于企业提出的服务承诺中，没有向社会公众公布了解承诺的相关服务热线电话，而且许多部门包括总机、门诊部等部门又都不了解关于服务承诺的情况，于是造成顾客的不满意。上述案例就反映的这个问题：就是服务承诺的透明性问题。众所周知，企业提出了承诺必须要向社会公众和企业内部进行明示和告知。但是如果企业忽视了其中某一个环节，就必然会的顾客带来很大麻烦。上述案例就说明了这个问题。虽然这家医院进行了承诺，也进行了公示，但是由于透明性没掌握好：一是没有向顾客公示相关的热线电话，对外的沟通工作没有做好；二是企业内部各部门对服务承诺不了解，内部的沟通工作也没有做好，就必然会造成顾客不满意。看来这家医院不仅向顾客的明示没有完全到位，而且内部沟通也有问题，使得这家医院许多部门并不了解关于服务承诺的情况，才造成这样的结果，实在是有些遗憾。

关于如何做好企业内部和外部的沟通工作，ISO 10001的 6.7 还要专门进行深入探讨（见本书第五章第二节）。

五、指导原则之四：4.5 方便

1. 4.5 指导原则的具体表述

> 4.5 方便
>
> 规范和相关信息应易于获取和使用（见附录 D）。

2. 对该指导原则的理解

（1）方便性是对企业提出承诺和规范的第二条具体要求。所谓方便性就是指企业提供的承诺和规范及其相关信息能够让顾客以最少的付出成本来获取。这是对企业提出承诺和规范的第二项具体要求。因为顾客是价值最大化追求者（科特勒语），任何顾客都希望自己能够以最少的付出得到最多的产出。因此作为企业能够最大限度地能够方便顾客接受企业提出的承诺和规范，是非常必要的。

（2）企业提出的承诺和规范必须要方便顾客认知、理解和使用。因为企业提出的承诺和规范是必须要向顾客明示的，因此方便性指导原则就是必须要保证能够让顾客方便的认知和理解企业所提供的相关信息。那么如何才能使顾客比较方便地能够认知和理解企业提供的相关信息呢？在 ISO 10001 中的附录 D，为企业对方便性指导原则的理解作了最好的说明。

3. 关于附录 D 内容的表述

附录 D 是对 ISO 10001 方便性指导原则的补充说明。具体内容如下：

附录 D：方便性指南

组织应使顾客、员工和其他相关方易于获得规范和支持性信息（如投诉表）。组织应考虑潜在的相关人员的范围（可能包括儿童、老人、残障人士等），在提供或交付产品时应以多种语言和形式提供与产品相关的规范的信息和帮助，以使希望使用规范的顾客不会处于

不利地位。当组织参加另一组织(如行业或专业协会)规范项目时,应使顾客和相关方通过该项目查阅到这一组织。

信息应语言清楚、明确,并应以可选择的形式提供给现有和潜在的顾客,如通过音频资料、大字体印刷、大凸起字、盲文、电子邮件或可以使用的网址。

注:可选择的形式是指用不同的表达或表现方式,旨在可以被不具有正常感觉能力的人获得这些信息。通过至少一种形式(如视觉或触摸)提供所有的输入和输出信息(即信息和功能),使更多的人,包括语言和读写能力有问题的人,都可以得到帮助。可能影响易读性和易理解性的表达方面的因素包括:

——版面设计;

——印刷颜色和对比度;

——字体和字形;

——多种语言的选择和使用。

详见 ISO 导则 37。

4. 对附录 D 内容的理解

为了帮助读者能够很好的理解 ISO 10001 中对方便性指导原则的内容,该标准在附录 D 中专门对此进行了说明。下面是对附录 D 内容的理解。

(1) 企业提供的承诺和规范必须向顾客进行明示。由于企业提供的承诺和规范必须要向公众进行明示,因此能够最大限度地帮助顾客及时了解和掌握企业提供的承诺和规范所包含的信息,成为了一条重要的指导原则。

正如在附录 D 中所表述的“组织应使顾客、员工和其他相关方易于获得规范和支持性信息(如投诉表)”。必须指出,向顾客(包括其他相关人员)提供顾客满意行为规范及其相关信息应该包括:企业提供的各种承诺、以及与承诺有关的各种信息(这里包括向顾客发放的顾客满意度调查表、投诉处理表等)。

(2) 让不同类型的顾客都能够比较方便地获取承诺和规范方面的信息。所谓方便性主要体现在企业所提供的承诺和规范,能够比较容易地为不同类型的顾客所以接受。因为只有得到顾客的接受和认知,这些承诺和规范才能起到应有的作用。但是由于企业面临的顾客有很大的差异,其中可以包括孩子、老人、残族的人士 ,因此就必须采取相应的方便性措施。可以看出,附录 D 所提出的具体要求,特别体现了对弱势群体的关注。

(3) 要采取多种方便性措施作保证。在附录 D 提出了许多方便性的保证措施,其中包括:

——版面设计。这是指企业进行承诺和规范的推广时,必须要合理的版面设计,能够保证企业的受众(顾客)比较方便很容易地接受到企业提供与承诺相关的信息。

——印刷颜色和对比度。为了能够吸引不同类型顾客的注意,企业在提供承诺和规范的相关信息(包括文字和图案)中要注意颜色和对比度,以取得最佳效果。

——字符和字形。这里是指提供的相关信息必须包括各种类型:如音频、大字印刷、大的凸起字符、盲文、电子邮件或可进入的网站等,只有这样才能最大限度地方便不同类型的顾客来接受

企业提供信息。

——多种语言的选择与应用。由于不同国家和地区，以及不同民族使用的语言和文字不同，因此必须合理的选择不同的语言和文字，为不同类型的顾客最大限度地提供各种方便。

总之，采取各种方便性措施，保证顾客能够最大限度地获取企业提供承诺的各种信息，是 ISO 10001 中 4.4 方便指导原则的核心要求。请看下一个案例。

案例

当企业为顾客提供各种承诺时，有一条重要的原则必须遵守：即能够让顾客最大限度地获得各种方便。下面是××企业向顾客做出服务承诺的相关内容，就能够较好地体现出这种方便性。

××企业家电维修服务承诺：

1. 全国联保，上门服务

××家电实行全国范围联保。无论您在中华人民共和国境内（不包括港、澳、台地区）任何地方购买并使用本产品出现保修范围内的故障时，请咨询当地××客户服务电话中心，均可凭本产品的保修凭证、购机发票，获得就近的××授权服务商的上门维修服务。在保修期内上门全免费维修；在保修期外若您选择上门维修，需收取上门交通费、服务工时费和备件成本费（具体参照××家电服务工程师出具的《××家电有偿服务收费标准》）；在保修期外若您选择送修则只收取服务工时费和备件成本费。

2. 每天24小时全天候热线服务

××家电服务提供一年365天，每周一至周日，一天24小时电话热线（电话咨询/电话订购/ 电话报修/电话诊断）服务（800×××××××）。请您相信：“只要您拨打一个电话，剩下的事情由我们来做！”

案例分析

从上述案例中可以看到，××家电维修服务承诺的部分内容，虽然只有列出简单的几条：全国联保，上门服务；每天24小时全天候热线服务，但是这样两条承诺可以给顾客提供很大的方便。第一条承诺“全国联保，上门服务”可以从空间领域上为顾客提供方便，也就是说，购买该产品的顾客可以在全国各大城市得到该企业所提供的全国统一的保修服务。第二条承诺“每天24小时全天候热线服务”这可以从时间领域上最大限度地为顾客提供方便。××家电维修服务承诺的这两条内容，就可以给顾客提供很大的便利，这就符合ISO 10001第4章指导原则方便性所提出要求。

值得一提的是，该企业提供的服务热线是800×××××××，这个电话不仅顾客可以免费拨打，而且该电话提供的服务项目包括：电话咨询、电话订购、电话报修、电话诊断等多项服务内容，这自然可以让顾客更加省时、省力。如果该企业的承诺真的能够得到认真地遵守和履行，那么就可以如它所承诺的“只要您拨打一个电话，剩下的事情由我们来做！”

当然，在上述案例中并没有提及通过何种渠道（如广告、媒体、互联网等）让顾客能够更加方便地获取服务承

诺中的相关信息，其实这也应该构成方便性指导原则中的另一项重要内容。因为如果顾客获取信息的渠道不方便，服务承诺的内容再好，也没有实际意义。

另外，关于××家电维修服务承诺中，对于社会上的弱势群体（如残障人士），应该如何为他们提供方便还没有涉及，而 ISO 10001 的附录 D 对此有专门的要求，这一点应该引起有关企业的注意。

六、指导原则之五：4.6 响应

1. 4.6 指导原则的具体表述

> 4.6 响应
>
> 规范中应体现组织对顾客的需要和相关方的期望做出的响应（见附录 E）。

2. 对该指导原则的理解

企业提出的承诺和规范必须要满足顾客的需求和期望。换句话讲，了解顾客的需求和期望是企业提出承诺和规范的重要依据。这应该成为企业提出承诺和规范十分重要的指导原则。也可以说，如果企业提出的各种承诺不是从满足顾客需求和期望出发的，那么这种承诺是没有意义的。对于如何在承诺中更好地体现响应这一指导原则，ISO 10001 的附录 E 对此作了详细的说明。

3. 关于附录 E 内容的表述

ISO 10001 的附录 E 是对 4.5 响应指导原则的补充说明，具体内容如下：

附录 E:获得相关方输入的指南

组织应识别相关方并听取他们的意见。组织应:

a) 考虑获得输入信息的各种适合的方法,包括公开会议、焦点小组访谈、问卷调查、顾问委员会、研讨会及电子讨论小组;

b) 确定为获得相关方输入信息所需的财务和人力资源。

为保证从相关方获得信息过程的有效性,组织应:

——清楚表达该过程的目的(包括目标、过程的范围及对最终结果的描述);

——确定允许相关方参与的适当过程的时限,包括出现不可预见问题的一定的机动时间;

——选择适当的相关方参与其中;

——必要时确保对相关方提供的信息保密;

——确保有适当的机制获得输入信息,并有适当的资金支持;

——确保该过程的基本准则得到相关方的理解和接受。

获得相关方输入信息的过程完成后,组织应在后续的规范策划、设计、开发、实施、保持和改进活动中使用并向相关方通报这些结果。应评价从相关方获得信息过程的有效性和效率。

4. 对附录 E 内容的理解

为了使企业提出的顾客满意行为规范和各种承诺能够充分满足顾客和相关方的需求和期望,附录 E 对此提

出了专门的要求。

（1）对相关方概念的理解。在 ISO 9000 中 3.3.7 对相关方定义的描述是："与组织业绩和成就有利益关系的个人和团体"，并且提出相关方面示例有顾客、所有者、员工、供方、银行、工会、合作伙伴和社会等。所以在附录 E中，侧重论述顾客以及其他相关方信息的输入。

（2）输入相关方信息的方式。了解相关方信息采取的方式可以包括公开会议、焦点小组访谈、问卷调查、顾问会议、研讨会和电子讨论小组等。获取这些相关方的信息输入也可以包括多种形式，除了可以召开各种会议之外，还可以向顾客、企业的所有者、员工、供方等相关方开展问卷调查或者借助互联网进行调查等方式进行。

（3）输入相关方信息的内容。由于企业提供的承诺和规范往往会受到企业相关资源（人力、物力和财力）的约束，因此确定与获得相关方输入有关的财务和人力资源，应该成为输入相关方信息的主要内容。为了能够达到这一目的，在附录 E 中还专门提出了 6 条具体要求，其中包括：必须明确输入相关信息的目的、提出时间表、让有关的相关方参与等。这些具体要求的落实可以为相关资源的保证提供可靠的依据。

（4）输入相关方信息的目的。企业输入相关方信息的目的是为了保证提供的承诺和规范建立在能够执行的基础之上，也就是"获得相关方输入信息的过程完成后，组织应在后续的规范策划、设计、开发、实施、保持和改进活动中使用并向相关方通报这些结果"。在这一基础上企业提供的承诺和规范就容易得到落实。输入相关方信息的目的还包括：要及时向相关方进行沟通、对相关方输入过程的有效性进行评估等。

七、指导原则之六：4.7 准确

1. 4.7 指导原则的具体表述

> 4.7 准确
>
> 组织应确保规范及相关信息是准确的、不会引起误解、可验证，并符合相关法律和法规的要求。

2. 对该指导原则内容的理解

（1）这是对企业提出的承诺和规范提出的第四条具体要求。企业提出的各种承诺和规范所涉及的内容是否准确，其实就是树立以顾客为关注焦点理念的一种具体表现。以顾客为关注焦点的理念它不是一句空洞的口号，而可以是一种具有很强操作性的行为。如果企业提出的承诺和规范所涉及的内容不准确，误导了广大顾客，其结果必然会造成大量的顾客投诉，如果产生这种结果，又如何能够充分体现以顾客为关注焦点的理念呢？

（2）企业提出的承诺和规范必须是准确的、不误导的、可验证的。由于企业提供的承诺和规范必须要通过文字、音响和图像等方式向广大公众进行传播，所以内容必须是准确的、不误导的、可验证的。

准确的概念和不误导的概念有密切的联系。企业提供的承诺和规范所涉及的内容是否准确只是一种外在表现，而是否能起到误导顾客的负面作用就是一种结果了。企业提供承诺和规范的内容是准确的，就不可能误导顾客，但是如果它的内容不准确，就有可能会误导顾客。可以验证的概念是指通过提供客观证据对规定要求已得到满足的认定（见 ISO 9000 中 3.8.4）。在这里主要是指

企业提出的承诺和规范是必须能够做到兑现的。如果“说到做不到”就是一种无法验证的承诺和规范。

（3）企业提出的承诺和规范必须是符合法律法规要求的。准确性还体现在企业提出的承诺和规范必须符合相关的法律法规要求。必须指出违犯法律法规要求的各种承诺和规范是一律禁止的。

为了能够说明这一指导原则的重要性，请看一个案例。

案例

企业对于向顾客作出承诺的内容必须准确，这是一项很重要的基本要求。因为如果承诺的内容不准确，就非常容易误导顾客，从而造成顾客投诉的产生。某报提供的报道就用事实说明承诺内容必须准确的重要性。

某报接到顾客投诉，内容如下。

编辑同志：我在今年 7 月 30 日到×××国际海鲜料理店购买了 5 张用餐券，每张 200 元，购买时营业员说此券有效期为三个月(7 月 30 日至 10 月 30 日)，但券上没有注明。我和其他人于 9 月 15 日持券去该店用餐时，被告知此券已过期不能用。我们当时想不通，花了 1 000 元买的餐券为什么仅凭该店的口头“作废”就不能用了？我们指出他们这样做是单方面改变了出售时的约定，但该店坚持餐券已过时限不让用，特向你们投诉。

这 5 张餐券到底有没有过期？某报刊记者专门作了调查。在餐券复印件上，只见该券背面盖有该店所属公司的收发专用章和表示日期的“2007-7-30”字样，旁边还有店堂负责人和售券经手人的签名，但没有对日期进行说明的文字，双方的争议即由此而起。记者将复印件给料理店负责人看时，他们说餐券上的日期表示的是使用截止日，该店卖出去的餐券有三个月的使用期，出售时会告诉顾客的，推测这5张券是4月30日卖的。但顾客则坚持7月30日这个日期是他来买券的日子，记者问料理店负责人对方这样说是否站得住脚，他对此未置可否，但承认券上的日期未注明是“购买日”还是“截止日”是有欠缺的，容易引起争议。最后，该店表示妥善解决此事，这5张餐券可以继续使用。

案例分析

在上述案例中可以看到，顾客之所以投诉是因为这5张餐券上的日期“2007-7-30”字样含义不明确。它是指开始日期？还是指结束日期？没有明示。因此就造成企业和顾客两种不同的解释，其结果就是顾客投诉的产生。这个责任应该由企业来承担。

通过向顾客发售或赠送餐券、优惠券等方式来鼓励消费，是餐厅、酒家常用的一种促销方法，这些券上通常都印有具体的使用条件，可以视为店家与顾客之间的一种约定（这种约定就是一种承诺），既然是约定，就应该具体、详细、准确，让顾客心中有数，而且也可以避免因“告知”不清而引来误会和争执。如果用ISO 10001中准确的指导原则来理解的话，就是没有做到提供的相关信息必须是“准确的、不误导的”这一基本要求。这就告诉企业在提供各种承诺的过程中，使用的语言，采用的各种数据，必须要准确无误，而不能出现发生可能作多种理解的

词和句，否则就会造成顾客不满意。如果企业为了推行各种承诺，做了大量的工作，仅仅是因为准确性这一细小的环节没有到位，而造成顾客投诉，这实在是太可惜了！上述案例所反映的顾客投诉，决不仅仅是个别的例子，企业必须引起重视。

八、指导原则之七：4.8 职责

1. 4.8 指导原则的具体表述

> 4.8　职责
>
> 组织应规定和保持涉及规范的活动及决定的职责和报告制度。

2. 对该指导原则的理解

（1）这条指导原则是对企业的质量管理体系提出的第一条具体要求(还包括 4.9 指导原则)。企业开展的承诺和规范活动应该是一种“全身运动”，而绝不是一种“局部运动”，因此它需要通过建立和完善企业的质量管理体系来加以保证。企业作为体系，它不是一个“单个体”的部门，而是有许多“单个体”部门组成的一个“综合体”。各部门之间都应该有密切的联系，因此当企业开展承诺和规范活动时，就会“牵一发而动全身”。这种各部门之间的联系体现在各部门应该承担的职责上，而这种职责可以通过沟通、报告、决策、采取相应措施等形式来实现。

（2）必须明确各部门对企业开展承诺和规范活动所应该承担的职责。为了使企业开展承诺和规范活动得到有效的落实，必须要明确各部门应该承担的相应职责。

企业要遵守和履行承诺涉及企业的方方面面，其中企业的最高管理者、企业的营销部门、企业的加工车间和营业现场、企业的售后服务部门和客户服务中心等都与此有直接和间接的关系。如有一个环节出现问题，就有可能影响到企业各种承诺的落实，因此企业各个部门的责任，是企业遵守承诺基本保证。明确责任不仅仅体现在一种责任心，更需要明确各部门的职责和权限。关于这一部分内容在本书第五章专门进行详细论述。

九、指导原则之八：4.9 持续改进

1. 4.9 指导原则的具体表述

> 4.9　持续改进
>
> 提高规范及其应用的有效性和效率是组织的永恒目标。

2. 对该指导原则的理解

（1）持续改进是质量管理八大原则之一。在 ISO 9000所提出的质量管理八大原则中，最后一条强调的就是持续改进。企业在推行各种承诺和顾客满意行为规范的过程中，为了提高其应用的有效性和效率，就必须持续不断的进行改进。在 ISO 10001 的指导原则中提出的持续改进，实际上就是 ISO 9000 质量管理八大原则在 ISO 10001 中的实际应用。

（2）顾客满意行为规范离不开持续改进。企业推出的各种承诺和顾客满意行为规范，绝不是一成不变的，而是要根据企业内外的实际情况，特别是顾客的反馈信息进行改进。这种改进的信息主要来自三个方面：首先是

当顾客在感知和了解相关承诺内容的过程中(即在购买产品和服务之前),针对顾客对企业提出各种承诺中存在的问题,而进行的改进措施;其次是当顾客购买产品和服务之后,对企业在遵守和履行承诺的过程中所出现的问题,针对顾客对企业提出的投诉而采取的改进措施;最后当顾客提出投诉之后与企业产生争议时,企业应该采取的改进措施等。这些改进措施的落实不仅可以满足顾客的需求,使顾客由不满意转变为满意的一种有效手段,而且通过对顾客投诉等各种相关信息的有效处理,可以为企业对顾客满意行为规范的持续改进提供宝贵信息。

有不少人始终认为处理顾客投诉是企业的一种额外负担,因为投诉处理需要花不少人力、物力和财力,如果把这些资源用在企业的对外的经营和销售上,就可以有更大的利润空间,其实这种观点是错误。从某种意义上讲,顾客的投诉实际上是送给企业的最好礼物。因为只有通过持续改进,企业才可以最大限度地减少顾客投诉的产生。关于如何持续改进,将在本书第五章第四节专门论述。

第四节　ISO 10001 的相关附录

ISO 10001 与 ISO 10002、ISO 10003 一样,在该国际标准的正文后面还有多个资料性附录和规范性附录,这些附录的具体内容都是对 ISO 10001 某些具体条款的详细解释,也是 ISO 10001 的很好补充。下面对 ISO 10001 的 9 个附录内容逐一进行介绍。

一、ISO 10001 中 9 个附录的内容

附录 A(资料性附录)不同组织规范内容简例(总则)

附录 B（资料性附录）ISO 10001、ISO 10002、ISO 10003的内在关系（总则）

附录 C（资料性附录）小企业指南（1.范围）

附录 D（规范性附录）方便性指南（4.5 方便）

附录 E（规范性附录）获取相关方输入的指南（4.6 响应、6.3 获取和评价相关方的输入）

附录 F（资料性附录）规范框架（5.1 建立）

附录 G（资料性附录）采纳另一组织提供规范的指南（6.2 收集和评价信息）

附录 H（规范性附录）规范制定指南（6.4 制定规范）

附录 I（规范性附录）沟通计划制定指南（6.7 制定内部和外部沟通计划）

这 9 个附录的共同特点都是对 ISO 10001 国际标准正文部分某些条款的补充说明（在以上各附录标题后面的括号中）。学习和掌握这 9 个附录的具体内容，能够有助于我们更好地理解 ISO 10001 国际标准内容的精髓。

二、9 个附录和 ISO 10001 相关条款的关系

在 ISO 10001 的 9 个附录中，大部分附录内容（如附录 A、附录 B、附录 C、附录 D、附录 E 等）在前文的相关章节中已作了必要探讨；还有一部分附录内容（如附录 F、附录 G、附录 H、附录 I 等）在以后的相关章节还要作详细论述。因此，在本节中只说明各附录和正文条款的关系，各附录的具体内容在本节均不作深入讨论。

1. 附录 A（资料性附录）不同组织规范内容简例

附录 A 重点说明在不同行业如何开展顾客满意行为规范的具体事例，这是对 ISO 10001 0.1 总则中，对顾

客满意行为规范的理解（见本书第三章第二节）。

2. 附录B（资料性附录）ISO 10001、ISO 10002、ISO 10003 内在关系

附录B是我们学习和掌握ISO 10001、ISO 10002、ISO 10003这三套国际标准之间关系的一把钥匙（见本书第三章第一节）。

3. 附录C（资料性附录）小企业指南

附录C就小企业如何开展顾客满意行为规范活动，提出了许多具有很强操作性的建议（见本章第一节）。

4. 附录D（规范性附录）方便性指南

附录D是对ISO 10001方便性指导原则的补充说明（见本章第三节）。

5. 附录E（规范性附录）获取相关方输入的指南

附录E是对ISO 10001中4.6响应和6.3的补充说明（见本章第三节和第五章第二节）。

6. 附录F（资料性附录）规范框架

附录F是对ISO 10001中5.1的补充说明（见本书第五章第一节）。

7. 附录G（资料性附录）采纳另一组织提供规范的指南

附录G是对ISO 10001中6.2的补充说明（见本书第五章第二节）。

8. 附录 H(规范性附录)规范制定指南

附录 H 是对 ISO 10001 中 6.4 的补充说明(见本书第五章第二节)。

9. 附录 I(规范性附录)沟通计划制定指南

附录 I 是对 ISO 10001 中 6.7 的补充说明(见本书第五章第二节)。

第五章 ISO 10001 的核心内容

企业应该采取哪些实际操作步骤来满足 ISO 10001 所提出的推行顾客满意行为规范的要求？或者说，企业应该如何通过遵守承诺来达到减少顾客投诉的目的？在企业建立的质量管理体系中，应该如何更好地贯彻实施 ISO 10001 所提出的基本原则和指导思想？对于上述问题，在本章可以得到明确的答案。

本章的第一节、第二节、第三节和第四节将分别对 ISO 10001 的核心内容：第 5 章《规范框架》、第 6 章《策划、设计和开发》、第 7 章《实施》、第 8 章《保持和改进》进行深入探讨，并开始论述 ISO 10001 的具体实施步骤。这几章的内容有着密切的联系。第 5 章强调企业提出的各种顾客满意行为规范和承诺必须与 ISO 9000 以及 ISO 10002、ISO 10003 相结合。第 6 章主要强调企业应该如何具体制定各种顾客满意行为规范和承诺。第 7 章主要强调企业在实施顾客满意行为规范和承诺过程中应该注意的问题。第 8 章强调企业必须对提出的顾客满意行为规范和承诺进行必要的保持和改进。

本章的内容具有很强的操作性，企业可以通过对该标准相关条款的理解，比较容易地掌握 ISO 10001 关于如何制订顾客满意行为规范的实际操作步骤，以达到减少顾客投诉的目的。

第一节　ISO 10001 第 5 章《规范框架》

在 ISO 10001 第 5 章《规范框架》中，重点论述了三个主要方面的内容：一是论述建立顾客满意行为规范框架的具体内容；二是在建立顾客满意行为规范框架过程中最高管理者的职责权限；三是建立顾客满意行为规范的框架和其他各种管理体系。因为在 ISO 10001 第 5 章《规范框架》中，特别强调了建立顾客满意行为规范的框架应该作为企业建立质量管理体系中不可分割的一部分。

一、顾客满意行为规范框架的内容

1. 5.1 条款的表述

在 ISO 10001 第 5 章《规范框架》中，对 5.1 的内容论述如下。

5.1 建立

规范的策划、设计、开发、实施、保持和改进应由进行决策和活动的组织框架给予支持。该框架包括为实现规范目标进行相关活动所需资源的评估、提供和配置(见附录 F)。

2. 对该条款内容的理解

(1) 顾客满意行为规范框架的基本内容。企业制定顾客满意行为规范需要由顾客满意行为规范的框架来做保证。即在该标准所提出的"规范的策划、设计、制定、实施、保持和改进应由进行决策和活动的组织框架给予支持"。企业提出顾客满意行为规范和各种承诺,应该把它看作是企业质量管理体系整体活动的一部分,而不是一种个人或者个别部门的随意行为。顾客满意行为规范框架包括确定顾客满意行为规范的目标、制定顾客满意行为规范的内容、提供与顾客满意行为规范有关的资源、对顾客满意行为规范进行评审和改进等。

(2) 关于附录 F。ISO 10001 的附录 F 用一种图解的方式,为企业勾画出顾客满意行为规范框架的基本内容。

3. ISO 10001 中附录 F 内容的表述

4. 关于对附录 F 内容的理解

(1) 指出了顾客满意行为规范框架的基本要求和流程。从附录F提供的简图中企业很清楚地看到,顾客满

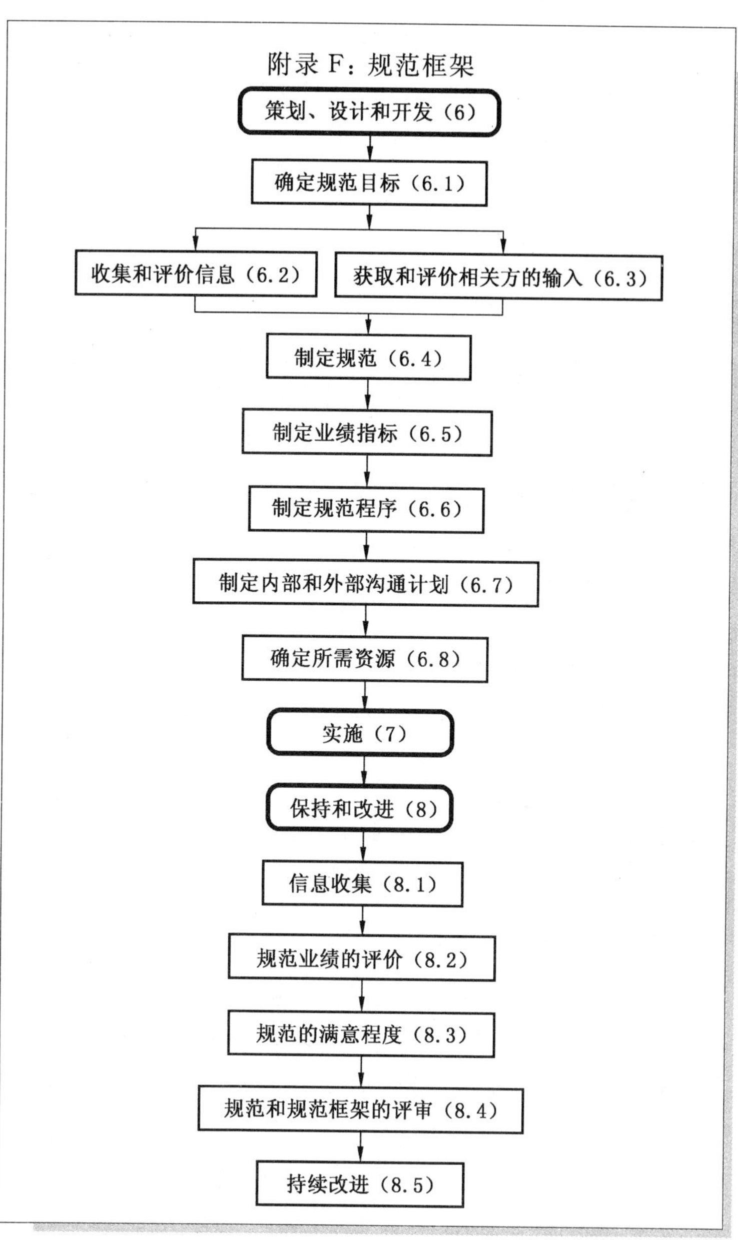
附录 F：规范框架
策划、设计和开发（6）
确定规范目标（6.1）
收集和评价信息（6.2）
获取和评价相关方的输入（6.3）
制定规范（6.4）
制定业绩指标（6.5）
制定规范程序（6.6）
制定内部和外部沟通计划（6.7）
确定所需资源（6.8）
实施（7）
保持和改进（8）
信息收集（8.1）
规范业绩的评价（8.2）
规范的满意程度（8.3）
规范和规范框架的评审（8.4）
持续改进（8.5）

意行为规范的基本框架中包括三大部分：第一部分是对顾客满意行为规范的策划、设计和制定，即ISO 10001的第6章，这部分具体内容见本章的第二节；第二部分是对顾客满意行为规范的实施，即ISO 10001的第7章，这部分具体内容见本章的第三节；第三部分是对顾客满意行为规范的保持和改进，即ISO 10001的第8章，这部分具体内容见本章的第四节。

（2）明确了顾客满意行为规范框架的基本实施步骤。从附录F可以清楚地看到企业对顾客满意行为规范的实施步骤和操作程序。首先对顾客满意行为规范进行策划和设计，然后进行实施，最后还要保持和改进。

二、最高管理者的职责

1. 5.1中其他的表述

在ISO 10001中5.1的内容，还强调了最高管理者应该承担的职责，内容如下。

> 还包括最高管理者的承诺、职责和权限分配及全员培训。

2. 对该条款的理解

和ISO 9000一样，企业的最高管理者在ISO 10001中同样有着举足轻重的地位。在建立顾客满意行为规范的过程中，作为企业的最高管理者其主要职责包括三个方面。

（1）最高管理者的承诺。这里指的最高管理者的承诺，主要是对制定顾客满意行为规范的承诺。如果没有最高管理者对制定顾客满意行为规范的参与，企业不可能有效地开展关于顾客满意行为规范的活动。

（2）最高管理者的职责和权限。为了保证顾客满意行为规范的落实，企业最高管理者还必须对与之有关的部门（如营销部门和售后服务部门等）明确相应的职责和权限，以保证顾客满意行为规范的落实。

（3）最高管理者要组织开展各种培训。由企业最高管理者组织和领导的各种培训，是使企业员工能够支持顾客满意行为规范落实的另一种保证。

三、行为规范框架和各种管理体系的关系

1. ISO 10001 5.2 的表述

在 ISO 10001 中 5.2 对建立顾客满意行为规范的框架及其和其他管理体系的关系，作了如下表述。

> 5.2　整合
>
> 规范框架应以组织中的质量和其他管理体系为基础，必要时可与它们结合使用。

2. 对该条款的理解

这里所指的质量和其他管理体系主要是指ISO 9000族质量体系国际标准以及 ISO 10002 和 ISO 10003 投诉处理系列等国际标准。ISO 10001 应该与上述国际标准进行整合，因为只有进行整合才能最大限度地发挥ISO 10001所提出的建立顾客满意行为规范框架的作用。关于这部分内容在本书第三章第一节已有论述。关于与其他一些国际标准（如 ISO 14000 等）关系，在本书就不

做重点探讨了。

第二节 ISO 10001 第 6 章《策划、设计和开发》

在 ISO 10001 第 6 章主要论述如何制定顾客满意行为规范和各项承诺，这也是本章要重点论述的内容。要制定顾客满意行为规范和各项承诺，必须要做好与之相关的各项准备工作。只有把制定顾客满意行为规范的准备工作充分地做好，才能制定出符合要求的顾客满意行为规范，并且进一步为实施顾客满意行为规范奠定良好的基础。

制定顾客满意行为规范的各项准备工作，具体包括以下内容：确定顾客满意行为规范的目标、收集和评审与顾客满意行为规范有关的各种信息、确定顾客满意行为规范具体要求及其相关程序、制定企业内部和外部对顾客满意行为规范的沟通计划、配备相应的资源等。下面分别进行论述。

一、确定顾客满意行为规范的目标

确定顾客满意行为规范的目标，是企业制定顾客满意行为规范各项准备工作的第一步。企业必须要明确企业实施顾客满意行为规范的目的是为了什么？要知道企业实施顾客满意行为规范和各种承诺不是为了"赶时髦"、"随大流"，或者只是为了响应有关部门的号召等。应该明确企业制定顾客满意行为规范的根本目的是为了企业的生存和发展，提高企业在市场中的竞争能力，增强顾客满意程度。因此，在 ISO 10001 中 6.1 首先提出了"确定规范目标"的要求。

1. 该条款提出的具体要求

6 策划、设计和开发

6.1 确定规范目标

组织应确定规范要达到的目标。

注：规范的目标应表述清楚，其实现情况可以用组织确定的业绩指标测量。

上述这段文字明确指出了要建立顾客满意行为规范，首先要确立顾客满意行为规范要实现的目标。

2. 对该条款内容的理解

（1）要确定顾客满意行为规范的目标。作为顾客满意行为规范目标在一般情况下可以分为两大类。一类是对企业而言的。例如，企业实施顾客满意行为规范，特别是提出各种承诺之后，企业的竞争能力增加了，因此它可以有效地扩大该企业在本地区的市场份额。而这种市场份额的增加，或许要以超越竞争对手（如××企业）为目的等内容，就可以作为制定顾客满意行为规范的目标之一。另一类是对顾客而言的。例如企业实施了顾客满意行为规范，特别是提出各种服务承诺之后，不但增强了企业的竞争能力，而且可以为顾客提供更好的优质服务，减少顾客投诉的产生，从而可以有效地提高顾客满意程度。而顾客满意程度的提高，也可以作为顾客满意行为规范的目标之一。

此外，在 ISO 10001 中 6.1 的“注”中指出：规范中涉及顾客满意的相关业绩指标应该包括来自顾客满意调查

的评定或排序，以及有关投诉及其解决的统计。这就告诉企业可以把有关部门对顾客满意度调查所进行的评定与排序（如在本地区的排名由第 3 位上升到第 2 位等）作为企业实施顾客满意行为规范的目标。同时，企业也可以把顾客投诉量的减少、处理投诉顾客的满意率的提高等作为顾客满意行为规范目标等。

（2）尽可能对确定顾客满意行为规范的目标进行量化。因为只有量化的目标值，企业才能用识别的指标来进行测量。例如，该企业在本地区的市场份额由 10%上升到 12%、顾客满意度由 75%上升到 85%、顾客满意度的序列排名由原来的第 3 位上升到第 2 位、企业顾客投诉的数量由 10 件/月下降到 5 件/月等。有了量化的目标值不仅可以便于企业进行考核、监督和管理，更重要的是可以了解企业开展顾客满意行为规范活动的有效性和效率。

二、收集和评审与顾客满意规范有关的信息

企业为了制定顾客满意行为规范，还必须要收集和评审与规范有关的各种相关信息。收集和评审各种信息的目的就是为确定顾客满意行为规范奠定可靠的基础。

1. 6.2 提出的具体要求

在 ISO 10001 的 6.2 中，对收集和评审与规范有关的各种相关信息提出了具体的要求，其内容如下。

> 6.2　收集和评价信息
>
> 收集和评价的信息应包括：

——规范要解决的问题是什么；
——这些问题是如何产生的；
——如何解决这些问题；
——这些问题对于规范范围以外的组织活动的影响方式和程度；
——其他组织是如何解决这些问题的；
——使用规范解决这些问题可能需要的资源和其他需要；
——与使用规范解决这些问题相关的法律法规要求。

注：这些信息可帮助组织明确规范的目的、确定与组织的活动相适应的开发和评价规范的适用方法。附录G提供了采纳其他组织（如行业或专业协会）制定的规范应考虑的因素。

上述内容对企业在制定顾客满意规范的过程中，需要收集和评审哪些信息提出了明确要求。

2. 对该条款内容的理解

（1）收集和评审与顾客满意行为规范有关的信息。在 ISO 10001 的 6.2 中，为了确定顾客满意行为规范，对企业应该收集和评审哪些信息提出了重要的 7 项要求。

——“规范要解决的问题是什么”。它是指顾客满意行为规范所包括的内容，如企业在哪些方面可以向顾客做出规范和承诺等。
——“这些问题是如何产生的”。主要强调的是为什么要这方面做出顾客满意行为规范和承诺，例如为什么要向顾客做出这些承诺，要达到什么目的等。

——“如何解决这些问题”。这里主要是指如何提出顾客满意行为规范和承诺，例如企业应该如何制定、操作和实施提出的承诺等。

——“这些问题对于规范范围以外的组织活动的影响方式和程度”。这里强调的是指企业提出的顾客满意行为规范和承诺，是否会对企业其他活动造成各种影响，例如企业提出的各种承诺对企业的产品质量、广告和促销活动等各种正面或者是负面的影响要作出客观评价等。

——“其他组织是如何解决这些问题的”。还可以了解一下同类型其他企业在这方面是如何提出顾客满意行为规范和承诺的，例如其他企业的成功经验可以借鉴，失败教训可以吸取等。

——“使用规范解决这些问题可能需要的资源和其他需要”。这里主要是指确定顾客满意行为规范和承诺所需要涉及到企业相关资源等其他方面的内容，如企业要履行提出的承诺，必须要有相应的人力物力和财力作保证等。

——“与使用规范解决这些问题相关的法律法规要求”。这一要求主要是指企业确定的顾客满意行为规范和承诺是否与国家和行业相关的法律法规能保持一致。

上述七条要求，可以为企业制定顾客满意行为规范和承诺奠定良好的基础。

（2）可以提高顾客满意行为规范和承诺的有效性。在确定顾客满意行为规范的过程中，ISO 10001 的 6.2 之所以强调要收集和评审与之有关的信息，其根本目的就是为了能够有效地提高顾客满意程度。因为作为企业，以承诺为核心的顾客满意行为规范一旦向顾客进行明示，就会直接影响到顾客对企业的期望值。如果企业未能收集和评审各种相关的信息，就会直接影响到顾客满意行为规范的实施，使企业缺乏相应地履行承诺的能力，其结果必然会影响到顾客满意程度。

（3）可以减少相应的风险。如果企业在确定顾客满意行为规范的过程中，缺乏对各种信息的收集和评估，可能增加企业所面临的风险，也就会使顾客的投诉大幅度增加，这不仅增加了企业的成本支出，增加产生顾客投诉的可能性，而且会影响到企业良好的企业形象，而这种风险完全可以通过对与顾客满意行为规范有关各种信息的收集和评估得到有效地排除。

（4）可以借鉴其他企业的顾客满意行为规范。企业制定顾客满意行为规范还有一条“捷径”可走，就是借鉴其他企业的顾客满意行为规范。但是这种“借鉴”，不是简单地“抄袭”，而是要结合企业自身的具体情况加以消化和改造并得到应用。ISO 10001 的附录 G 为企业如何借鉴其他企业顾客满意行为规范提供了指南。

3. 附录 G 的内容

ISO 10001 的附录 G 为我们借鉴其他企业顾客满意行为规范时，提出了要注意的 12 项要求。具体内容表述如下。

> 附录 G：采纳另一组织提供规范的指南
>
> 组织可以考虑采纳由另一组织（称为“规范提供者”）制定的规范或者参与规范提供者的项目。需要考虑的因素如下：

——规范是否适合本组织?

——规范提供者的声誉如何?(如被顾客、其他企业和政府广泛认可吗?规范提供者在本行业内有重要影响吗?)

——规范提供者在设计和开发规范中采用了哪些过程?这些过程对所有相关方公开吗?其他组织与规范提供者及其规范接触的经历如何?

——规范在市场中具有较高的知名度吗?

——参与规范提供者项目的成本和利益如何?

——规范提供者是否监控并确保规范的执行?如果有,是如何进行的?

——采纳规范的组织是强制使用规范吗?不遵循的后果是什么?

——规范提供者是否有充足的资源对未遵守规范的事件进行识别,并作出响应?

——规范提供者向其员工和选择使用其规范的组织提供哪些培训?

——规范提供者有哪些激励措施(和限制)鼓励组织采用其规范?

——采纳规范的组织要向规范提供者提供哪些信息?

——规范提供者向公众、政府及采纳其规范的组织公布哪些信息(如月度、季度、半年或年度报告)?

4. 对附录 G 内容的理解

(1) 借鉴其他企业顾客满意行为规范和承诺必须要

适用于本企业。在 ISO 10001 附录 G 所考虑的各种因素中，首先就指出："规范是否适合本组织？"这样一个重要问题。这是借鉴其他企业顾客满意行为规范和承诺过程中一条最重要、最基本要求。且不说不同行业之间差别巨大，就是同行业之间，也因为国内外企业的条件不同、规模大小的区别、管理者的水平高低、外部市场环境的变化影响、企业所处的不同地理位置、企业内部职工素质和企业外部顾客素质存在的各种差异等，从而对确定顾客满意行为规范和承诺产生各种程度的影响。因此在借鉴其他企业顾客满意行为规范和承诺时，必须要结合企业自身的具体情况，来加以消化和使用，才能达到提高顾客满意程度的目的。

(2) 附录 G 中还提出借鉴其他企业顾客满意行为规范和承诺的具体要求。关于这方面的内容很多，例如，借鉴的企业是否具有良好的形象和较高的知名度？企业投入和产出的状况如何？有哪些成功的经验和失败的教训？企业应该如何对员工进行培训？采取了哪些对员工的激励措施？如果这些要求都得到落实，那么借鉴其他企业顾客满意行为规范和承诺，就应该有较大成功的把握。

(3) 应该与被借鉴企业进行互动和交流。如果条件允许，借鉴其他企业制定顾客满意行为规范和承诺的企业，应该与被借鉴企业进行互相交流，这是 ISO 10001 附录 G 提出的考虑各种因素中的最后两条。因为只有这样，才能真正提高企业实施顾客满意行为规范和承诺的有效性。

三、获取并评审各种输入的信息

1. 该条款提出的具体要求

> 6.3 获取和评价相关方的输入
>
> 获取和评价来自相关方(如顾客、供方、行业协会、顾客组织、相关政府机构、员工、组织所有者)关于规范内容及其使用的输入对组织非常重要(见附录 E)。

这里特别强调在制定顾客满意行为规范的过程中,收集和评审各种信息必须要特别关注来自相关方的信息。附录 E 对此作了详细的补充说明。

2. 对该条款内容的理解

(1) 实际上 6.3 的要求与 ISO 10001 的 4.6 响应指导原则(见第四章第三节)有密切联系,两者都强调企业在制定顾客满意行为规范的过程中,必须要关注来自相关方的各种信息。

(2) 附录 E 的内容实际上不仅是对本条款的解释,也是对 ISO 10001 中 4.6 响应指导原则作了很好的补充和说明。关于附录 E 的要求在本书第四章第三节的 4.6 中已有说明,这里不再重复。

四、制定顾客满意行为规范

在获取和评价与确定顾客满意行为规范有关的各种信息之后,就进入了制定顾客满意行为规范的实质性阶段。企业应该如何制定顾客满意行为规范? ISO 10001 的 6.4 对此提出了具体要求。这些具体要求实际上构成了 ISO 10001 最重要的核心内容。

1. 该条款提出的具体要求

> 6.4　制定规范
>
> 组织应根据收集到的信息制定规范(见附录 H)。规范应清楚、精练、准确,不会引起误解,语言简炼。规范应包括:
>
> ——适合于组织及其顾客的规范的范围和目的;
>
> ——组织对其顾客可履行的承诺,以及与承诺相关的限制条件;
>
> ——规范中使用的关键术语的定义;
>
> ——对规范提出质询和投诉的联系人和联系方式;
>
> ——不能履行承诺时应采取的行动的说明。
>
> 注:可以针对规范的内容或使用提出质询和投诉。详见 GB/T 19012 和 GB/T 19013。
>
> 制定规范时,组织应确保规范能够得到有效实施,且其规定不违反任何法律和法规的要求,尤其是关于欺骗性和误导性广告及禁止不正当竞争的法律法规要求。组织还应确保规范的规定考虑其他相关规范和标准。
>
> 组织应考虑对规范进行试行,以确定是否需要调整。

2. 对该条款内容的理解

(1) 对企业如何制定顾客满意行为规范和承诺提出了总体要求。6.4 首先强调:以承诺为核心内容的顾客满

意行为规范，应该是“规范应清楚、精练、准确，不会引起误解，语言简炼”。这是因为企业提出的顾客满意行为规范和承诺是必须要向社会公众(顾客)进行公示的，必须能够方便社会公众能够准确地理解和接受，只有这样才能最大限度地发挥顾客满意行为规范和承诺的作用。

(2) 明确指出了制定顾客满意行为规范和承诺的五项具体的要求。在 ISO 10001 的 6.4 中提出的制定顾客满意行为规范和承诺必须达到的五条非常重要的要求。

第一条 “——适合于组织及其顾客的规范的范围和目的”。企业制定顾客满意行为规范和承诺，必须要明确是在什么范围和领域内进行，要达到什么目的。例如企业要向顾客提出什么样的规范和承诺？在什么样的范围内执行？通过这种规范和承诺要达到什么目的？等等。

第二条 “——组织对其顾客可履行的承诺，以及与承诺相关的限制条件”。为了保证企业向顾客提出的规范和承诺能够得到切实履行，必须对企业无法做出规范和承诺的部分做出明确的限制，并且向顾客进行公示。例如企业向顾客做出提供上门服务的承诺，但是这种承诺的履行可能会受到天气或者道路等因素的影响，因此必须对这些规范和承诺作出一定的限制，控制好顾客的期望值。

第三条 “——规范中使用的关键术语的定义”。对于顾客满意行为规范和相关承诺中，可能涉及一些关键术语，企业必须要有明确的解释，防止因此而误导顾客。例如企业要为顾客提供“三包”的家电维修服务，那么对于“三包”(如包修理、包更换、包退货)的具体内涵，不论对于企业还是顾客，都必须要有准确、统一和清晰的理解，以避免产生不必要的纠纷而造成顾客的投诉。

第四条 “——对规范提出质询和投诉的联系人和

联系方式”。如果顾客对企业提出的顾客满意行为规范和相关承诺要进行质询和投诉，企业应该提供方便和指导。在 ISO 10001 的 6.4 中专门有“注”进行说明。如果顾客进行投诉或者质询，可以按照 ISO 10002、ISO 10003的要求操作。

第五条　“——不能履行承诺时应采取的行动的说明”。企业还必须对由于企业自身的责任或者原因，而造成没有履行规范和承诺的后果承担责任。这不仅强调企业履行承诺的决心，而且充分体现了对企业提出的顾客满意行为规范和各项承诺所承担的一种责任。例如企业一旦未能履行规范和承诺，可以给顾客更多的折扣或者优惠，以弥补给顾客造成的损失等。

以上五项要求构成了企业制定顾客满意行为规范和各种承诺最基本的，也是最重要的内容，也可以说，这是企业制定顾客满意行为规范和各种承诺的核心要求。

以上五项要求有一个突出的特点，就是这些要求都与顾客满意程度的高低有着直接和紧密地联系。企业在制定顾客满意行为规范和承诺的过程中，如果这五项要求都得到了满足，其结果必然使顾客满意程度得到提高；如果有一项要求未能得到充分满足(如企业提出承诺的范围不明确或者对承诺没有做一些必要的限制等)其结果必然会造成顾客不满意，甚至导致顾客的投诉产生。为了帮助大家能够更好地理解上述五项要求，下面将用案例加以说明。

(3) 强调企业制定顾客满意行为规范和承诺应该避免走入误区。在上述条款中，ISO 10001 的 6.4 除了对企业制定顾客满意行为规范和承诺提出明确要求之外，还特别强调：“其规定不违反任何法律法规要求。尤其是

关于欺骗性和误导性广告及禁止不正当竞争的法律法规要求”。这段论述明确告诉企业，在制定顾客满意行为规范和相关承诺时，必须要避免走入误区。这些误区就包括：不能违背任何法律法规要求；不能涉及欺骗和误导性宣传；不能违背被禁止的反竞争活动的法律法规等。强调这一点的目的，就是为了保证企业制定的顾客满意行为规范能够在正确的范围内发挥起应有的作用。在本书第一章第五节中提到的某些企业做出的虚假承诺，以及本书第二章第三节中涉及关于过度的广告宣传等内容，就属于在该条款所禁止的范围之内。

（4）企业制定的顾客满意行为规范和承诺应在小范围内进行试验。为了保证企业提出的顾客满意行为规范和相关承诺能够得到顺利地执行，在必要时，企业还应该在小范围内进行试验，取得必要的数据，以测量顾客满意行为规范的效果和业绩。另外还可以根据顾客的反馈，进行必要的调整和改进等。

（5）为了帮助企业能够很好地制定顾客满意行为规范和承诺，6.4中还专门提出了附录H。由于6.4是ISO 10001最重要的核心内容，因此，附录H也是ISO 10001最重要的附录之一。

3. 附录H的内容

附录H：规范制定指南

规范应与规范目标保持一致。规范应依据组织的规模和性质而有所变化，但是通常其作用体现如下：

——明确规范的范围和界限（如规范适用于组织的

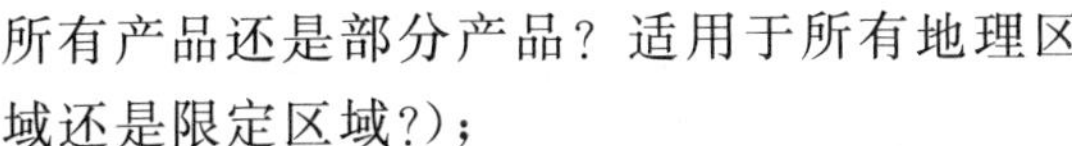
所有产品还是部分产品？适用于所有地理区域还是限定区域?)；

——通告任何免责和例外(如承诺不适用于指定的高峰时段或非正常环境)；

——提供清楚的关键术语的定义；

——尽量避免使用技术术语、缩写词或首字母缩写词；

——明确承诺未能兑现时需遵循的步骤和程序；

注：这可能会涉及 GB/T 19012 和 GB/T 19013 提供的投诉处理和外部争议解决过程指南。

——在相关的时间向顾客提供规范的适当信息(如网上销售产品的组织可能要在其网址上、在信息收集处及顾客购买产品时提供关于隐私保护的信息)；

——在顾客咨询、投诉或提建议时，提供有关联系人和联系方式的信息；

——确保规范可以有效和高效地实施，且规范规定不违背法律和法规要求，尤其是有关欺骗性和误导性广告及禁止不正当竞争的法律和法规要求。

4. 对附录 H 内容的理解

尽管企业制定的顾客满意行为规范和承诺，会因为企业的规模、性质以及企业的内部和外部环境的不同而不同，但是其中一些基本要求是一致的。附录 H 对制定顾客满意行为规范和承诺提出的这些补充说明共有 8 条，这 8 条要求实际上是对 ISO 10001 的 6.4 中提出制

定顾客满意行为规范的 5 项要求所做出的进一步解释。

（1）必须要明确顾客满意行为规范和承诺的界限。如果顾客满意行为规范和各种承诺的界限不明确就会引起顾客投诉。这些界限包括：企业提出的承诺是否针对所有产品？还是部分产品？是否针对所有地区？还是部分地区？是否针对所有顾客？还是针对部分顾客？等等。

（2）是否有免责和例外的情况。企业许多规范和承诺的履行会受到一些客观情况的影响，如天气、季节、交通、道路等。为此企业必须与顾客进行沟通或者明示，以避免顾客产生不必要的投诉。

（3）明确关键术语的定义和内涵。虽然不同的承诺有不同的关键术语，但其内涵必须明确，以控制好顾客的期望值。否则也许会因为对一些概念由于企业和顾客的理解不一致，而造成不必要的投诉。

（4）企业要避免使用行话和缩写字母。行话和缩写字母也许企业及其员工能够理解，但是顾客不一定理解，由此也可能会造成顾客的投诉。为了避免这一情况的发生，企业必须要避免使用行话和缩写字母。

（5）如果顾客有质疑或者投诉，企业应提供方便。ISO 10002/ISO 10003 可以为此提供指导。

（6）企业可以围绕制定的规范和承诺，提供与之有关的信息。例如企业的规范和承诺可以在网站上进行发布、也可以担保为顾客的个人信息进行保密等。

（7）要为顾客提供了解与规范和承诺有关信息的渠道。如果顾客对企业提出的规范和承诺有兴趣或者有质疑需要作进一步了解的话，企业应该提供相应的渠道，如电话、营业网点、网站等，方便顾客进行沟通。

(8) 企业制定的顾客满意行为规范和各种承诺不能与国家相关的法律法规互相矛盾和抵触,更不能有意的误导顾客。

5. 制定顾客满意行为规范的具体案例

为了能够更好地帮助企业制定顾客满意行为规范和各种承诺,也为了能够更好地理解 ISO 10001 的 6.4 所提出的制定顾客满意行为规范的五项内容和附录 H 提出的要求,下面再通过一个案例来加以说明。

以旅店业为例,来了解企业应该如何制定顾客满意行为规范和各种承诺的。在 ISO 10001 的附录 A"不同组织行为规范的简例"中,提出了制定顾客满意行为规范的具体要求,共有 7 项。

(1) 企业必须向顾客做出承诺。根据附录 A 中关于旅店业的案例指出:承诺"如果顾客对旅馆的服务不满意,我们将尽一切努力改正,或者给顾客打折"。因为该企业认为,大多数顾客对这样的承诺会有兴趣,目的是为了提高企业的竞争能力,以争取有更多的回头客。

(2) 企业还必须对承诺做出一定的限制。为了能够更好地履行承诺,企业还必须对不能履行承诺的部分内容进行必要的说明,并及时与顾客进行沟通。例如对于"超越旅店控制的因素"是指如旅店外的道路交通状况造成的各种噪声影响到客人的休息,因为它超越了旅店能够控制的范围,由此而造成顾客不满意时,则得不到补偿。这一点要向顾客做出必要的说明。

(3) 企业必须对关键术语做出准确的解释。例如对规范目标"顾客完全满意"的表述。企业必须对"顾客完全满意"这一概念有明确的表述,即指由于企业内部原因

造成的顾客不满意，才能由企业负责（如给客人相应的折扣）。如果是企业外部原因造成的顾客不满意，如道路交通造成的噪声，企业就不负责任（如不给客人相应的折扣）。

（4）对顾客满意行为规范和承诺的相关活动做出规定。例如如何获取折扣。如果企业未能履行承诺时，可以采取“让顾客折扣”的具体措施。因此企业还必须对如何让顾客获得折扣（包括有多少折扣、如何取得折扣等要求）做出具体的规定。以便能兑现企业所履行的承诺，并且方便顾客一旦企业未能履行承诺时，能够获得相应的折扣。

（5）对顾客满意行为规范和承诺进行策划、设计、制定和实施活动。例如利用焦点小组确定最适当的补救措施。企业可以采取这种形式，对实施顾客满意行为规范和承诺过程中出现的各种问题进行处理，以保证顾客满意行为规范和承诺的落实。

（6）对顾客满意行为规范和承诺的改进。在保持和改进活动中，例如“修订营销宣传”。通过对顾客满意行为规范和各种承诺的实施，企业还可以对这项活动进行持续不断地改进。改进的内容是多方面的，其中包括对营销活动的改进，如是否可以做出更多内容的承诺来吸引更多的回头客，或者是对承诺是否有必要做出更多的限制，以减少顾客投诉的产生等。

（7）关于业绩考核指标。可以把不满意顾客的百分比作为考核指标的一项内容。即当该企业实施其规范和承诺之后，如果不满意顾客的百分比有所下降，就可以证明其承诺是有效的，反之就是无效的。

通过附录 A 中对旅店业案例的分析，在企业制定顾客满意行为规范和相关承诺时，就可以帮助我们更好地掌握 ISO 10001 中 6.4 和附录 H 所提出的相关要求。

6. 与 ISO 10001 附录 H 有关的案例

案例

为了不误导消费者，企业在向顾客作出服务承诺时，必须要对承诺的内容进行严格的反复地推敲，如必须对承诺的范围作出明确的规定、对承诺的内容作出必要的限制、对最关键的术语要作出清晰的解释等。这些都是 ISO 10001 中 6.4 和附录 H 所提出的具体要求。以下述案例帮助大家对 ISO 10001 附录 H 内容的进一步理解。

××企业向顾客作出以下承诺：

自您购买××台式电脑之日起，本产品整机免费保修 1 年，主要部件免费保修 3 年。超过免费保修期限后，××将按照《××电脑有偿服务收费标准》提供有偿维修服务。××台式电脑免费保修期限（简称保修期）详见下表。

××台式电脑免费保修期限表

<table>
<tr><th colspan="2">部件类别</th><th>部件名称</th><th>免费维修期限</th></tr>
<tr><td rowspan="3">主机</td><td>主要部件</td><td>主板、CPU、内存、硬盘、电源、显卡、软驱</td><td>自购机之日起 3 年（含）</td></tr>
<tr><td>辅助部件</td><td>其他板卡（不含主板、显示卡）、光驱、CPU 风扇</td><td rowspan="2">自购机之日起 1 年（含）</td></tr>
<tr><td>其他部件</td><td>机箱前面板、电源线、机箱内连接线、机箱外部各类按键、指示灯及主机机箱内的其他部件</td></tr>
</table>

续表

<table>
<tr><td colspan="2">部件类别</td><td>部　件　名　称</td><td>免费维修期限</td></tr>
<tr><td rowspan="3">外设</td><td rowspan="2">显示器</td><td>CRT 显示器(不含底座)</td><td>自购机之日起 3 年(含)</td></tr>
<tr><td>液晶(LCD)显示器</td><td>自购机之日起 1 年(含)</td></tr>
<tr><td>其他外设</td><td>键盘、鼠标、音箱、CRT 显示器的底座、耳麦及装箱单中标注的其他外设</td><td>自购机之日起 1 年(含)</td></tr>
<tr><td rowspan="2">软件</td><td colspan="2">预装软件</td><td>自购机之日起 1 年(含)</td></tr>
<tr><td colspan="2">随机软件(如光盘介质、软盘介质)</td><td>自购机之日起 3 个月(含)</td></tr>
</table>

案例分析

《××台式电脑免费保修期限表》是××企业向顾客提供售后服务承诺内容的一部分。从以上售后服务的承诺内容来看,用 ISO 10001 中附录 H 的要求进行衡量,有以下几点是值得肯定的。

(1) 对承诺的范围作了明确的规定。该企业的承诺规定:“自您购买××台式电脑之日起,本产品整机免费保修 1 年,主要部件免费保修 3 年。超过免费保修期限后,××将按照《××电脑有偿服务收费标准》提供有偿维修服务”,这就非常明确地对企业承诺的范围做出了明确的规定,即“本产品整机免费保修 1 年,主要部件免费保修 3 年”,如果超过规定年限,企业将按照有关规定提供有偿维修服务。把承诺范围的界限进行明确限定之后,可以有效地提高顾客满意度,并且能减少许多不必要的顾客投诉的产生。

(2) 对一些关键术语作了准确的解释。为了使该承诺能够更好地履行，企业对这些关键术语都作了准确的解释。为了避免有不同的理解，该企业对电脑中的哪些零部件是属于主机部分，如主板、CPU、内存、硬盘、电源、显卡、软驱(见上表)可以提供 3 年的免费保修；而对于电脑中的外设部分，如键盘、鼠标、音箱、CRT 显示器的底座、耳麦及装箱单中标注的其他外设，只能提供 1 年的免费保修等(见上表)，都作了十分明确和清晰的规定。由于对这些关键术语做作了准确的解释，可以有效避免由于企业和顾客的不同理解而产生的矛盾。

(3) 对于某些承诺的内容作了必要的限制。从上述承诺中，企业对某些承诺内容做出的必要的限制，如果不做这些限制，很可能会因此而产生纠纷。例如上表中对于免费保修 3 年和免费保修 1 年的零部件都作了明确的规定和限制，对主要部件、辅助部件和其他部件等都划定了明确的界限和限制(见上表)；对于保修时间也做出了限制，如从购机之日起，哪些零部件可以免费保修 3 年，哪些零部件可以免费保修 1 年，哪些零部件只能免费保修 3 个月(见上表)。这些规定和限制不仅对于企业遵守和履行承诺有积极作用，而且对于顾客投诉的减少和顾客满意程度的提高也奠定良好的基础。

五、确定顾客满意行为规范的业绩指标

企业制定顾客满意行为规范和各种承诺之后，还必须确定顾客满意行为规范的业绩指标，以考核企业制定顾客满意行为规范和承诺的有效性。

1. 该条款提出的具体要求

ISO 10001 中 6.5 的具体内容表述如下。

> 6.5 制定业绩指标
>
> 组织应制定定量或定性的业绩指标，以帮助判断规范目标是否成功实现。
>
> 注：与规范相关的业绩指标包括顾客满意调查评分或排序，或关于投诉及其解决情况的统计。示例见附录A。

2. 对该条款内容的理解

（1）制定业绩考核指标的目的。企业制定顾客满意行为规范和承诺之后，是否能取得效果，必须要制定一些定性或者定量的业绩指标进行考核。只有通过考核这些业绩指标，才能了解企业制定的顾客满意行为规范和承诺是否达到预期目标。考核的办法在该条款的“注”中作了说明。

（2）明确对业绩考核的方法。在6.5的“注”中，对顾客满意行为规范和承诺的业绩指标的考核提出了要求，要求主要包括两个方面：一方面可以通过对顾客满意程度的测量来加以考核。企业可以根据实施顾客满意行为规范和承诺前后的顾客满意程度测量的结果来加以比较，如果顾客满意程度有了提高（包括评定和排序的变化等），就可以证明企业制定的顾客满意行为规范和承诺的业绩取得了效果，反之则说明效果不佳。另一方面企业还可以根据顾客投诉数量的增减变化来进行考核。如果顾客投诉数量减少，就可以证明企业制定的顾客满意行为规范和承诺是有效果的，反之则说明效果不好。

（3）关于附录A。在ISO 10001的附录A中，关于业绩考核指标的内容有：及时送货百分比、通知患者百分比、错误价格百分比、不满意顾客百分比等，都可以作为企业制定业绩考核指标的参考。

六、确定顾客满意行为规范编制的程序

为了使企业能够更加有效和高效地制定顾客满意行为规范和承诺，企业还必须要确定顾客满意行为规范编制的程序，必要时应该形成程序文件，并把它纳入到ISO 9000质量管理体系文件之中。那么企业应该如何编制顾客满意行为规范的程序，ISO 10001 的 6.6 提出了具体要求。

1. 该条款提出的具体要求

ISO 10001 中 6.6 的具体内容表述如下。

> 6.6 制定规范程序
>
> 组织应制定规范实施、保持和改进程序，包括处理质询和投诉的方式。应识别和解决影响规范有效使用的障碍，识别任何可能促进规范实施、保持和改进的有利因素。这些程序将依规范和使用规范组织的性质而有所不同，但应符合适用的法律和法规要求。
>
> 注：上述程序包括的活动示例如下：
>
> ——就规范与顾客沟通；
>
> ——就规范对员工进行培训；
>
> ——解决规范中的承诺未履行的情况；
>
> ——记录关于规范的质询和投诉；
>
> ——记录和评价规范实施业绩；
>
> ——使用和保持记录；
>
> ——公布规范完成情况信息（见附录 I）。

2. 对该条款内容的理解

（1）对编制顾客满意行为规范的程序提出要求。顾客满意行为规范的程序应该包括：如何面对顾客的质疑和投诉、如何排除履行规范和承诺的各种障碍、如何采取激励措施来鼓励企业的员工积极开展各种规范和承诺活动等。

（2）顾客满意行为规范的程序应包括的内容。顾客满意行为规范程序的内容应该包括：如何与顾客进行沟通、如何对相关人员进行培训、如何面对未能履行承诺的情况、如何记录顾客的质询和投诉、如何记录规范和承诺的业绩等。

（3）对规范和承诺的实施实行信息封闭管理。在顾客满意行为规范和承诺的实施过程中，要及时收集和记录相关信息，为持续改进提供条件。

七、确定企业内部和外部的沟通计划

企业制定顾客满意行为规范和各种承诺如果不能在企业内部和外部进行很好的沟通，就不能保证其规范和承诺能够得到很好地遵守和履行。为此 ISO 10001 的 6.7 专门对此提出了要求。

1. 该条款提出的具体要求

> 6.7　制定内部和外部沟通计划
>
> 组织应制定计划，使参与规范实施的员工和其他相关方能够获得规范及支持信息（如反馈表）（详见附录 I）。

企业内部和外部的有效沟通是顾客满意行为规范和各种承诺取得效果的重要保证。

2. 对该条款内容的理解

（1）强调在企业内外部沟通的重要性。企业在制定顾客满意行为规范和各种承诺的过程中，必须要使企业的相关部门能够及时获取到有关信息。企业内部沟通的目的是为了保证企业各部门能够认真遵守和履行提出的规范和承诺。强调企业外部的沟通是为了保证企业的顾客（包括潜在顾客）能够了解和掌握企业提出的规范和承诺，以帮助企业获取更大的市场份额。

（2）附录Ⅰ提出了企业在内部和外部沟通的具体方法。附录Ⅰ所提出的内容实际上是对 ISO 10001 的 6.7 的一种很好的补充说明。

3. 关于附录Ⅰ的内容

ISO 10001 的附录Ⅰ对在企业内部和外部如何进行有效的沟通提出了要求，具体内容表述如下。

附录Ⅰ：沟通计划制定指南

Ⅰ.1 总则

组织应制定计划，使参与规范实施的员工和其他相关方能够获得规范及支持性信息。该沟通计划取决于组织的规模和类型，以及规范的性质，应包括：

——识别内部和外部的受众和他们的特殊需求；

——识别进行沟通可使用的资源；

——识别和选择可能的沟通方法；

——评审上述方法的优点、缺点、有效性和成本（如使用标志、广告、销售点沟通）；

——向参与规范实施的组织人员和内外部相关方提供相关信息。

I.2 内部沟通

信息应包括：

——规范目标和对规范规定的解释；

——如何实施规范，包括与规范实施和信息沟通有关人员的职责；

——有关投诉处理过程和争议解决规定的信息。

员工还应了解所有的公开信息。

I.3 外部沟通

顾客、投诉者和其他相关方可以通过小册子、宣传单、标签和网址的形式获取信息。这些信息应采用准确、清晰、适当的语言和形式（见附录 D）提供。应包括：

——组织对顾客的承诺；

——对规范和规范中的问题提出质询和投诉的途径和方式；

——如何处理质询和投诉，包括反馈的方式和该过程每个阶段的时间安排；

——质询确认和投诉补偿的选择权；

——可使用的外部争议解决过程；

——规范使用的结果。

注：关于投诉和争议解决，组织可使用 GB/T 19012 和 GB/T 19013 中提供的指南。

组织应保护个人信息，并为质询和投诉者保密。

4. 对附录I内容的理解

（1）提出企业内部和外部沟通的总体要求。在ISO 10001的附录I中，I.1总则是对企业内部和外部沟通提出的总要求。由于企业的规模大小和产品的性质不同，企业内部和外部沟通的要求也有所区别，但是一些沟通的基本原则是共同的。其中就包括：对企业内外特殊群体和特殊要求的识别、沟通所需要的资源、沟通采用的具体方法、各种沟通方法的优势和劣势的比较等。

（2）对于企业内部沟通的要求。附录I的I.2是对企业内部沟通提出的具体要求。这一点与ISO 9001中7.2.2的要求相一致，即企业在向顾客做出正式承诺（包括顾客满意行为规范）之前，必须要在企业内部进行有效地沟通，以确保企业有能力来履行提出的承诺（见本书第二章第二节）。另外，企业内部沟通的另一个重要目的是为了保证相关部门和相关人员和掌握企业提出的顾客满意行为规范和各种承诺的有关信息，以便能够“统一思想”和“步伐一致”地遵守和履行企业提出的各种顾客满意行为规范及各种承诺。为此作为企业的相关部门和人员，通过内部沟通，以获取以下各种信息：规范和承诺的目的、范围、内容以及各种相关的说明（包括各种限制和界定等）、各部门和人员应该承担的职责、如何面对相关的投诉和争议的解决等。

（3）对于企业外部沟通的要求。对于企业的外部沟通在附录I的I.3中也作了说明。当企业提出顾客满意行为规范和承诺之后，与顾客进行有效的联系尤为重要。与顾客沟通的目的只有一个，就是要通过各种渠道的广泛宣传，让广大顾客了解规范和承诺的内容。与顾客沟

通的内容主要分两个方面。一方面是企业履行规范和承诺之前的沟通。顾客可以通过各种渠道（包括广告、网站、媒体、宣传手册等）来了解企业提出的各种顾客满意行为规范和承诺所涉及的相关内容。如果对规范和承诺有兴趣或质疑，企业可以通过各种渠道进一步了解和掌握。另一方面是企业履行规范和承诺之后的沟通。通过企业实施顾客满意行为规范和承诺之后，顾客对其产生了投诉和争议时的沟通，对于这方面的沟通，ISO 10002、ISO 10003 有明确的要求。上述两部分就构成了企业外部沟通的重要内容。

为了说明在企业内部和外部沟通的重要性，请看一个案例。

案例

在企业内部和外部保持有效的沟通，是落实承诺的重要保证。这个案例来自于某质量体系认证中心对一家企业进行监督审核过程中发现的一个问题。一位外审员在某商场家电部看到这样一封顾客投诉信，信中写道："商场在服务项目中公开张贴这样的承诺：'购买家电，若不满意，7 日内保证退货'。可实际我们购买家电仅过 3 日，家电部就不给退货了。"审核员问："这是为什么？"售货员答："我们组长说，顾客购买家电过 3 天就一律不退。"

案例分析

这是一则企业内部缺乏沟通的案例。这是一家通过

ISO 9000 质量体系认证的企业，在一次外审中发现的一个不合格项。这里的关键在于商场提出的服务承诺："购买家电，若不满意，7 日内保证退货"的相关内容，并没有在企业内部得到很好的贯彻和执行。因为商场提出家电"7 日内保证退货"，而家电部却说"家电过 3 天就一律不退"。为什么会出现这种承诺不一致的情况呢？如果用 ISO 10001 的附录 I.2 提出要求，就是企业内部的有关部门并不了解和掌握（或者不执行）企业提出服务承诺的内容才造成的结果。由此可见，作为准备实施顾客满意行为规范和承诺的企业，必须要做好企业内部的沟通，才能为保证规范和承诺的落实奠定基础。

八、配置相应的资源

为了确保企业提出的顾客满意行为规范和承诺能够得到很好地遵守和履行，还必须要有相应的资源做必要的保证。ISO 10001 的 6.8 对此提出了具体要求。

1. 该条款提出的具体要求

> 6.8 确定所需资源
>
> 组织应确定履行规范中承诺以及在无法履行承诺时提供适当补偿（如顾客赔偿）所需的资源。这些资源包括人员、培训、程序、文件、专家支持、材料和设备、设施、计算机硬件和软件、资金等。

2. 对该条款内容的理解

该条款提出确定所需要的资源，主要包括两个部分。

一是履行规范和承诺时所需要的资源，二是当企业未履行规范和承诺时所需要的资源。

（1）确定履行规范和承诺情况下所需要的资源。这部分资源包括：人员、培训、程序、文件、专家支持、材料和设备、设施、计算机软硬件和资金。因为企业提出任何顾客满意行为规范和承诺，都需要有相应的人力和物力作保证，这部分是为了使企业能够正常履行规范和承诺所需要的资源。

（2）确定未履行规范和承诺情况下所需要的资源。这部分资源是指对顾客的赔付款。如果企业在对顾客提出的规范和承诺中，公开承诺如果企业不履行承诺时，顾客可以得到相应的赔付补偿（或者是折扣等），企业就应该对这部分资金的支付做出预算，这部分对顾客的赔偿就应该作为企业提供所需资源的一部分。对顾客的赔偿不管是多是少，只要能考虑到这一点，至少说明在企业有履行承诺和规范的决心和诚意。但是，必须看到在我国大多数企业履行各种承诺的过程中，往往忽视了这部分资源的配置，这是 ISO 10001 对企业的重要启示。

第三节 ISO 10001 第 7 章《实施》

相对于 ISO 10001 第 6 章制定顾客满意行为规范和承诺的内容而言，在 ISO 10001 的第 7 章所论述的内容相对要简单一些。它重点论述企业在实施顾客满意行为规范过程中应该注意的几个问题，其中就包括必须要按照顾客满意行为规范和承诺的要求来实施、做好企业内外的沟通工作、对于企业未履行承诺时所采取的补救措施以及做好各种记录。下面分别进行探讨。

一、按照制定的顾客满意行为规范进行实施

首先企业应该按照第 6 章的要求，即按照制定出的顾客满意行为规范和相关承诺来进行实施。因此，在 ISO 10001 第 7 章的首括句就对此提出了要求。

1. 该条款提出的具体要求

> 7　实施
> 组织应按计划及时管理实施活动。

2. 对该条款内容的理解

在第 7 章"实施"的条款中的首括句明确指出"组织应当按计划及时管理实施活动"。它主要强调两点内容。一是强调必须按照计划的要求来开展实施活动。这里强调的计划要求就是指 ISO 10001 第 6 章所提出的各项要求。因为第 6 章的重点是帮助企业如何制定顾客满意行为规范和承诺，而本章的重点就是如何实施和执行企业提出的顾客满意行为规范和承诺。二是强调在实施顾客满意行为规范和承诺的过程中要加强管理。而加强管理的内容，就包括做好企业内外部的沟通工作、采取各种补救措施（特别当未履行承诺时）、做好记录等。

二、做好企业内外的沟通工作

做好企业内外部的沟通工作是 ISO 10001 中 6.7 所

提出的具体要求。只不过在第 7 章再一次强调要实施和执行这一要求。即第 6 章强调企业要制定内外部的沟通要求，而第 7 章则强调企业必须要执行内外部的沟通的要求。

1. 该条款提出的具体要求

> 组织应在内部的适当层次：
> a）应用相关程序及内部和外部沟通计划；

2. 对该条款内容的理解

由于企业提出的顾客满意行为规范和承诺不仅需要得到顾客的关注、认知、了解和质询；同时还需要得到企业相关部门和员工的理解、执行和支持，因此，在实施顾客满意行为规范和承诺的过程中，强调在企业内部和外部的沟通是十分重要的。企业在执行和实施顾客满意行为规范的过程中，在企业内部必须要督促检查对规范的执行情况，而且要收集各种反馈信息。在企业外部必须要与顾客做好互动，及时了解顾客对规范的建议和投诉，这些内容都可以为企业对规范和承诺的持续改进创造条件。

三、企业对未能履行的规范要采取补救措施

企业在实施顾客满意行为规范和承诺的过程中，还有一项重要工作，就是必须对企业未履行承诺的情况采取各种补救措施。ISO 10001 的第 7 章也对此提出了具体要求。

1. 该条款提出的具体要求

> b) 对顾客提供适当的补偿(如赔偿);
> c) 当规范规定没有履行时,立即采取必要行动,这些行动可能是因为对规范的投诉或由组织收集规范业绩信息的结果引起的。

2. 对该条款内容的理解

ISO 10001 的第 7 章,向我们提出在实施顾客满意行为规范和承诺的过程中,必须要关注企业未履行规范和承诺时所采取的各种措施。这些措施主要包括两个方面。

(1) 对顾客赔偿的补救措施。有些企业在向顾客提出顾客满意行为规范和各种承诺的内容中,明确提出,企业如果未能履行承诺,就应该向顾客做出赔偿(或者是折扣优惠)。因此企业必须对如何补偿、赔偿多少、在哪里赔偿等做出明确规定。如果企业对此要求不明确,又缺乏可操作性,那么一旦遇到企业未履行承诺而顾客要求赔偿时,企业无法及时兑现,就必然会引起顾客更大的不满。

当然这里还必须注意,对顾客进行补偿时必须遵循的三条基本原则。第一,补偿一定要有标准和依据;第二,必须要公正性和灵活性相结合;第三,不该赔付的,坚决不赔付。关于对上述三条基本原则的具体理解,详见笔者的另一部著作《投诉处理的外部解决方案——解读 ISO 10003[质量管理 顾客满意 组织外部争议解决指

南]》一书。

(2) 及时处置企业未履行规范和承诺的情况。向顾客做出适当的赔偿只是补救措施的一个方面。对于企业未履行规范和承诺情况的补救措施还有很多。例如要了解企业为什么没有履行规范和承诺？是什么原因造成的？是企业内部监督管理不力？还是企业做出的规范和承诺要求过高？是否需要进一步改进？这些问题都应该属于补救措施的范畴之内。如果用 ISO 9000 质量管理体系标准的观点来理解的话，即使对顾客做出了补偿，这只能算做一种“纠正”，而不能保证此类问题不再发生。只有采取“纠正措施”，即针对产生问题（指未履行规范和承诺的问题）的原因采取措施，才能做到防止问题再发生。而纠正措施的采用必须根据“对规范的投诉或内部收集信息的结果”来进行。或者说，纠正措施的采用，必须建立在顾客对规范和承诺的投诉以及企业内部对各种信息进行分析的基础之上进行。

四、企业要做好各种记录

企业实施顾客满意行为规范和承诺绝对不是一种“一劳永逸”的活动，而是一种“与时俱进”的行为，即企业实施的顾客满意行为规范和承诺还必须要根据市场和环境的变化而变化。正因为如此，企业在实施顾客满意行为规范和承诺的过程中，还必须要做好各种记录，为企业对顾客满意行为规范和承诺的持续改进奠定基础。为此，ISO 10001 的第 7 章也提出了相应的要求。

1. 该条款提出的具体要求

ISO 10001的第7章还强调了企业在实施顾客满意

行为规范和承诺的过程中，对如何做好相关记录提出了具体要求。

> 组织应记录：
> ——规范实施中资源的使用情况；
> ——员工接受与规范相关的培训和指导的类型；
> ——内部和外部沟通计划的应用；
> ——对有关规范的质询和投诉的处理，及组织采取的补救措施。

2. 对该条款内容的理解

该条款着重对记录的内容提出了要求。

（1）记录所需要的资源。这里的资源不仅包括企业为实施顾客满意行为规范和各项承诺所必需的人力、财力和物力的资源，同时还包括当企业未履行承诺时，赔偿给顾客的资源。记录这些资源运用情况的目的是为了了解企业的产出和投入之比，为企业的管理评审提供依据。

（2）记录对员工的培训情况。企业实施的顾客满意行为规范和承诺必须依靠员工来认真执行，记录员工的培训情况，其目的就是为了帮助企业能够更好地落实规范和承诺。

（3）记录企业内部和外部的沟通情况。企业内部和外部的沟通状况的优劣，会直接影响到企业实施顾客满意行为规范和承诺的效果。

（4）记录企业未履行承诺时所采取的各种相应措施及其效果。记录这些信息的目的，可以为企业顾客满意行为规范和承诺进行持续改进提供宝贵的信息。

第四节　ISO 10001 第 8 章《保持和改进》

对顾客满意行为规范和承诺进行不断地持续改进，是 ISO 10001 第 8 章对企业提出的核心要求。因为随着顾客需求的不断变化，顾客必然会对企业提出的顾客满意行为规范和承诺提出更高和更新的要求。因此，进行持续不断地改进是使企业制定的顾客满意行为规范和承诺能够保证满足顾客要求的重要措施。那么企业应该如何对顾客满意行为规范和承诺进行持续改进？下面根据 ISO 10001 第 8 章所提出的要求，逐条进行探讨。

一、收集实施顾客满意行为规范的各种信息

对企业提出的顾客满意行为规范和承诺进行持续改进的前提，就是必须要能够收集到与此相关的各种信息。ISO 10001 的 8.1 就对此提出了要求。

1. 该条款提出的具体要求

> 8　保持和改进
>
> 8.1　信息收集
>
> 组织应定期和系统地收集有效和高效评价规范业绩的必要信息，包括第 6 章和第 7 章中所述的信息、输入和记录。

2. 对该条款内容的理解

ISO 10001 的 8.1 重点强调企业为了对顾客满意行为

规范和承诺进行保持和改进,企业应该收集的相关信息。

(1) 能够评价顾客满意行为规范和承诺有效性和效率业绩的信息。简单地讲,就是企业制定的顾客满意行为规范和承诺如果能够达到预期的目标,则说明规范和承诺的运行是有效的。反之,就是无效的。因此能够评价顾客满意行为规范和承诺的有效性和效率的各种信息(包括 ISO 10001 第 6、7、8 章中所要求获取的信息)要尽可能地收集,并进行评价。

(2) 关于 ISO 10001 第 6 章的信息。在 ISO 10001 的 8.1 中,特别强调要收集第 6 章中所提出的相关信息。这里主要是指 6.2 收集和评价信息和 6.3 获取并评价来自有关相关方的输入条款所包括的信息等。

(3) 关于 ISO 10001 第 7 章的信息。在 ISO 10001 的 8.1 中,还特别强调要收集第 7 章中所提出的相关信息:这里主要是指:要收集规范实施的资源的信息、关于人员接受的培训的信息、企业内部和外部沟通实施的信息等。

(4) 关于 ISO 10001 第 8 章的信息。在 ISO 10001 的 8.1 中特别强调要收集第 8 章中所提出的相关信息。除了 8.1 所提出信息之外,这里还包括:对规范业绩的评价的信息(8.2)、对规范的满意程度的信息(8.3)、对规范和规范框架的评审的信息(8.4)等。关于这方面的信息收集,本节将专门进行探讨。

二、对顾客满意行为规范的业绩评价

企业提出的顾客满意行为规范和承诺是否有效?是否能够取得预期的效果?这是对顾客满意行为规范和承诺业绩评价的主要考核指标。ISO 10001 中 8.2 对如何

评价顾客满意行为规范和承诺的业绩提出了要求。

1. 该条款提出的具体要求

> 8.2 规范业绩的评价
>
> 组织应定期和系统地评价规范业绩，评价应包括验证和分析规范目标和规范承诺的总体履行情况。
>
> 应对规范及其使用的质询和投诉进行分类和分析，以识别系统性的、重复发生的和个案的问题及趋势，帮助消除与规范相关的投诉产生的原因。
>
> 注：组织还应进一步明确规范范围以外的对产品或过程的质询和投诉是否与规范的规定有关。这些质询和投诉可能会揭示出规范规定的不当使用。
>
> 为评价规范的影响，需要规范使用前后一定时期有关情况的信息，该信息不仅用于明确规范设计和实施中的不足之处，还可以表明使用规范达到的效果（如果有）及取得的进步。

2. 对该条款内容的理解

（1）明确对规范和承诺业绩评价的内容。在这里对规范和承诺业绩的评价主要包括三个方面内容。第一必须定期进行。要保持一定的时间间隔，例如半年或者一年等。第二必须系统地进行。所谓系统地进行就是应列入相应的日程，例如可以在企业质量管理体系的内部审核和管理评审结合进行，也可以单独安排日程进行（每年一次等）。第三对业绩评价的内容应包括与企业设定的目标相比较、对规范和承诺有效性的验证和分析结合进行等。

（2）找出影响正常实施规范和承诺的系统性因素。

众所周知，根据质量管理的基本理论，影响质量波动的原因有两大类：一类是系统性因素，一类是偶然性因素。如果系统性因素得到了排除，质量就得到了有效控制。同样的道理，但企业实施顾客满意行为规范和承诺之后，可能会遇到一些顾客的各种质询和投诉。面对这种情况，企业必须要对顾客提出的各种质询和投诉进行分析，找出影响规范和承诺实施的系统性因素（其中包括产品质量、人员素质、广告促销手段等因素），并及时给以排除，就可以使企业提出的顾客满意行为规范和承诺能够正常的实施。

（3）要正确地对待顾客的质询和投诉。在ISO 10001的 8.2 中还有一个“注”，主要是强调要正确对待顾客的质询和投诉。在该注中强调两点。第一，有些顾客的质询和投诉表面上看起来与企业的顾客满意行为规范和承诺无关，实际上是有关系的。对于这一类顾客的质询和投诉，企业不应该忽视。第二，还有一些顾客的质询和投诉（如恶意投诉），有可能给企业带来错误的信息，有可能会误导企业对顾客满意行为规范和承诺的正确实施，作为企业也应该有能力加以识别。

（4）要正确掌握评价规范和承诺业绩的时机。掌握好评价规范和承诺业绩的时机十分重要，这个时机必须掌握在规范发布前及之后一段时间内进行。这就是说，评价顾客满意行为规范和承诺的业绩必须要进行比较，即把规范和承诺发布前的情况与规范和承诺发布后的一段时间内的情况进行比较，才能得出的结论。之所以要强调规范和承诺发布后的一段时间内，是因为只有当规范和承诺实施一段时间之后，获得的业绩才比较可靠。通过这种比较获取的业绩信息，可以为企业的业绩评价提供可靠的依据。

三、对规范的满意程度进行调查

如同 ISO 9001 的 8.2.2 要求对顾客满意度进行测量的要求一样，在 ISO 10001 的 8.3 中，对规范和承诺的满意程度也提出了调查和测量的要求。

1. 该条款提出的具体要求

> 8.3　规范的满意程度
>
> 应定期和系统地组织活动以确定顾客对规范及其使用的满意程度，可以采取随机顾客调查和其他方式进行。
>
> 注：评价顾客满意程度的方法之一是在法律允许的情况下，就规范中的某个问题模拟顾客与组织的接触。

2. 对该条款内容的理解

（1）提出对规范和承诺的顾客满意程度进行调查的要求。这里提出的对规范和承诺满意程度进行调查主要是指顾客对企业提出顾客满意行为规范和承诺的落实情况，顾客对它是否理解、接受和满意的情况进行调查和测量。这种调查和测量与 ISO 9001 中 8.2.2 所提出的顾客满意程度的调查和测量有一定的区别。这种区别在于：前者（指 ISO 10001 的 8.3）调查的范围比较窄，主要着重于顾客对规范和承诺是否满意（包括对规范和承诺的投诉）的调查和测量，而不涉及其他的内容。但是后者（指 ISO 9001 的 8.2.2）的调查和测量，涉及范围就十分广泛，包括对企业所提供的产品质量、服务质量进行总体评价的内容。

（2）确定对规范和承诺满意程度调查的方法。对规范和承诺满意程度的调查所采取的方法和顾客满意度调查的方法一样，可以采用问卷调查、电话调查、入户调查等，也可以在法律允许的范围内，进行模拟调查等。

四、对顾客满意行为规范的管理评审

在 ISO 10001 的 8.4 中还提出了对顾客满意行为规范和承诺进行管理评审的要求，这一点与 ISO 9001 的 5.6 所提出的管理评审要求是一致的，所不同的是管理评审的内容各有所异。

1. 该条款提出的具体要求

> 8.4 规范和规范框架的评审
>
> 组织应定期和系统地对规范及其框架进行评审，以达到下列目的：
>
> a) 保持其适宜性、充分性、有效性和效率；
>
> b) 重点关注规范承诺未能履行的重要问题；
>
> c) 评价改进的需要和机会；
>
> d) 适当时，提出相关的决定和措施。
>
> 评审应包括以下信息：
>
> ——规范及其框架的变化；
>
> ——法律法规的变化；
>
> ——竞争者或技术创新方面的变化；
>
> ——社会期望的变化；
>
> ——规范承诺的履行情况；
>
> ——纠正和预防措施的情况；

——提供的产品；
——上次评审采取的措施。

2. 对该条款内容的理解

（1）提出企业必须对顾客满意行为规范和承诺进行管理评审的要求。对顾客满意行为规范和承诺进行管理评审要定期和系统地进行。管理评审是企业的最高管理者对企业质量管理体系的有效性进行评价的一种活动。如果企业已经通过了 ISO 9001 质量管理体系认证，那么，对顾客满意行为规范和承诺进行管理评审完全可以和 ISO 9001 质量管理体系的管理评审结合起来进行，这种结合就体现了“定期和系统”的要求。如果企业没有通过 ISO 9000 质量体系认证，企业也完全可以独立进行对顾客满意行为规范和承诺的管理评审，即由企业最高管理者对顾客满意行为规范和承诺的实施情况进行评价，如每年进行一次。进行管理评审前必须要收集相关的信息（见 ISO 10001 的 8.1），就可以进行。

（2）强调对顾客满意行为规范和承诺进行管理评审的目的。进行管理评审的目的有四条。第一，强调企业提出顾客满意行为规范和承诺的有效性和效率是否已达到；第二，要对未能履行承诺的重大事例进行分析和讨论；第三，是否存在改进的机会和可能；第四，要提出具体的改进意见。

（3）提出对顾客满意行为规范和承诺进行管理评审的内容。在 ISO 10001 的 8.4 中，还专门具体指出了管理评审的七项内容，这七项内容主要包括两个方面。一方面是企业外部的情况是否发生了变化，其中包括：法律法规的变更、竞争对手的变化、社会(包括顾客)期望的改变等。另一方面是企业内部是否发生变化，其中包括对规范和承诺内容的改变、产品结构的变化、纠正措施的执行情况、上次管理评审提出的要求是否得到满足等。因为企业外部和内部的环境如果发生了变化，必然会影响到企业提出顾客满意行为规范和承诺的制定和实施。

五、对顾客满意行为规范的持续改进

ISO 9000 族质量管理八大原则的第六条就强调要持续改进，并把持续改进作为企业追求的一种永恒目标。ISO 10001 作为 ISO 9000 族标准的重要补充，同样也不例外。该国际标准的 8.5 专门对持续改进提出了要求。

1. 该条款提出的具体要求

8.5 持续改进

组织应持续改进规范及其框架，包括采用纠正和预防措施及创新性改进等方法，以提高顾客满意程度。

组织应采取措施消除导致投诉的现有和潜在问题的原因，以防止问题的发生和重复发生。

注：采纳其他组织开发的规范的组织应向开发方通报使用中发现的问题。

组织应：

——探索、识别和应用在规范的结构、内容和使用方面的最佳做法；

——在组织中提倡以顾客为关注焦点的原则；

——鼓励规范创新；

——树立与规范相关的突出业绩和突出实践的典型。

注：关于持续改进通用方法的附加指导，组织可参考 ISO 9004：2000《质量管理体系　业绩改进指南》附录 B。

2. 对该条款内容的理解

（1）强调进行持续改进的目的。企业通过对顾客满意行为规范和承诺进行持续改进的目的就是为了提高顾客满意程度。通过企业对顾客满意行为规范和承诺的有效实施，既可以有效地提高顾客满意程度，又可以减少顾客不必要的投诉，这些都可以为增强顾客满意这一最终目标奠定可靠的基础。

（2）指出进行持续改进的方法。8.5 还提出进行持续改进的各种方法，其中包括运用纠正和预防措施的方法、运用创新改进的方法等。通过这些方法的运用，企业可以达到，采取措施消除导致投诉的当前和潜在问题的真正原因以相应防止再次发生和发生的目的。

（3）对 8.5 第一条的理解。在 8.5 的第一条中，建议一些企业在借鉴某些企业顾客满意行为规范和承诺时，所遇到的各种问题（包括成功的经验，特别是失败的教训）要及时告知提供规范和承诺的企业，使它们能够实现信息共享。同时还需要鼓励更多的企业在借鉴和采用其他企业顾客满意行为规范和承诺时要大胆创新。

（4）对 8.5 第二条的理解。该条款的第二条强调的是进行持续改进所采取的方法"可参见 ISO 9004：2000 中附录 B"。ISO 9004：2000 的附录 B"持续改进的过程”，为企业如何进行持续改进提供指南。

3. 关于 ISO 9004:2000 中附录 B

ISO 9004 附录 B 的具体内容如下：

a) 改进的原因：识别过程中存在的问题，选择改进的区域，并记录改进的原因；
b) 目前的状况：评价现有过程的有效性和效率。收集数据并进行分析，以便发现哪类问题最常发生；选择特定问题并确立改进目标；
c) 分析：识别并验证产生问题的根本原因；
d) 确定可能解决问题的办法：寻求解决问题的可替代办法。选择并实施最佳的解决问题的办法，即选择并实施能消除产生问题的根本原因以及防止其再发生的解决办法；
e) 评价效果：确认问题及其产生根源已经消除或其影响已经减少，解决办法已产生了作用，并实现了改进的目标；
f) 实施新的解决办法并规范化：用改进的过程替代老过程，防止问题及其根本原因的再次发生；
g) 针对已完成的改进措施，评价过程的有效性和效率：对改进项目的有效性和效率作出评价，并考虑在组织的其他地方使用这种解决办法。

上述内容详细介绍持续改进的七大步骤，实际上和 PDCA 循环中的四个阶段及八大步骤大同小异。这些持续改进活动的具体步骤，也同样可以适用于 ISO 10001 之中。换句话说，上述持续改进的七大步骤，同样可以在

企业实施顾客满意行为规范和承诺的过程中得到具体应用。通过持续改进不仅可以使企业制定规范和承诺的过程更加有效和高效，同样也可以通过持续改进最终达到提高顾客满意程度的目的。

六、对规范和承诺持续改进的案例

下面通过对几个案例的分析，帮助大家更好地理解ISO 10001 第 8 章的相关内容。

案例 1

某企业接到一位家在农村的顾客投诉，称不久前买了一台冰箱，出现了质量问题。企业接到顾客投诉以后，马上派维修人员前往顾客家中。可是这位顾客家在山区农村，交通十分不便，除了需要换乘火车和公共汽车之外，还需要走一段很长时间的山路。可是当维修人员赶到顾客家中，查看冰箱质量问题时，却发现并不是冰箱的质量问题，而是顾客没有按说明书要求的程序进行操作。当维修人员告诉顾客，如何按照说明书上的要求进行操作之后，冰箱运转就正常了。

按照一般常理，类似这种顾客投诉，责任不在企业，因为冰箱并没有出现质量问题，而是顾客没有按照说明书的要求进行操作，应该是属于顾客使用不当。

但是这家企业的维修人员并没有责怪这位顾客，而是觉得企业提供的产品使用说明书，书写的内容不够通俗易懂，不容易使农村的顾客能够马上看懂。于是他就把这一信息反馈到企业相关部门，企业根据维修人员反馈的这一信息，立即对冰箱的使用说明书进行了修改，使冰箱的说明书能够让农村的顾客一眼就能看懂，从而减少了此类问题的重复发生。

案例分析

该案例看似简单，却反映了一个重大的问题。上述案例告诉企业应该如何进行持续改进。由于产品的使用说明书（这对顾客就是一种产品承诺）写得不够通俗易懂，导致了顾客的误操作，这就属于不能满足 ISO 10001 的 6.4 所提出"清晰、简明、准确和不误导"的要求。出现此类问题之后，除了由维修人员告知顾客正确的操作方法之外，为了防止此类问题再次发生，还必须要进一步分析产生问题的原因。根据 ISO 9004 附录 B 的 c）中提出的必须要"识别并验证产生问题的根本原因"，并且针对这一原因采取相应的措施，于是维修人员建议针对农村顾客的需求，重新编写更加通俗易懂的产品使用说明书，并且尽量用图文并茂的形式进行说明。这一措施就符合了 ISO 9004 附录 B 的 d）中所提出的"选择并实施能消除产生问题的根本原因以及防止其再发生的解决办法"的要求。因为之所以强调要持续改进，一个重要的目的就是为了防止此类问题的再次发生。

因此，在实施 ISO 10001 的过程中，进行持续改进必须要掌握 ISO 9004 附录 B 中所提出的科学方法。

案例 2

某四星级饭店已通过 ISO 9001 质量体系认证。在

一次内部审核中，质管部内审员向前厅部开出一项不合格："5 月 30 日有客人投诉，反映前台说早餐的收费标准是 40 元/人，但实际餐厅部早餐收费标准是 58 元/人另加 15%的服务费，共计 67 元/人，由此造成顾客不满形成投诉"。但此项不合格开出三个月后，到 9 月 10 日审核时仍未关闭。

案例分析

从上述案例中，可以看到该饭店出了存在以下三个问题。

（1）顾客为什么会投诉？前台公布的早餐价格 40 元/人，对顾客来讲就是一种承诺，而实际收费却是 67 元/人，饭店为什么说的和做的不一致？这当然引起顾客的不满意，所以这是针对饭店早餐价格中存在问题的一次顾客投诉。

（2）如何对上述问题的原因进行分析？根据 ISO 9004附录 B 的 c）中要求，要分析产生问题的原因。经过了解原来 67 元/人是针对饭店散客制定的价格标准，而 40 元/人是针对饭店团队客人制定的价格标准。而前台服务人员错把团队的客人，当做散客进行收费，这当然造成了客人的不满意。

（3）如何针对上述原因采取改进措施？根据 ISO 9004附录 B 的 d）中要求，必须要采取解决问题的方法。顾客的投诉已经产生，关键在于如何采取相应的改进措施，因为如果不加以改进，这种顾客投诉还继续会产生。很显然，该饭店并没有及时采取相应的措施，因而造成该项不合格三个月还没有关闭。如果根据附录 B 的

d)中要求，应该在饭店的早餐价格表上，明确注明散客和团客不同的收费标准。同时告知前台服务员，如果客人询问早餐价格时，必须要先区别是哪一类型的客人，然后再向客人告知相应的早餐价格，就可以有效地避免此类问题的再次发生。这就是一种改进措施，也是ISO 10001持续改进指导原则中所要求的。

案例 3

××白酒集团企业在 2006 年 10 月开展了一次有奖促销活动，共设一等奖三名，每个一等奖可获得 1 980 元购物券，并向顾客进行了公示。但是由于奖券印刷有误，使得某消费者一次购物就获得 55 个一等奖（为操办婚宴，该消费者买了六十瓶酒）。由于企业不给兑现，该消费者一张状纸把该企业告到了法院。

法院作了如下判决：

1. 企业应该按承诺兑现三个一等奖。
2. 其他奖券应该按二、三、四等奖的比例分别兑现。
3. 企业所受的损失，可向印刷厂索赔。

案例分析

首先法院之所以作出这样的判决，是因为企业开展的有奖销售活动，实际上就是企业对社会公众的一种公开承诺，法院的判决就是要求企业必须要遵守和履行自己提出的承诺。表面上看起来，这也许对于企业来说有些不公平，因为这种错误并不是企业本身造成的，而是印刷厂造成的。但是由于是企业向顾客作出的公开承诺，

所以必须由企业首先承担责任，不管什么原因造成的失误，都不应该作为企业不履行承诺的理由。

其次，作为企业应该根据承诺中出现的问题，采取相应的措施，即应该向印刷厂进行索赔。如果印刷厂不进行赔偿的话，企业有权进行对该印刷厂提出起诉。从 ISO 9000 的角度看，向印刷厂进行索赔这项措施仅仅是属于一种纠正，这种纠正并不能实现防止问题再次发生的目的。

因此最后，也是最关键的一点，要做到此类问题不再重复发生的话，作为企业还应该对履行承诺中出现的问题，采取相应的、有针对性的改进措施。根据在 ISO 10001的 8.5 中提出的“组织应当采取措施消除导致投诉的当前和潜在问题的真正原因，以相应防止再次发生和重复发生”要求，以及在 ISO 9004 附录 B 中 f)、g)提出的要求，必须要进行持续改进。即必须要对承诺中出现问题的原因进行分析，在分析原因时必须要多问几个为什么，并且要针对原因采取改进措施，只有这样的改进才能做到防止问题的再次发生。根据上述案例提供的内容，企业之所以出现这种失误，是因为对印刷厂的能力未按 GB/T 19001 的 7.4 采购的要求进行评审以及对奖券印刷的过程缺乏监督，才造成这样的结果。如果要避免此类问题再次发生，今后必须在对印刷厂的能力评价以及对奖券印刷的过程要强化监督。此外，还必须对这些改进措施进行有效性评价，这才是真正的持续改进。如果这个问题得到解决，就一定能做到防止此类问题的再次发生。

第六章 遵守承诺和实施ISO 10001

为了能够更加有效地实施ISO 10001，并使其发挥更大的作用，必须把对ISO 10001相关条款的理解，转化为具体的实施操作步骤，以利于对该标准的实施。实施ISO 10001分两大部分：一部分是准备工作；一部分是具体实施步骤。将分别由本章的第一节和第二节进行论述。这里特别提出的是，在论述这两部分内容时，强调要把本书提出的遵守承诺的相关理论（见本书的第一章和第二章）与ISO 10001的内容（见本书的第三章、第四章和第五章）相结合。之所以强调这一点，就是因为企业在实施ISO 10001的过程中，如果只是简单地把ISO 10001的相关内容“生吞活剥”地进行宣贯，许多企业肯定会“消化不良”，从而难以发挥该标准应有的作用。所以特别要根据我国企业的实际情况、竞争环境、员工素质以及当前存在的各种问

题，有针对性地来推行 ISO 10001，才能使 ISO 10001 能够得到更好地落实。

第一节　实施 ISO 10001 的准备工作

实施 ISO 10001 首先做好各项准备工作。只有各项准备工作做好了，实施 ISO 10001 才能顺利进行。根据笔者对我国众多企业的了解，以及这些企业所面临着的实际情况，这些准备工作的内容主要由要树立正确的理念、掌握顾客满意和遵守承诺的相关理论等内容组成。

一、树立正确理念

企业开展的各种活动，在任何情况下，树立正确的理念都是最重要的，这对于我国企业面临的实际情况，特别是企业在推行顾客满意行为规范和各种承诺的过程中，更应该强调这一点。因为只有正确的指导思想，才能使企业产生正确的行为，而正确的行为才能保证企业提出的顾客满意行为规范和各种承诺能够得到很好的落实。正确的理念包括以下几个方面。

1. 树立以顾客为关注焦点的理念

在 ISO 9000 中提出的质量管理八项原则，其中第一条就是必须树立“以顾客为关注焦点”的理念。我们认为这不仅是在实施 ISO 9000 标准中应该坚持的指导思想，也是我们实施 ISO 10001 时必须树立的一条基本理念。以顾客为关注焦点这一原则的内容为：“组织依存于顾客。因此，组织应当理解顾客当前和未来的需求，满足顾客要求并争取超越顾客期望。”

实际上，企业实施 ISO 10001，本身就是以顾客为关注理念的一种最好体现。以上内容可分为三个层次来理解。

(1) 遵守承诺充分体现了以顾客为关注焦点的理念。ISO 10001 的实施和遵守承诺的提出，本身就是树立以顾客为关注焦点理念之后所产生的必然结果。因为“组织必须依赖于顾客”，所以只有真正树立以顾客为关注焦点的理念，企业才会去认真地分析、研究和探讨顾客的各种需求。而遵守承诺正是在了解顾客的各种需求之后所采取的一种具体行动。企业提供的各种承诺实际上就是在企业(承诺提供者)与顾客(承诺接收者)之间的联系提供了一种“桥梁”。承诺——作为企业提供的一种能够充分体现服务可靠性的活动，作为一种特殊的“产品”，不仅被生产出来，同时在向顾客提供承诺的过程中，被顾客消费掉。所以企业实施 ISO 10001 和遵守承诺活动的过程，就是企业提供承诺的过程和顾客消费承诺的过程。企业实施 ISO 10001 和遵守承诺活动过程的实施，可以充分地体现出顾客的一种参与，体现了一种以顾客为关注焦点的理念。

(2) 实施 ISO 10001 和遵守承诺还体现了顾客一种当前和未来的需求。了解和掌握顾客当前和未来的需求，是满足顾客要求的必要前提。那么，实施 ISO 10001 和遵守承诺的过程恰恰是对顾客需求规律的一种探索、学习、理解和掌握的过程，对这些规律的掌握必然会为满足顾客要求奠定可靠的基础。

顾客的需求具有多样性。一是顾客的需求，既有生理需求，又有心理需求。二是顾客的需求又可分当前和未来的需求。三是顾客需求还包括顾客明示和隐含的需

求(见本书第一章第四节)。满足顾客需求的多样性,就可以为企业提高顾客满意程度提供广阔的空间。

因此,作为提供承诺的企业要达到遵守承诺的目的,企业就必须要了解顾客的各种需求,这是企业提供能使顾客满意的各种承诺的基本前提。

(3) 遵守承诺是满足顾客要求并且争取超越顾客期望的主要手段。以顾客为关注焦点的理念告诉我们,企业"要满足顾客要求并争取超越顾客期望"。那么,实施 ISO 10001 和遵守承诺是满足顾客要求并且争取超越顾客期望的重要手段之一。企业在推出各种承诺的过程中,特别要注意"说到做到,言而有信",这是满足顾客要求的基础。并且在条件允许的情况下,争取超越顾客期望,尽可能给顾客一个意外的惊喜!就可以使实施 ISO 10001和遵守承诺收到意想不到的效果。

2. 树立诚信理念

对于实施 ISO 10001 的企业,树立诚信的理念尤为关键和重要。

企业遵守承诺是可以让顾客直接实现感知的一种行为。本书在前面讲过,在企业提供服务的几大要素中,只有设施和诚信可以让顾客事先掌握。其中设施可以通过有形的、具有物理形态的物品来体现,例如可以通过营业场所、设备设施来体现等。而企业的诚信则是无形的,它只能通过具有非物理形态的方式来体现,例如通过对企业各种品牌的认知、以及对企业各种承诺的遵守和履行来体现。强调企业遵守承诺,就是体现企业重信誉、讲诚信的最具体的表现方式之一。因为它可以对顾客创造良好的"口碑",而这种"口碑"是企业最宝贵的无形资产之一。

由于服务具有无形性，所以服务业诚信比制造业更加至关重要。服务业与制造业有很大的不同，就是服务具有无形性，它不能像制造业生产的具有物理形态的商品一样，可以通过各种分销渠道和巨大的营销网络让广大顾客来体验和识别各种形形色色的商品。而服务企业（包括制造业的服务部门）所提供的服务是"看不见，摸不着"的，更何况众多的服务还具有生产和消费同时进行的这一基本特征，这就决定了它的品牌、形象和声誉的传播会受到一定程度的影响。因此，要赢得更多顾客的信赖，服务企业（包括制造业的服务部门）必须要更加认真地遵守和履行自己的承诺，通过企业遵守承诺的这种活动来赢得广大顾客对企业的信赖。因为这是服务企业（包括制造业的服务部门）扩大知名度和美誉度的最有效的手段之一。从这个意义上讲，服务企业（包括制造业的服务部门）的诚信，比制造业的诚信更为重要，这一点对于已经处在市场经济的发展关键阶段的我国众多的企业，显得更为关键。

企业遵守承诺的活动是体现企业诚信最有效的方式之一。随着我国市场经济的深入发展，企业也会"从卖商品到卖服务，从卖服务到卖信誉"的过程中得到逐步提升。因此，ISO 10001的出台，使众多企业进一步认识到，制定以承诺为核心的顾客满意行为规范，是体现企业讲诚信、重信誉最好的方式。

3. 坚决反对虚假承诺

树立诚信理念必须还要从坚决反对虚假承诺开始。这是因为诚信理念的形成需要长期的积累，但是要损坏

企业的诚信形象，只需要顷刻之间就可以达到目的。这也是大家坚决反对虚假承诺的重要理由之一。只要顾客一旦发现某些企业承诺的内容是虚假的（特别是利用顾客对企业的信任，有意进行欺诈的行为），这些企业就很难在社会公众面前再重新恢复对它的信任。

企业推行的承诺，实际上是在拿企业的信誉和企业最高管理者的人格作"抵押"而开展的一种活动。如果企业能够认真遵守和履行其承诺，不但企业会获得良好的信誉，而且企业最高管理者的人格也会获得很好的口碑。反之，这个企业不但丢了信誉，企业最高管理者也失去了人格。所以遵守承诺是讲诚信的集中表现，"言而有信、说到做到"是遵守承诺的最具体、最核心的内容。因此，企业讲诚信不仅是一种社会公德和社会责任，而且是市场经济活动中，企业必须树立的一条重要理念。

当我国的经济环境出现某些道德"滑坡"的情况下，ISO 10001 出台，可以为我国的许多企业重建信誉，恢复诚信提供了一次难得的机遇！

二、掌握质量管理基本理论

一要了解和掌握质量管理的基本理论。ISO 10001 的题目是《质量管理　顾客满意　组织行为规范指南》，就明确指出 ISO 10001 是属于质量管理领域之内的国际标准，它是 ISO 9000 族国际标准的重要补充，它们都是由国际标准化组织 ISO/TC 176 出台的。因此，掌握质量管理的基本理论，特别是学习和掌握关于建立质量管理体系的基本知识，对于理解 ISO 10001 的内涵有着至关重要的作用，因为 ISO 10001 本身就构成了质量管理体系重要的一部分。

二要做到两个结合。这里提到的两个结合，就是指 ISO 10001 和 ISO 9001 相结合，以及 ISO 10001 和 ISO 10002、ISO 10003 相结合。企业不能把 ISO 10001 给孤立起来，而要放在一个大背景下来理解和学习。这个大背景分两个方面。一方面 ISO 10001 是 ISO 9001 的一种在“与顾客接触”领域中的延续。应该有这详的认识：企业质量管理体系的建立，不仅要体现在对生产过程的控制，而且还应该在与顾客接触的领域中得到体现，ISO 10001就可以起到企业与顾客之间的一种“桥梁”的作用。另一方面 ISO 10001 是投诉处理系列国际标准的前提和基础。有效和高效地处理顾客投诉的前提和基础，就是首先要减少顾客投诉的产生，而 ISO 10001 就是为此目的而出台的。当然，尽管企业实施了 ISO 10001，可以减少一部分顾客投诉的产生，但是这决不意味着顾客投诉就没有了。因此，如果一旦有顾客投诉产生的话，就可以按照 ISO 10002 和 ISO 10003 要求来处理顾客投诉。

三、掌握顾客满意的基本理论

由于顾客满意是实施 ISO 10001 和遵守承诺所追求的主要目标，所以在 ISO 10001《质量管理　顾客满意　组织行为规范指南》的题目中，也直接提出了顾客满意这一重要概念。由此可见，顾客满意理论是学习、理解和掌握 ISO 10001 重要的理论基础。作为 ISO 9000 族国际标准的重要补充，以及投诉处理系列国际标准之一的 ISO 10001，它和 ISO 9000 族一样，都是把增强顾客满意作为其标准追求的宗旨和目标。所不同的地方只是两者采用的方法和手段不同而已，ISO 9000 族是通过对产品

生产过程的控制来达到这一目的的，而ISO 10001这是通过遵守承诺来达到这一目的。

因此，了解和掌握顾客满意的相关理论，来确定企业提供各种承诺的内容，并且把企业推出的各种承诺，作为满足顾客要求的重要方式，就可以有助于达到增强顾客满意的目的。特别要提出的是，根椐ISO 10001中3.5的顾客满意定义，企业在提出各种承诺时，不仅要关注顾客的明示要求，同时也需要关注顾客的隐含要求。而且越是顾客的隐含要求，企业就越需要通过各种承诺的方式去满足，就越容易获得顾客满意程度的提高。同时，也可以从另一个侧面反映，这些承诺实际上就是企业满足顾客各种（明示和隐含）要求能力的一种体现。而所有这一切，都离不开对顾客满意理论的掌握。

四、掌握遵守承诺的基本规律

ISO 10001的核心，就是希望企业能够通过遵守承诺来达到减少顾客投诉的目的，因此掌握遵守承诺的基本规律，也应该构成实施ISO 10001的重要前提之一。

遵守承诺和顾客满意之间有密切关系。企业通过遵守承诺这一渠道，就可以为减少顾客投诉的产生以及增强顾客满意作出其应有的贡献。因为企业提出的各种承诺，就是在向顾客表达（传递）企业具有履行承诺能力的这一明确的信息。而企业如果能认真地遵守和履行自己提出的承诺，最终就可以达到增强顾客满意的目的。

作为增强顾客满意的基本法则之一，遵守承诺也有其应该掌握的客观规律，对于遵守承诺的基本规律，在本书第二章有详细的探讨。这些规律就是通过众多企业（包括我国的企业）的具体实践中归纳和总结出来的。而掌握这些规律，对于理解和掌握ISO 10001的精髓和内涵有着十分重要的意义。特别应该指出的是，如果把ISO 10001的相关条款与遵守承诺的基本规律相结合，就可以使企业能更好地加深对ISO 10001的理解和掌握。

当前我国有一部分企业之所以未能很好地履行自己提出的承诺，一个重要的原因就是未能很好地掌握遵守承诺的客观规律（虚假承诺除外）。因此，如果企业能够结合掌握遵守承诺的客观规律，来学习和理解ISO 10001的话，一定会收到事半功倍的效果。

五、养成遵守承诺的好习惯

必须意识到遵守承诺是企业讲诚信的具体表现。企业的诚信活动涉及的范围包含质量、广告、合同、价格、包装、服务、计量、退换、售后、道德等诸多方面。因此企业树立讲诚信的理念，还必须在企业经营管理活动的各个方面，从点滴做起，靠长期的积累才能形成。因此在这里我们提出，企业应该从我做起，从现在做起，养成遵守承诺的好习惯。

企业要强调"从我做起"，首先应该强调企业最高管理者必须身教重于言教。作为企业的最高管理者应该在日常的经营和管理活动中，就必须是"说到做到，言而有信"的。因为企业最高管理者的一言一行对企业的全体员工会产生重大的影响，在遵守和履行承诺方面尤其如此。其次也是对全体员工的要求。因为虽然在一个企业中每个人的岗位和职责都各不相同，但是有一点是相同的，就是每个人都必须养成"说到做到，言而有信"的好习惯。在这里我们强调的遵守承诺是为顾客服务的。但在企业内部，在部门与部门之间、在员工与员工之间，如果

大家都没有养成“言而有信”的好习惯，又怎么能够保证认真遵守和履行对顾客的承诺呢？

企业强调从“现在做起”，就是指随着 ISO 10001 的出台，可以马上为企业如何进行科学的、有效的承诺提供指南。宣贯 ISO 10001 可以及时为企业的全体员工在经营管理活动中，养成遵守承诺的良好习惯提供一个广阔的平台。因为随着市场经济的深入发展以及消费者自我保护意识的不断提高，顾客对企业在遵守承诺方面的要求也会越来越高。在这种情况下，我们企业，尤其是已经通过 ISO 9000 质量管理体系认证的企业，更有条件通过学习和掌握 ISO 10001 的精髓，来进一步完善企业的质量管理体系，通过遵守承诺来不断提高企业的竞争能力，才能使企业能够在激烈的市场竞争中立于不败之地。

总之，上述的各项准备工作可以为企业具体实施 ISO 10001 创造良好的条件。

第二节　ISO 10001 的具体操作步骤

为了更好地把 ISO 10001 提出要求落实到企业开展各种承诺的活动之中，本节把 ISO 10001 即该标准的核心第 5 章、第 6 章、第 7 章、第 8 章（见本书第五章）的内容，与遵守承诺的要点（见本书第二章）有机地结合在一起，就可以比较具体地给企业提供落实 ISO 10001 的具体实施步骤。这种结合有两条原则必须把握，一是 ISO 10001提出的基本原则必须要得到遵守和贯彻，二是实施 ISO 10001 必须要与我国企业的实际情况相结合。

本节所提出的具体操作步骤，主要是针对企业提出的各种正式承诺为主要对象的。因为 ISO 10001 提出的顾客满意行为规范主要是以承诺为核心的。因此在实施 ISO 10001 具体操作步骤的过程中，结合遵守承诺的要点进行论述，既可以使 ISO 10001 的操作步骤，能够更好地体现在企业提出的各种承诺之中，而且也可以使遵守承诺这一增强顾客满意的基本法则能够在 ISO 10001 领域内得到进一步规范。

把实施 ISO 10001 的具体操作步骤，归纳为以下十大步骤。

一、确定顾客满意行为规范和承诺要达到的目标

根据 ISO 10001 中 6.1 的要求，企业必须要确定开展各种顾客满意行为规范和承诺的活动，所预期达到的具体目标。企业不能为承诺而承诺，也不能仅仅为了“赶时髦、随大流”而进行承诺，更不能为欺诈而承诺。企业之所以要开展各种承诺活动，其根本目的只有一个，就是为了增强顾客满意，以求得企业更好地生存和发展。正因为如此，企业推出的各种承诺必须要围绕着一个具体的目标而进行，例如企业为了达到一个具体目标（如扩大市场份额、提高顾客满意度、降低投诉率）等。关于对部分内容，在本书第五章第二节已有专门论述。这里特别要提出企业提出的目标必须与企业的质量方针和目标保持一致。明确的目标也会有助于企业推行各种承诺活动能够收到预期效果。

二、收集与顾客满意行为规范和承诺有关的各种信息

为了更好地使企业推行的各种承诺活动能够收到预期的效果，企业在策划和设计各种承诺的内容之前，除了

要了解本企业所具的优势和劣势之外，还必须要收集与承诺有关的各种信息。

这些信息主要包括两个方面。一方面是与承诺本身有关的各种信息。例如，在 ISO 10001 的 6.2 强调指出的为什么要制定这一承诺？通过这一承诺要达到什么目的？在企业内部哪些部门与承诺有关？企业推出的各种承诺又与哪些法律法规(包括标准)有关？其他同行业是如何推出承诺的？另一方面是与企业利益有关的各方信息。例如在 ISO 10001 的 6.3 所指出的包括顾客、供方、员工、政府有关部门等。因为企业提出的各种承诺还需要得到与企业有关的各相关方面理解和支持，才能使企业推出的承诺能得到落实。

企业在收集各种信息的这一阶段中，ISO 10001 的附录 G 还专门对如何借鉴其他行业承诺提出了具体的 12 项要求，就是在强调一定要根据本企业特点，进行消化和吸收其他行业所推出的承诺，而决不能“死搬硬套”。关于对部分内容，在本书第五章第二节也有专门的论述。

三、确定本企业顾客满意行为规范和承诺的内容

在收集信息的基础上，企业应该着手制定本企业的顾客满意行为规范和承诺。在这一方面 ISO 10001 的 6.4 有着非常具体操作要求。应该说，这些要求(见本书第五章第二节)既是实施 ISO 10001 的要点和重点，也是本书的核心内容。

在 ISO 10001 的 6.4 中，对企业如何确定承诺提出了五项的要求，这五项要求是 ISO 10001 的核心，是制定顾客满意行为规范和承诺的精髓。如果企业提出的各项承诺，能够达到 ISO 10001 中 6.4 所提出的五项要求的

话，应该说，企业提出的承诺符合了 ISO 10001 的最基本标准。ISO 10001 的附录 A 为企业如何承诺提供的范例，附录 H 为企业如何制定承诺明确了更加具体和详细的要求，可以供企业参考。

为了确保企业提出的承诺能够得到更好地落实，其中 ISO 10001 的 6.5 主要强调企业在确定本企业承诺内容的同时，还要确定一些定量目标值来考核提出的承诺是否达到预期效果。ISO 10001 的 6.6 主要强调的是企业在确定本企业承诺内容的同时，还需要制定一系列相应的规范程序，来保证企业提出了承诺能够得到落实。

如果把上述相关条款之间的关系加以归纳的话，ISO 10001 的 6.4 提出的要求是，强调企业对提出的承诺要“如何做”的话，那么 6.6 和 6.5 提出的要求则是如何保证承诺能够得以落实所采取的种种措施。

另外，在制定规范和承诺的阶段中，企业还不应该忽视 ISO 10001 所提出的与制定承诺有关的指导原则（见本书第四章第三节）。例如 4.5 方便的指导原则、4.6 响应的指导原则、4.7 准确的指导原则等。这些指导原则所提出的要求，也应该在企业制定承诺的过程中得到充分的体现。

四、企业必须对履行承诺的实际能力进行评审

在 ISO 10001 的 4.3 提出的能力指导原则和 6.4 提出的组织应当对规范进行试验，以确定是否需要调整的要求，实际上就是对企业必须履行承诺的实际能力进行评审的一种有效方式。而在本书第二章第二节专门从另一个角度，即从理解 ISO 9001 的 7.2.2 的角度，对企业应该如何履行承诺的实际能力进行评审提出了具体要

求。虽然两者的出发点各有不同，但是它们的目标只有一个，就是都强调企业必须要有遵守和履行承诺的实际能力。为此最好的办法之一，就是把 ISO 10001 的相关要求与 ISO 9001 的 7.2.2 提出的要求相结合。这种评审活动的开展不仅说明 ISO 9001 和 ISO 10001 之间相辅相成的关系，而且也说明 ISO 10001 的确是 ISO 9001 的重要补充。

对企业履行承诺的实际能力进行评审，其最终结果主要反映在对企业提出各种承诺中，提出对承诺的各种必要限制的内容上。应该说，对承诺提出各种必要的限制，实际上就是对履行承诺能力评审结果的一种具体反映。

五、在落实规范和承诺时，企业要做好内部和外部的沟通

当企业提出的承诺已经具备落实的能力时，就应该及时地在企业内部和外部进行有效的沟通。这是 ISO 10001中 6.7 所提出的具体要求。附录 I 是对这一要求的详细说明(见本书第五章第二节)。

强调在企业内部沟通的目的，就是为了确保承诺的履行。因为企业承诺要得到履行，不仅需要管理者的正确决策，而且还需要企业有关部门和相关员工的理解和支持。

强调在企业外部进行沟通的目的，是为了确保顾客对承诺的理解和认同。因为企业之所以要提出承诺，就是为了能够吸引更多的顾客对企业的关注，并且通过它能够达到扩大促销的目的。因此可以说，相对于企业提出的承诺而言，企业内部的沟通只是一种手段，它是为企业外部与顾客的沟通这一目的服务的。

企业在与外部顾客进行沟通的过程中，特别需要把

握好各种承诺和广告促销之间的关系（见本书第二章第三节）。要强调这一点是因为企业提出的各种承诺，本身就是一种广告促销的有效手段。但是如果企业提出的承诺超越了企业履行的实际能力时，虽然也可以暂时达到促销的目的，但是却盲目提高了顾客的期望值，必然会为顾客投诉的产生埋下隐患，其结果不仅不能使承诺收到的预期效果，而且往往是事倍功半，使顾客满意度大打折扣。因此作为企业，在与外部顾客进行沟通时，对这一点不能掉以轻心。

六、企业对顾客满意行为规范和承诺的实施

企业制定承诺不容易，企业要认真地实施承诺更不容易。要认真地落实提出的各种承诺，企业除了要认真实施之外，还必须依靠企业内部和外部的监督与管理。对此，ISO 10001 的第 7 章对如何实施（见本书第五章第三节）提出了具体的要求。还值得一提的是，在本书的第二章第四节，也专门就“企业一定要认真遵守自己的承诺”作了深入的分析。并且强调指出，现在有一部分企业未能很好地遵守和履行承诺，并不是企业没有履行承诺的能力，而是企业缺乏应有的执行力。所以，如果企业能够把这部分内容与 ISO 10001 中第 7 章的内容相结合，就可以加深对履行承诺的理解。

七、企业必须对未履行承诺的行为承担责任

企业对承诺实施的过程中，还有一点应该特别注意，就是一旦出现企业未能履行承诺的情况时，必须要及时和主动地根据承诺提出的要求对顾客进行补偿，而不能等顾客投诉之后再被动地进行补偿，这也是 ISO 10001

的第 7 章(见本书第五章第三节)以及本书第二章第六节"企业要对未履行承诺的行为要承担责任"的相关内容对企业提出要求。因为从增强顾客满意的角度看,主动和被动两者之间所取得的效果是有很大不同的。

如果由于企业自身的原因,没有遵守和履行承诺,特别是给顾客造成了一定的损失,其中包括物质损失和精神损失(如财产的损失、时间的浪费、体力的消耗等)时,企业就应该主动做出适当的赔偿。这样做的目的,不仅可以在一定程度上弥补顾客造成的损失,也不仅仅可以通过赔偿来挽回企业造成的不良影响,还可以在一定程度上避免顾客投诉的产生。更为重要的是,如果企业能够对未能履行承诺的行为作出适当补偿,可以更加充分地向顾客表明了企业有认真履行和遵守承诺的决心,这对于树立企业良好的品牌形象有着重要的作用和意义。

八、必要时,企业必须对规范和承诺进行调整

企业在实施承诺的过程中,如果企业内部或者外部的情况发生了变化,特别当企业履行承诺的能力已经不足时,就必须对企业提出的承诺相关内容主动地(而不是等顾客对承诺提出投诉之后)做必要的调整。调整顾客期望值(这里主要是指降低顾客的期望值)必须要在事先进行、必须要理由充分等。要强调这一点是因为调整顾客期望值必然会直接影响到顾客的实际利益,因此企业一定要谨慎行事,要尊重调整顾客期望值的客观规律,关于这方面笔者在本书第二章第五节有专门论述。虽然在 ISO 10001 中没有专门的条款直接对如何调整顾客期望值提出具体的要求,但是实际上与 ISO 10001 提出的思想和原则,特别是与 ISO 10001 的 8.4 和 8.5 都是保持

一致的。因为企业一旦需要调整顾客期望值，既可以在“管理评审”的阶段进行，也可以作为一项“持续改进”的具体措施来实施。在本书第二章第五节提出的关于调整顾客期望值的一些方法和技巧，同时可以供企业参考。企业对调整顾客期望值这一十分关键的问题，千万不可以掉以轻心。

九、当顾客对承诺提出质疑时的处理

当企业提出顾客满意行为规范和各种承诺时，在顾客没有购买企业提供的产品和服务之前，顾客就有可能对规范和承诺提出质疑。这种质疑往往是在顾客与企业有关方面（如相关的服务人员）在互动的过程中产生的。这种质疑表现在多个方面。例如顾客需要有关人员对规范和承诺做出进一步解释；又如顾客认为规范和承诺出现某些漏洞等。一旦出现这种情况，企业可以根据ISO 10001附录 B 的 ISO 10001、ISO 10002、ISO 10003关系的框架图所提出的要求，对顾客提出的质疑进行认真的分析，必要时，通过信息反馈对企业提出的顾客满意行为规范和承诺进行必要的调整、修改和完善。当然，企业也不应该被某些顾客错误的质疑而误导。

当顾客购买企业提供的产品的服务之后，特别是当企业未能遵守和履行承诺时，顾客就有可能对企业提出投诉。如果出现这种情况，企业就必须按照 ISO 10002 提出要求，处理顾客的投诉。如果在企业内部对顾客投诉不能得到有效地解决，还可以按照 ISO 10003 要求，通过企业外部的第三方来求得公正地解决。

在这里必须指出的是，如果顾客投诉的内容，是由于规范和承诺本身存在的问题而造成的，那么无论是企业

按照 ISO 10002，还是 ISO 10003 处理顾客投诉，最终的结果还必须要保证按照 ISO 10001 第 8 章的要求对企业提出的顾客满意规范和各种承诺进行改进。

十、企业对规范和承诺的持续改进

企业对提出的顾客满意行为规范和各种承诺进行改进的动力主要来自两个方面。一方面是来自顾客的要求，比如顾客提出的大多数投诉都涉及企业提出的顾客满意行为规范和各种承诺，企业就有必要对其进行改进。一方面是来自企业自身的要求，例如企业履行承诺的能力发生了变化，也必然会对企业提出承诺的落实产生影响，因此企业也有必要对其进行改进（包括调整顾客期望值）。

企业对承诺的持续改进，大部分应该在企业实施承诺过程之后才能进行。改进的目的只有一个，就是保证企业能够更好地履行自己提出的各种承诺。根据 ISO 10001第 8 章的要求，对承诺的保持和改进，主要包括以下几个方面内容，对承诺实施情况的评价、对承诺满意程度的测量、对企业履行承诺的情况进行管理评审、以及对企业提出的承诺采取必要的改进措施等。如果条件允许，企业也可以把这方面的活动内容与企业进行的顾客满意度测量或者管理评审活动相结合进行。

以上就是企业实施 ISO 10001 的十项具体操作步骤。

第七章 遵守承诺和投诉处理的案例

本章讨论的案例主要分两部分。第一部分重点探讨遵守承诺和投诉处理之间的关系(见第一节)。希望通过各种案例说明有许多顾客投诉的产生,都是与企业没有很好地遵守承诺有直接的关系。第二部分重点探讨的是与ISO 10001有关的各种案例(见第二节)。它可以帮助企业更好地理解和掌握ISO 10001的相关内容,掌握遵守承诺的各种方法与技巧。当然,这种区分仅仅是为了论述的方便,这一点务必请大家注意。

第一节 与遵守承诺和投诉处理有关的案例

本节所提供的各种案例分三个方面。第一方面和第二方面分别从全国总体和企业自身的不同角度,来说明遵守承诺和投诉处理之间关系。由于企业所面临的一部分顾客投诉,都是由于企业未能很好地遵守和履行自己的承诺而造成的,所以只有从“源头”开始抓起,才能为有

效处理顾客投诉奠定最可靠的基础。这也是 ISO 10001 给企业的重要启示之一。第三方面所提供的案例，说明企业要遵守承诺必须要从树立正确的理念开始。

一、对顾客投诉原因的总体性分析

案例 1

在 2006 年 7 月举行的“第三届中国服务质量论坛”上，主办单位中国质量万里行促进会调查监督部公开披露了目前国内服务领域中的十大不良现象。这十大不良现象包括：

1. 企业服务承诺落实难度大；
2. 汽车维修价格模糊；
3. 不落实国家有关规定打折扣；
4. 餐饮业虚假宣传愚弄顾客；
5. 企业服务教育盲点多；
6. 服务缺位、越位现象突出；
7. 城市基础设施“人性化”不足；
8. 公共设施缺乏有效管理；
9. 出租车管理无序；
10. 某些垄断服务业缺乏以客户为本的意识。

然而对企业存在十大不良现象中，可以发现有许多问题都与企业不遵守承诺有直接和间接关系。例如以上述十大不良现象中的第一条和第二条进行分析：

1. 企业服务承诺落实难度大。中国质量万里行对全国各地企业承诺的 24 小时服务热线进行暗访调查发现，有些热线电话在消费者和服务者之间成了冰火两重天，一头冷一头热。一些公司企业的售后维修电话到了晚上，或转成传真，或变成机器留言，或一直占线，甚至无人值守；一些保险银行等金融部门、电信等部门的客服电话，都是机器声，转“1”转“2”又转“3”，最终还是得不到信息。

2. 汽车维修价格模糊。本来承诺免费救援、修车的维修店突然提出救援收费；本来几十元钱或是几百元就可以搞定的小毛病，4S 店偏偏要给你的爱车大换血，开出高达千元甚至上万元的维修费用。一部车的零配件价格之和是整车价格的 2 倍。难怪有车族都得了心病：买得起，养不起。

……

案例分析

中国质量万里行促进会是国家质监总局所属的一个社团组织。多年来一直在开展“打假扶优”活动。进入 21 世纪之后，随着市场经济的逐步建立，老百姓生活水平不断提高，以及消费者自我保护意识的不断增强，因此对企业提供的服务质量要求也会越来越高。在这种情况下，从 2000 年开始，中国质量万里行促进会又把对服务企业（包括制造业的服务部门）提供的服务水平进行监督检查，作为中国质量万里行促进会开展活动的一个新重点。并且专门成立了明查暗访服务质量行动小组，对我国各类企业提供的服务质量进行明察暗访。

上述案例中反映的问题，都是中国质量万里行促进会调查监督部根据多年明察暗访，进行归纳和总结出来

的结果——存在于窗口行业中的一些不良现象。尽管这些问题表现形式各有不同,但是有一点是共同的,就是都造成了顾客的不满和投诉。对于这些存在的问题,如果再进一步进行仔细分析的话,就可以从中发现一些规律,其中一条重要规律就是,有许多顾客的投诉和不满,都是与企业不遵守承诺有直接和间接关系的。

比如,明明是企业对外承诺是 24 小时服务热线,但是到了夜间不是没有人值守,就是一直占线。好不容易接通了电话,却无法与企业进行有效的沟通,不是电话传真,就是电话录音,即使企业有人接电话,但仍然在找种种借口不提供上门服务。而本来承诺免费救援,修车的维修店突然提出救援收费!等。这难道不是与企业不能遵守承诺的行为有直接关系吗?

又如十大不良现象之三和之四,“不落实国家有关规定打折扣”、“餐饮业虚假宣传愚弄顾客”等,这些内容难道不也是与企业不遵守承诺的行为有着种种关系吗?

这充分说明企业要提高顾客的满意程度,就必须要减少顾客投诉的产生。而要减少顾客投诉的产生,除了要不断提高产品质量外,还必须要从企业遵守承诺开始做起。以上中国质量万里行促进会提供的信息,就很好地证明了这一点。

正因为如此,中国质量万里行促进会呼吁,政府、行业协会、企业、消费者四方面驱动,形成合力,共同为创造和谐的消费环境而努力。而国际标准化组织出台的 ISO 10001恰恰为我国这部分企业改变目前被动的局面提供了一次良好的机遇。

案例 2

在北京举行的"2007 年中国消费维权论坛"上，中国质量万里行促进会投诉和维权办公室发布了 2006 年十大投诉热点，百姓关注的食品、汽车、家电、旅游、网购、广告、中介、农资、房屋、机械等均榜上有名。中国质量万里行促进会投诉维权办公室负责人说，我国消费领域目前仍存在产品质量、服务质量、诚信经营"三大焦点"问题。

从 2007 年受理全国各地投诉的情况来看，消费者投诉的产品涉及食品、饮料、汽车、家电、手机、电脑、家具、建材、房屋、机械设备、农资农机、旅游及其他等十余类，其中很大一部分是跟产品质量有关的，这类投诉达 6 968 件。这些统计数字说明，目前在我国，产品质量与提高人民群众生活质量的要求相比仍有差距。

除了产品质量投诉外，占比重最大的就是服务质量的投诉了。这类投诉达 6 533 件。从 2003 年开始，呈逐年递增趋势，增幅达 75%。服务质量问题投诉突出表现在旅游、中介、火车、航空、网络信息、农资农机、机械设备、家电售后市场上，尤其是在与老百姓生活息息相关的一些领域和行业，企业在处理投诉过程中缺乏人文关怀，"为人民服务"意识淡薄，导致投诉增多，有时甚至激化了矛盾。

此外，投诉维权办公室在受理消费者投诉过程中还发现，有很多投诉反映了很多行业存在"诚信的缺失"，这在中介服务、网购、邮购、旅游产品、家具、建材、房屋、机

械设备、农资农机市场上表现得尤为明显。由于缺乏诚信而导致的投诉，2006 年，中国质量万里行促进会投诉维权办公室收到的投诉信中，涉及此类的投诉达 4 863 件，占投诉总量的近 1/3。

案例分析

以上看到的来自中国质量万里行促进会投诉维权办公室对顾客投诉分析的报道，这是中国质量万里行促进会开展的又一项重要活动内容。通过以上分析，可以得出这样几点结论：

1. 企业缺乏诚信成为当前顾客投诉的三大热点之一。也就是说，除了对产品质量和服务质量的投诉之外，顾客的许多投诉都集中在企业缺乏诚信上面。

2. 缺乏诚信的行业涵盖面十分广泛。特别在中介服务、网购、邮购、旅游产品、家具、建材、房屋、机械设备、农资农机等行业中表现得尤为明显。这就说明，企业缺乏诚信不仅仅是个别行业和个别企业所存在的问题，而是一种比较普遍的现象。

3. 企业缺乏诚信主要集中在企业没有很好地遵守自己提出的各种承诺。因为企业遵守和履行承诺是企业讲诚信的最集中的表现。

4. 严格地讲，顾客对产品质量和服务质量进行投诉的内容中，其中也应该包括相当一部分对企业没有遵守产品承诺和服务承诺的投诉。

根据以上分析，可以得出这样一个结论，企业不遵守承诺和缺乏诚信是造成目前顾客投诉产生的三大主要原因之一。

案例3

据××地区消费者协会统计，本季度全区各级消费者协会共受理消费者投诉992件，比去年同期上升19%，为消费者挽回经济损失139.45万元。

投诉中质量问题仍居整个消费投诉榜首。百货类最为典型，其中服装鞋帽因质量问题的投诉占一半以上。服务业投诉有所增长。手机投诉成为热点问题。本季度手机投诉119件，占整个质量投诉的15.5%，主要问题是手机在"三包"有效期内出现故障维修，经营者往往归咎于消费者使用不当而不愿承担退换货义务，有的维修商故意不如实填写或少写维修记录，逃避"经修理两次仍不能正常使用须更换新机"的规定。消费者对生产商、销售商作出"质量合格"的检测报告难以认可，所以这方面的消费争议很难得到公平合理解决……

案例分析

和上述两个案例是从全国范围受理顾客投诉的分析相比，这只是某一个地区通过当地消费者协会对顾客投诉情况进行的统计分析。虽然和"面"上的结果相比，在"点"上的统计分析可能缺乏一定的代表性，但是从统计分析的结果看，两者所得出的结论却基本上是一致的，即有许多顾客投诉的产生往往与企业未能遵守和履行自己的承诺有密切的关系。

在上述案例中可以看到，手机投诉成为热点问题。本季度手机投诉119件，占整个质量投诉的15.5%。顾客投诉的主要问题是手机在"三包"有效期内出现故障维修，经营者往往归咎于消费者使用不当而不愿承担退换货义务，消费者对生产商、销售商作出“质量合格”的检测报告难以认可，所以这方面的消费投诉和争议很难得到公平合理解决等。而这些投诉之所以产生，与企业的诚信度以及企业不遵守自己的承诺都有着千丝万缕的联系。因为企业不遵守承诺，所以经营者往往归咎于消费者使用不当而不愿承担退换货义务，因为企业缺乏诚信，销售商作出“质量合格”的检测报告难以被消费者认可等。

由此可见，企业如果要减少顾客投诉的产生，必须要从企业建立诚信开始做起，而遵守和履行自己的承诺应该是企业建立诚信的最好机会。

二、企业不遵守承诺是造成顾客投诉产生的重要原因

案例 4

这是一则来自某媒体的报道。某报记者近日走访了××市××××电器、××百货商场、××电器三大卖场，发现每家卖场的小家电售后服务做得都不错。每种品牌的家电都有售后服务卡、服务联系卡、小家电售后跟踪卡。但是并不是所有企业都能提供良好的服务。记者近日从××市12315消费者举报中心了解到，仅今年1月到3月，消费者对家电售后服务的投诉就多达100起，其中又以电视、电脑、手机等家电产品居多，被投诉方也包括一些知名家电企业和大商场。

刘先生去年1月在××市一家大商场购买了1台×××太阳能热水器，仅用了1年就开始漏水。刘先生打电话联系×××太阳能售后服务公司，希望予以维修，但服务公司以各种理由推托不管。后来刘先生投诉到了市12315服务热线，经过多次协商后才得到解决。薛先生去年10月23日在××电器买了1台××彩电，商家承诺保修1年，结果不到半年就出现了质量问题，与××售后服务公司多次联系，对方不管，薛先生只好投诉到12315。

有保修卡的大家电售后服务不尽如人意，一些没有保修卡的小家电命运更惨。秋女士去年7月在××五金日杂部买了3盏充电灯，10月23日在充电时起火，后经消防部门认定是电灯自然起火，造成经济损失2 000多元。为此，秋女士与商家多次协商要求赔偿，结果商家以秋女士没有保修卡等凭据为由拒绝赔偿。后经12315协商处理，商家才赔偿了1 000元……

案例分析

从上述案例所反映的内容看，某些企业不遵守承诺是造成顾客投诉的重要原因之一。消费者购买家电之所以选择这些知名品牌，主要是考虑到这些产品的质量和售后服务都会有保障，当然是受到了商家售后承诺的吸引。然而一旦出现问题，一些商家则把当初对消费者的承诺抛到了九霄云外，对消费者的投诉置之不理。消费者为此苦不堪言，不只是因为电器质量问题带来了许多的不方便，更让他们难以接受的是找到商家寻求帮助时还吃闭门羹。由此我们可以得出这样一个结论，企业的

“言而无信”是造成顾客投诉产生的一个十分重要的原因。

如果再进一步分析，这些企业为什么“言而无信”？为什么自己提出的服务承诺，却没有得到认真的遵守和履行？其中的原因十分复杂，有的企业就是根本不重视自己的承诺，有的企业是不想履行自己的承诺，有的企业只有到了迫不得已的情况下，即顾客投诉到了12315时，才不得不履行承诺等。这不能不说是当前企业的“悲哀”。因此，希望有更多的企业，通过学习和掌握ISO 10001，来提高企业遵守和履行承诺的能力。

案例5

企业不遵守承诺的现象，不仅存在于某些商业企业，在金融企业中，这种现象也不是个别的。有人走访过某市的几家银行，还真发现有不少问题。

问题一：银行营业时间“缩水”。目前大多数银行营业时间上虽然并没有明确表示有午休时间，但大部分存兑窗口处于休息状态。有时候还会碰到这样的情况，营业时间明明白白地表明下午营业到6点，而刚到5点三四十分左右，工作人员就摆出了“关门扫人”的姿态，看起来，反而是顾客来的不是时候了。

问题二：银行ATM机效率低。如果你经常到各银行设在室外的自动取款机上取钱，相信一定遇到过这种情况，“系统故障，暂停服务”。ATM机、自动业务受理机经常会处于非正常工作状态。很多时候由于故障而无法处理业务，只能舍近求远去其他营业厅办理业务了。自动取款机、自动业务受理机是为了弥补银行营业时间的限制而设置的，为了方便却不方便，有失这一行为的初衷。

问题三：银行服务热线出现故障。×月×日18时左右，多位客户致电反映，××银行95×××服务电话出现故障，一直处于断线状态。一位客户表示，下午他发现银行卡不见了，本想通过电话银行挂失，谁知电话一直无人应答，让他十分焦急。尽管电话在45分钟之后恢复了正常，但是给顾客带来虚惊一场。

案例分析

对顾客来讲，企业对外公布的营业时间以及ATM机和服务热线电话的正常使用，实际上也是一种向社会公众作出的公开承诺。虽然这种承诺和企业作出的正式承诺相比，有一定的区别，但是它同样可以形成顾客的期望值。因为如果企业没有按照正常的营业时间进行营业（如营业时间缩水），ATM机和服务热线有时处于一种非正常的工作的状态（如系统故障，暂停服务），服务电话出现故障等，必然会引起顾客的不满意，甚至还会引起顾客的投诉，就是因为企业提供的服务，并没有达到顾客的期望值。

为什么银行的服务往往会小于承诺？原因有两条，一条是服务的理念滞后，另一条就是没有把对外公布的营业时间以及ATM机和服务热线的正常使用，也当作是企业的一种公开承诺来对待。ISO 10001的出台可以有效地帮助企业来端正这种错误认识。因为该标准提出的顾客满意行为规范实际上就应该包括这方面的内容。

案例6

这则案例反映的事实很具有典型意义。××银行某市××支行储蓄员因操作失误，将一个储户存折挂失，这个储户以自己权益受到损害为由起诉到法院，要求银行按照××行限时服务承诺中“超时一分钟，赔偿两元”的标准，共耽误储户59天，提出赔偿经济损失56 640元。

62岁的张××是××小学一名退休教师。1997年10月8日，学校在××银行××支行给她开立了工资账户。1998年1月11日，张××在××银行二营部取款时被告知，存折已被挂失，并打出一个新存折，称不影响储户取款。

张老师是个十分认真的人，她问××银行二营部营业员：“存折在我手里，谁挂失的？”营业员称，是学校会计。但学校会计否认对张老师的存折挂失。张老师又找××银行营业员。营业员说，是区教育局会计挂失的，该局会计又同样否认存折挂失的说法。××银行营业员第三次解释称，由于区教育局同名同姓人办理挂失手续，微机操作中误把挂失失主打在了张老师名下。

××银行二营部负责人发现问题后，曾带着储蓄员到张老师家赔礼道歉，并送去1 000元经济和精神补偿，张老师只留下500元交通费。××银行认为，他们曾因工作失误向储户赔礼道歉，并赔偿储户一定经济和精神损失，储户则提出按限时服务承诺的要求不合理。

2000年1月7日，张老师以××银行没有履行承诺向××市人民法院递交起诉状。

案例分析

这是一起由银行承诺引发的官司，引起银行业界和部分司法学者的关注。作为该银行工作人员称“超时一分钟，赔偿两元”的这种限时服务承诺有一定局限性，只是一种商业炒作，在工作中并没有具体执行此项承诺。而一些司法工作者则认为，尽管国内相关法律没有对商家的承诺作出具体规定，但是商家不能随便发布不负责任的承诺，承诺要负法律责任。向社会公开承诺是一种商业行为，只要消费者认可，双方就达成了协议。《民法通则》中的“诚实信用原则”是市场经济的最高行为准则，在国外被称为“帝王条款”，必须遵守。既然××行是向社会公开承诺，此后并没有向社会重新发布取消承诺的信息，这个承诺就有法律效力。

上述案例给企业三点重要的启示。一、企业不能随意作出公开承诺，一旦作出承诺，就必须认真履行。某些银行工作人员均称“限时服务的承诺有一定局限性，是一种商业炒作，在工作中并没有具体执行此项承诺”，这种观点是错误的。因为如果认为有局限性，就不应该向社会公众作出承诺。二、顾客自我保护意识的提高，必然会对企业各种承诺的认真履行提出更高要求。由于市场经济的深入发展和顾客自我保护意识的不断提高，就要求企业在提出各种承诺时，必须要充分考虑可能发生的各种情况。在必要时，对承诺作出一定的限制（见ISO 10001的6.4），否则企业就会陷入十分被动的地位。三、还必须看到，由于顾客自我保护意识的提高，当今的消费者不能与过去的消费者同日而语，过去不会产生的投诉问题（例如过去顾客如果得到有1 000元的精神补

偿费，就不会投诉了），但是当今仍然会提出投诉（如案例中张老师提出 56 640 元赔偿要求）。正因为如此，企业对提出的承诺应该更加慎重才是。ISO 10001 就是针对这些问题的存在而出台的。

三、企业遵守承诺必须要树立正确的理念

案例 7

××是我国家电行业的知名品牌企业，在短短的 20 多年时间里才逐渐成长为我国家电行业中的“龙头老大”。其中一个重要的原因就是该企业早就树立了正确的服务理念，并且把它认真贯彻到企业提供的维修服务过程中。

理念，顾名思义就是企业经营管理的观念，我们也称之为指导思想。它属于思想意识的范畴，包括企业文化、企业道德、企业伦理等方面的内容。在发达国家中，现在有越来越多的企业日益重视企业理念，并且把它放在与技术革新同样重要的地位。目前，企业理念、企业道德企划已经成为发达国家其中最时髦最深入人心的概念，实际上已在悄悄地引起一场经营理念的革命。可以这样讲，只有树立正确的理念，才能产生正确的行为。因为任何的行为都是在理念的指导下产生的。做人如此，企业更是如此。

××企业的服务理念就是“随叫随到、到了就好、创造感动、信息增值”。对于这一理念他们是如何理解的呢？

“随叫随到”是指：

- 在与您约好的时间内准时到达约定的服务现场
- 我们服务的全过程诚信地接受您的监督

“到了就好”是指：

- 一次到位迅速满足您的需求，解决您的抱怨
- 若不能一次当场解决问题，则保证提供家电周转机（包括冰箱、彩电、洗衣机、手机等），确保您正常使用

“创造感动”是指：

- 上门为您提供规范化、专业化的××星级服务。并根据您的需求提供定期维护、保养、清洗服务
- 根据您的个性化需求或潜在需求，为您提供超值服务，让您得到意外的惊喜

“信息增值”是指：

- 您的意见和建议就是我们最好的礼物
- 无论在产品开发设计、性能功能改进，还是产品营销等方面提出的意见或建议，一旦被我们采纳，我们都会给您相应的奖励。

案例分析

××企业的服务理念是这样说的，而且也是这样做的。由于他们树立了正确的服务理念，所以在维修服务中得到了充分的体现。

例如，他们在服务理念中提出的第一条就是“随叫随

到”，其中就包括对“在与您约好的时间内准时到达约定的服务现场”的承诺。也就是说，只要××与客户约定好上门服务的时间，××的服务人员一定会准时到达现场。这就是企业在认真履行和遵守自己提出的承诺。由于××企业有正确的理念作为指导，并且能够认真地执行自己的承诺，所以获得了广大顾客的好评。

例如，在天气陡然转冷的情况下，家住某市孙大爷家失修多年的空调在××专卖店的帮助下仅用两小时便恢复了供热。因为气温的陡然下降，老两口的腿冻得有些受不了。抱着试试看的心情，孙大爷给××专卖店打了电话，结果已经下班的××专卖店服务商立刻带人来到孙大爷家，紧急抢修，不仅更换了损坏的部件，而且还填充了氟利昂。当温暖的气流缓缓从空调里飘出时，孙大爷露出了感激的微笑。据了解，入冬以来，××专卖店像这样的贴心服务已发生多起。

应该说，××的优质服务，特别是××专卖店提供的上门服务，只要是与顾客约定好上门服务时间，××的员工一定会履行自己的承诺。这一点，在广大顾客心目中已具有良好的口碑，充分体现了“诚信”二字，而所有这一切，与他们树立正确的服务理念有非常密切的关系。

为什么××专卖店这样的企业会越来越重视理念呢？就是因为现在日益激烈的竞争，使得同类商品之间的技术差距越来越小。在这种情况下，竞争的形势迫使企业必须通过培养一种“诚信”的企业理念引发、调动全体员工的责任心并以此来约束和规范全体员工的行为。由此可见，遵守承诺作为企业的一种顾客满意的行为规范，如果没有正确的理念做指导，是无法得到有效的落实，××的实践告诉了企业这一点。

案例 8

对于任何企业而言，向用户作出承诺很容易，但是要把承诺落到实处却不是一件简单的事情。请看这样一则报道："即报即修，30 分钟到现场，一次性修复，24 小时服务"。面对 72 个小区、800 余栋年久失修的居民楼，××市房产局能够作出这样的承诺，不仅需要正确的理念做支撑，而且需要毅力。

不久前，××市房产局率先成立了"110"房屋报修中心，随时为住户提供服务。"群众的小事就是我们的大事。"正是基于这样的认识，他们作出了"即报即修，30 分钟到现场，一次修复到位，24 小时服务"的承诺。为此专门制定了抢修队的"54321"工作规程，即五个一的服务：一声问候、一块抹布、一副鞋套、一个胸卡、一次回访；四个一样的态度：生人熟人一样，白天晚上一样，干部群众一样，大修小修一样；三个必须的要求：通信工具必须 24 小时开机，抢修人员必须随传随到，抢修工作必须一次完成；两个不准的守则：不准接受住户的吃请，不准接受住户的钱物；一个牢记心间的宗旨：全心全意为用户服务。为了这一庄严的承诺，报修中心 5 年来没有节假日，不分白天黑夜，三辆房产"110"抢修车，全天候巡游在大街小巷。群众见到他们时，他们在维修现场，见不到他们时，他们在抢修现场的路上。

案例分析

以上案例的内容是摘自 2007 年 5 月《光明日报》的

一篇报道，报道的题目是《让自己的承诺站起来》。这篇报道的题目就非常值得深思，企业是否能认真履行自己的承诺，关键看自己是不是愿意“让承诺站起来”。如果企业愿意“让自己的承诺站起来”，也就是企业能够树立正确的理念，那么遵守承诺就应该不在话下！

这篇报道称，3 月 4 日是中国传统的元宵节，××市大雪肆虐，路面上到处都是趴了窝的车辆。家住××街 73 号楼的张家老两口，正在为两个儿子晚上回家团圆而忙碌，突然自来水管破裂。张大娘急忙拨打房产“110”。过了不一会儿，电话铃声响了，传来的是儿子的声音：“雪太大，今晚不回家了”。儿子的话，让大娘彻底死了心：“儿子都不来了，房产‘110’更不会来了。”两位 70 多岁的老人，在屋里急得团团转。突然，门开了，进来一个“雪人儿”，大娘好不容易才认出，这是常来她家的房产“110”的小伙子。大雪封路，抢修车受阻，小伙子顶着暴风雪，走了两个多小时路才赶到她家。据事后统计，这一天房产“110”共接到报修电话 42 个，房产“110”和他的工友们硬是靠双脚完成了 42 个用户家的报修任务。5 年时间，这个团队平均每天出险 40 多次，以抢修及时率 100％，一次修复率 100％，群众满意率 100％“三个百分之百”的战绩，让自己的承诺，在成千上万户居民面前站了起来。

现在有部分企业还不能完全真正遵守和履行自己的承诺，也许会说有这样和那样的困难，也许还存在这样和那样的问题等。但是如果和案例中的房产“110”这个团队相比较，其中最大的差距还是在于是否树立了正确的理念。这个理念就是把“群众的小事就是我们的大事”，只要树立了这样的理念，承诺自然就会在社会公众面前站起来！

第二节　与 ISO 10001 有关的案例

要减少顾客投诉的产生，除了要树立正确的理念之外，企业还应该掌握进行承诺的方法和技巧。ISO 10001 出台和遵守承诺的相关理论，为企业能够科学地进行承诺提供了可靠的依据。

通过对以下各种案例分析，着重从控制顾客的期望值、对承诺进行必要的限制、做好企业内外的沟通、对未进行承诺的行为承担责任以及持续改进等五方面进行探讨，帮助企业更好地理解 ISO 10001 相关条款以及遵守承诺相关理论。

一、要控制好顾客的期望值

案例 9

在××冰箱的产品使用说明书中，事先把冰箱所需经常更换的几百种零部件的费用（价格）写得一清二楚：

如：更换压缩机需要 380 元；

　　更换冷凝器需要 35 元……

这是其他品牌冰箱的产品使用说明书上所没有的内容。

那么在××冰箱保修说明书上，写上各种更换零件的费用是否有必要？为什么？

案例分析

企业在为顾客提供的家用电器维修服务中，经常由于更换零部件的价格不公开，而造成顾客投诉。如现在有不少提供维修服务的企业，在为顾客提供维修服务中，如果需要更换零件，也往往都是在零件更换完之后，才向顾客告知零部件的价格。在许多情况下，也许由于零部件的价格比较高，也许存在着乱收费的现象等，总之，尽管此时顾客对更换的零部件价格过高而无法接受，但是已经无法改变，所以这种结果很容易造成顾客的投诉。

××冰箱在产品使用说明书中，事先就问顾客明示各种零部件的收费价格，这本身就是一种公开承诺，它有两大好处。

一是可以有效地控制好顾客的期望值，从而很好地避免顾客投诉的产生。在以上案例中，对顾客来讲就意味着，一旦要接受企业提供的维修服务，可以事先对更换的零部件价格做到一目了然，心中有底，不会有一种“挨宰”的感觉。上述的实例就是一个很好的说明。因为对顾客来讲，事先向顾客明示各种零部件的收费价格，就是一种公开的服务承诺，而且企业有能力认真地履行这种承诺。公开零部件价格之后，一方面可以供顾客自行选择，如果觉得价格合理，就可以接受维修服务，如果觉得价格不合理，也可以拒绝接受服务。另一方面公开零部件价格后，使顾客对零部件的价格有了一种心理预期，一种思想准备，使顾客的期望值得到有效的控制，这些措施就会给顾客带来满意。

二是充分体现服务的可靠性。在本书第一章第三节中，专门对服务可靠性进行了探讨。美国著名的市场营销学者科特勒曾经指出："可靠性"作为顾客中的判断服务质量的五个基本方面的第一位，占全部总分的 32%，几乎占了 1/3。在这位外国人眼里，言而有信，遵守承诺是做人的最基本，最重要的方面，也是顾客判断出质量是否优劣的最重要的内容。

在××冰箱保修说明书上，事先写上各种更换零件的费用和价格，不仅有效地控制了顾客的期望值，而且这种做法很好地体现了服务的可靠性。

案例 10

这是国家某权威部门提供的案例。某汽车生产企业为了适应超载的需要，在宣传材料上夸大汽车的装载量(如产品的说明书和使用说明书)。而实际只是对汽车的某些部位进行强化，但往往不配套，结果留下很多隐患，甚至还会造成人员伤亡，为此造成了许多客户投诉。对于这种投诉处理起来非常麻烦。

案例分析

这种情况的出现决不是个别的。主要是企业通过产品说明书和使用说明书对产品所作出的承诺，远高于产品的实际性能。作为企业主要有两个问题没有处理好。

一是没有处理好遵守承诺和广告宣传之间关系。在本书的第二章第三节专门对遵守承诺和广告宣传之间的关系作了比较深入的讨论。必须看到企业提出的各种承诺具有两面性，它既是一种具有广告宣传作用的促销手段，同时也可以起到提高顾客期望值的作用。但是有些

企业（如案例中所提到的这个企业），只看到了它的广告促销作用，而没有看到它还有提高顾客期望值的一种“反”作用，其结果只能是造成顾客投诉的产生。正因为如此，企业提出的各种承诺必须要实事求是，企业必须要避免提出无法兑现的承诺。

二是没有对企业履行承诺的能力进行评审。在本书第二章第二节专门强调企业必须对履行承诺的能力进行评审。在 ISO 10001 的 4.2 指导原则——能力，实际上就是强调这一点。企业向顾客提供的产品说明书和产品使用说明书、产品的宣传材料以及产品售后服务的“三包”内容等，都是企业向顾客作出的产品和服务承诺，而这些承诺的内容都必须在企业内部进行科学评审之后，当企业具备了这种能力，才能向社会公众进行广泛的宣传。

在上述案例中，可以看到有些企业可能是出于竞争的压力，就不顾企业自身的实际能力，盲目夸大汽车的装载量（实际上只在个别部位进行了强化），虽然这些企业的做法与故意欺骗的虚假承诺可能有一定程度上的区别，但是其结果也是非常危险的。因为对客户来讲，造成车毁人亡的风险就大大增加，对企业来讲，产生顾客投诉的可能性也迅速上升。要根本上改变这种局面，企业必须要理解和掌握上述两个要点。

案例 11

某汽车驾驶学校在招生时公开承诺：学员在交通法规的考试通过后，两周内就可预约上车练习。可实际由于学员太多，一般要等上一个月以后才能预约上车练习，所以造成很多学员不满意。对此驾校有两种不同意见。

一种意见认为，以后在招生进行承诺时，应该向学员明示："在法规考试通过后，一个月后才能预约上车"，这样才能避免学员不满意。

另一种意见认为，如果向学员说明一月以后才能上车练习，学员就不会在本校报名了。所以为了保证生源，还应该对学员说在"两周内就可以预约上车"这样即使学员不满意，可是钱已经到手了。以后学校再通过各种优质服务，来增强学员满意。

以上两种意见哪一种更有理？是否还有更好的意见？

案例分析

实际上这两种不同意见反映了两种对待承诺的不同的理念：就是究竟应该把学校诚信（社会效益）放在第一位地位，还是把学校经济效益放的第一位。很显然，第一种意见是把学校诚信放在第一位，第二种意见则是把经济效益（仅仅是眼前利益！）放在了第一位。但是如果仅仅从这个角度进行讨论还不够，同时还可以结合 ISO 10001的相关条款来进行探讨。

在 ISO 10001 的 6.1 明确指出："组织应当确定规范要实现的目标"，也就是说，如果企业推行各种顾客满意行为规范和承诺，必须要明确要达到什么目的。那么学校为什么要推行顾客满意行为规范呢？在 ISO 10001 的总则中就指出，保持高水平的顾客满意对许多组织都是重大的挑战。应对这种挑战的途径之一就是制定和运用一套顾客满意行为规范。这就是说，学校制定顾客满意

行为规范和承诺的目的只有一个，就是增强顾客满意。

根据这一观点，对上述案例的两种意见进行分析，就可以看出第一种意见因为它能够有效地控制好顾客的期望值，就可以避免顾客不满意的产生，虽然可能会使经济效益暂时受到一定程度的影响，但是却很好地树立的学校讲诚信的良好形象，其结果就可以达到增强顾客满意等目的。而第二种意见其结果只能盲目提高顾客的期望值，而又没有履行承诺的实际能力，虽然可能会暂时得到一些实际的经济效益，其结果只能会造成顾客投诉的产生，最终也会损坏学校的良好形象。由此可见，根据ISO 10001提供的观点进行分析，第一种意见应该是正确的。

案例 12

国内各大保险公司共同签署的《全国机动车辆保险服务承诺》，这是保险行业对汽车保险条款被中消协点名批评为“霸王条款”的首度正面回应。目前，各保险公司在消除“霸王条款”方面取得了初步进展。

如针对事故后选择修理厂的争议问题，新的车险条款中出现了“由投保人约定修理厂”、“保险人约定修理厂”和“双方共同协商确定修理厂”三种可选方式，客户投保时，可根据自己的风险偏好进行自主选择。对于盗抢险免赔问题，以往的多数车险条款实行单一，受20%免赔率的局限，现在有10%、20%、30%和50%四个免赔率档次供投保人选择；退保手续费也有所降低，从原来的5%降低到了3%等……

案例分析

必须指出的是，虽然现在有不少企业会向社会公众作出各种各样的承诺，的确有一部分企业，在其承诺的内容中有“霸王条款”之嫌。而这种“霸王条款”的存在，对消费者是极不公平的，不仅不符合 ISO 10001 的要求，而且与市场经济的宗旨也相违背的。

我国保险公司实行的《全国机动车辆保险服务承诺》，改变了过去在承诺中“霸王条款”的相关内容。所谓“霸王条款”，就是指只对企业有利而对消费者（客户）不利的条款。例如在过去的条款中，规定汽车出现事故，由保险公司指定修理厂。而在新的承诺条款中则规定“由投保人约定修理厂”、“保险人约定修理厂”和“双方共同协商确定修理厂”三种可选方式，这就给投保人提供了很大的方便。又如对于盗抢险免赔问题，以往的多数车险条款实行单一，受 20％免赔率的局限。现在可以有 10％、20％、30％和 50％四个免赔率档次，给投保人提供了更加广阔的选择空间等。总之在新的《全国机动车辆保险服务承诺》中，对于一些具有“霸王条款”内容的承诺，作出了合理的调整，有利于顾客满意程度的提高。

在 ISO 10001 的总则和 6.1 强调指出，企业之所以要推出各种顾客满意行为规范和承诺，其目的只有一个，就是以提高顾客满意度为目标。如果企业推出的各种承诺不能达到提高顾客满意程度的目的，就不能把这种承诺称为顾客满意行为规范。由于某些企业处于相对的垄断地位，提出一些具有“霸王条款”内容的承诺，作为客户有时也十分无奈。在这种情况下，政府有关部门进行适当的干预，是非常必要的，也非常有利于 ISO 10001 的贯

彻和实施。《全国机动车辆保险服务承诺》的出台就充分说明了这一点。

二、企业应对承诺作出必要的限制

案例 13

这是××企业服务承诺的部分内容。部分内容是××企业向购买该企业产品的顾客明示，在什么情况下，企业是不会履行承诺的。通过这一部分内容的分析，可以看到企业应该如何对承诺作出必要的限制。其内容如下：

在您购买产品后，如果属于下列原因中的任何一种而导致产品出现故障或损坏时，××产品有权不按照“三包承诺”条款的内容提供服务，您可以选择有偿服务。

- 用户的产品超出保修期时；
- 无三包凭证及有效发票或购买证明的；
- 三包凭证不符或涂改的；
- 三包凭证上的产品型号或编号与商品实物不相符合的；
- 用户未按说明书要求安装、使用、维护、保管而造成损坏的；
- 用户产品经过非××授权服务人员安装、修理或拆卸造成损坏的；
- 用户产品使用未经我公司认证的非标准扩展部件而导致损坏的；
- 用户的产品因意外因素或人为行为（包括操作失误、

搬运、磕碰、输入不合适的电压等）导致损坏的；

- 用户的产品使用非标准或未公开发行的软件或盗版软件造成损坏的；
- 其他如自然灾害等不可抗力（如地震、火灾等）原因造成产品损坏的。

凡购买××产品的用户，均可有机会成为“××俱乐部”会员，享受相关会员优惠政策，具体可拨打××××××××服务热线或登录 http://www.××××.com 进行咨询。

案例分析

以上是××企业推出的服务承诺，提出的有关不能履行承诺的限制性条款，一共十条。也就是说，如果顾客购买该企业的产品之后，属于以上十条中的任何一条，企业有权不按照“三包承诺”条款的内容提供服务，但是可以选择有偿服务。对企业提出的服务承诺作出实事求是的某些限制，是必要的，是合理的，因为通过这些限制可以控制、约束和降低顾客的期望值，最终达到增强顾客满意的目的。

例如，“用户的产品超出保修期时”、“无三包凭证及有效发票或购买证明的”、“三包凭证不符或涂改的”等限制性条款的提出，就可以防止这样情况的出现：有的用户产品超出了保修期，按照限制承诺条款提出的要求，就只能提供有偿服务，而不能提供免费服务。有的用户因为无法提供有效的发票，虽然在保修期内，但也只能提供有偿服务等。有了这样明确的界限，就可以避免许多纠纷的发生。可以设想一下，如果企业对提出的“三包承诺”

没有作出必要的限制，就有可能出现许多不必要的纠纷，产生许多不必要的投诉。

同时在对企业提出服务承诺作出限制的过程中，对一些关键术语给予明确的解释。其中第八条中的“人为行为导致损坏的”，就指出：它包括操作失误、搬运、磕碰、输入不合适的电压等情况；第十条中的“不可抗力原因造成产品损坏的”，就指出如地震、火灾等情况。有了这种明确的解释，就避免了许多不必要投诉的发生。

因此，对企业提出的承诺作出必要的限制是非常重要的，而且应该成为服务承诺中的一项不可缺少的内容。根据上述案例提供的内容，它应该符合 ISO 10001 的6.4中提出的：关于组织对其顾客做出的承诺可以履行，以及与这些承诺有关的限制的要求，就明确指出，对于承诺中无法履行的部分必须要作出明确的限制，这样才能有利于控制顾客的期望值，以达到提高顾客满意程度的目的。同时，ISO 10001 的附录 H 相关条款也提出了类似的要求。

另外，还值得一提的是，在上述案例中专门提到顾客如果对企业提出的承诺有疑虑或者问题，可以及时与企业进行沟通和联系，并且在承诺中提供了服务热线电话和企业相关网站。由于这两种联络方式是当前顾客与企业最容易沟通联络的手段，因此可以给顾客很大的方便。在 ISO 10001 的 4.5 指导原则中，专门是强调方便性的，该指导原则指出：“规范和相关信息应当易于获取和利用”，这就是说，企业提出的承诺必须有方便顾客“获取和利用”。对此 ISO 10001 的附录 D，还对此作了专门的补充说明。上述案例的这方面内容也符合 ISO 10001 相关条款的要求。

案例 14

这是一则来自旅游行业的顾客投诉。据某媒体报道，某年 11 月 6 日下午，××旅行社与旅游车司机就两名 5 岁小游客人数计算问题发生争执，导致 20 多名从桂林来海口的游客滞留 3 个多小时。最后省旅游汽车运管服务中心另调车辆才将游客接送走。

据××旅行社张经理介绍，5 日下午，他们向省旅游汽车运管中心缴费后定车接桂林游客到三亚旅游。6 日下午 5 时，旅行车从万绿园将 19 名游客、2 名 5 岁小孩及导游接到某酒店取行李。这时，旅行车司机李某称车辆超载了，并让游客下车。旅行社称，2 个小孩才 5 岁，不算人头也不占座位，没有超载，并表示向司机或车主增加 2 名小游客的车费。司机李某却毫不理会，抛下游客就独自开车离去了。旅行社负责人向省旅游汽车调管中心进行反映，当晚 7 时 30 分，调管中心另派车辆接送客人。

该媒体记者随后就此事电话采访了旅游车司机李某。李某称，这是旅行社擅自违规所致。旅行社租用的旅游车包括导游和司机在内只能乘载 22 人，再加上 2 名小孩就有 24 人了，这样既违反了《道路交通安全法》。而且旅游车只按座位数买了 22 个人的保险。万一发生意外谁能承担责任？旅行社的做法违背了相关规定。

记者就此事采访了省旅游汽车服务中心调运部经理。据经理介绍，接运旅游团时，一般按照身高 1.1 米以上儿童全价，身高 1.1 以下儿童实行半价收费。但1.1 米

以下儿童半价收费后，如何进行保险，并无明确规定。

案例分析

从上述案例中可以看到，由于没有明确规定，所以就给旅行社履行承诺带来了一定的困难，因而造成顾客投诉也在所难免。虽然旅行车司机李某处理这一问题的过程有些过于简单，但是最终目的还是为了对游客负责任，所以不应该求全责备。因此有关部门认为，上述问题的出现主要责任在旅行社。

根据 ISO 10001 附录 H 中提出的要求，在向顾客提出的各种承诺中，除了必须使规范的范围和界限明确之外，同时还强调，告知有关免责或例外情况（例如某些承诺不适用于指定的高峰期，或指定的不寻常环境下）。这就是说，旅行社还必须要考虑到许多例外的情况。例如，在一般情况下，按照身高 1.1 米以上儿童全价，身高 1.1 米以下儿童实行半价收费。但 1.1 米以下儿童如何进行保险，并无明确规定。但作为旅行社在向游客提供服务承诺的过程中，就必须把这种例外情况要考虑进去，就是不但要考虑 1.1 米以下儿童半价到底收费多少，同时还必须考虑对于 1.1 米以下儿童如何投保。而上述案例之所以顾客产生投诉，关键在于旅行社对于这种例外情况没有考虑而造成的。由此可见，ISO 10001 的实施，特别是对于 ISO 10001 附录 H 中相关条款的落实，的确可以有利于顾客投诉的减少。

案例15

这是一则对家电销售行业的投诉。陈先生投诉800(某家电企业售后服务热线)说,他于2007年1月份购买一台47寸背投电视,现出现故障,需保修。服务小姐跟他解释说,根据公司的规定:整机保修1年,主要部件保修3年,并告诉用户维修人员上门为他服务,47寸电视的基本收费标准为550元。

陈先生听后非常生气说到:"不是终生保修吗?"并且理直气壮地说,是某商场承诺"终生保修"的。服务小姐又耐心予以解释。并告之可查看一下保修卡的说明。可无论服务小姐如何沟通,都无济于事。陈先生最后指责说,为什么商场说"终生保修"?而售后服务部门的说法与商场销售人员的说法如此不同?于是气愤地说要找商场去。

案例分析

应该说陈先生的投诉是由于商场的销售人员不负责任地向顾客作出"终身保修"的承诺而引起的。因为对"终身保修"的概念没有作出明确的说明,因而使顾客产生了过高的期望值。在这里如果把商场的销售人员故意夸大其词的情况排除在外,就可以看出,当企业向顾客作出承诺时,必须要掌握以下两条原则。

一、广告宣传和承诺要做到留有余地。由于顾客期望值的形成,与企业所做的各种广告宣传以及提出的各

种服务承诺有直接联系，所以一个非常重要的策略就是企业在运用广告宣传、服务承诺，这时候一定要注意留有余地、话不说绝、词不用尽、力求客观。应该说，企业的广告宣传和服务承诺，是企业进行营销活动的一项重要的手段，也是一种必不可少的促销措施。但是必须提醒企业注意的是，企业既要宣传产品特点，同时又避免事故和形成过高的期望值。在这里广告宣传和服务承诺的技巧就在于，不仅要达到吸引顾客的目的，同时又要设法在某些方面降低顾客的期望值，以避免顾客产生兑现不了的期望。

二、对广告和承诺中的定量数据一定要实事求是。这里的关键在于，在广告宣传和服务承诺中的固定因素，例如时间、价格、距离等要素，一定要客观的、实事求是地加以宣传，不能让顾客形成无法兑现的期望。例如，当企业具有十分能力的时候，在广告宣传和服务承诺时，企业宣传和承诺到八九分足矣。这样当顾客在接受服务时，原来不高的期望值和增高的顾客感受之间，形成的差距，就可以带来顾客满意程度的增加。

正因为如此，服务企业在向顾客作出任何公开的广告宣传和服务承诺时，要进行必要的限制，其目的只有一个，避免顾客产生过高的期望值。结合上述案例，商场的销售人员在向顾客进行推销时，必须对关键术语“终身保修”作出明确的解释。例如终身保修并不是终生免费，保修的条件是“整机保修 1 年，主要部件保修 3 年”等。这种解释既可以留有余地，又是实事求是，更不会使顾客产生误解。这也是 ISO 10001 的 6.4 中，强调对承诺必须“准确和不误导”所提出的明确要求。

案例 16

某报刊报道这样一篇文章，内容如下。

空调市场竞争日趋剧烈，继“价格战”之后，各空调厂商又推出抽大奖、返还现金等一系列促销手段；今年还推出延长“三包”期限的售后服务新招术。对于厂商层出不穷的促销手段，消费者应如何看待呢？

一看厂商的经营实力。家用空调产业处于不断“洗牌”的阶段，有的品牌在市场上消失；有的品牌在市场中所占份额不断减少；有的品牌进入淘汰边缘。因此，虽然各厂商纷纷推出种种服务承诺，消费者应冷静分析，查看其空调品牌历年质量、销售状况、经济实力、经营能力等是否处于良性循环状态，经营业绩在家用空调行业的排行榜所处位置，再分析售后服务的可靠性和真实性，切勿轻易上当。

二看厂商的信誉度。根据市场调查、相关部门和消费者反映，来分析厂商近年来的社会资信度是否较高，这是厂商服务承诺能否兑现的关键。消费者要找讲诚信，资信好，真正能为消费者着想的厂商购买空调，这样，售后服务才能得到保证。

三看承诺的实际内容。售后服务是目前已经成为厂商进行促销的一种手段，消费者不能忽视其中的盲目承诺因素。××空调推出“整机 6 年免费包修”的售后服务

承诺，随后不少品牌纷纷响应，提出承诺整机包修时间，扩大包修范围。在这种情况下，消费者应认真考虑“整机6年免费包修”的可行性、真实性。根据国家规定的“三包”只有3年，厂商任意延长“三包”期限，缺乏法律依据，难以保证。优质品牌空调机，“整机6年免费包修”还比较容易兑现，但对于一般品牌，甚至质量较差的品牌，恐怕难以兑现。这类企业在6年的剧烈市场竞争中是否存在还都是个问题，一旦企业宣布破产或转产，服务承诺无法兑现，要打官司缺乏法律依据或企业倒闭打官司找不到人，最终吃亏的还是消费者。

四看承诺的真实性。有些厂商推出家用空调机“终身服务”、“终身维修”、“终身免费维修”的售后服务促销手段，让消费者看了心动。其真实性有多少？消费者要认真分析，仔细想想。市场竞争日趋剧烈，空调行业新一轮“洗牌”到了关键时期，没有任何一家企业可以宣称自己永远立于不败之地，一旦企业破产、转产，或被大企业吞并，原有机型停产，服务承诺将成为一张纸空文，无法实现。“终身服务”、“终身维修”，不仅是一种不真实承诺，也是一种不科学的提法。

案例分析

以上案例的内容是摘自某报刊的一篇评论。该评论的作者完全站在顾客的角度，来帮助消费者识别众多空调企业提出各种真假承诺的。在该文中提出了四条标准，其中除了要看企业的实力和企业的信誉度之外，其他两条内容：看承诺的真实性和承诺的实际内容，对于顾客如何识别各种真假规范和承诺应该有很大的启发。它可以从另一个角度告诉企业，应该如何提出规范和承诺，才能使顾客满意。

例如，在上述案例“三看承诺的实际内容”中提出，××空调推出“整机 6 年免费包修”的售后服务承诺。这种服务承诺比国家规定的三年，要整整延长了一倍的时间，这对企业而言，要遵守这样的承诺，必须要付出更多的人力、物力和财力。如果企业有能力来履行这样的服务承诺，对消费者何乐而不为呢？但是并不是所有企业都要这种能力的，如果一些大型有实力的企业可以履行这样承诺的话，对于小企业来说就勉为其难了。如果用 ISO 10001 提出的观点来衡量的话，就必须看企业是否有履行承诺的能力。但是这种能力作为客户是无法了解的，他只能通过企业的品牌和信誉来进行鉴别。

又如在上述案例“四看承诺的真实性”中提出的：“终身服务”、“终身维修”、“终身免费维修”等售后服务促销手段，让消费者看了心动。这里关键在于对所谓“终身服务”、“终身维修”概念的理解。现在有一部分企业就在这些概念上打“擦边球”，什么叫终身服务？什么叫终身维修？这些概念如果不明确，肯定会造成顾客许多投诉的产生。在 ISO 10001 的 6.4 和附录 H 中，都强调必须对关键的术语进行明确的定义，对于承诺的界限也必须要明确地划清，只有这样才能避免各种不必要的投诉的产生。

上述案例告诉企业，要提高企业提出承诺对顾客的

吸引力，除了必须要提高企业的经营实力和树立品牌形象之外，还有一项重要工作需要做好，这是必须要科学地向顾客提出相关承诺，要做到这一点，ISO 10001 就可以帮助企业达到这一目的。

三、企业要进行内部和外部的有效沟通

案例 17

某市有关部门：轨道交通、绿化、民政等部门正在创建文明行业，并且向社会作出种种服务承诺。这些承诺条款执行得如何，必然会受到广大社会公众和舆论的监督。下面是某媒体记者用了两天时间，对上述部门落实承诺的情况逐一进行暗访后所做的相关报道。

承诺 1：轨道交通售出当天车票未使用，可无理由退票；列车延误 15 分钟以上可办理退票；对列车运行情况及时告知。

暗访：记者在地铁二号线××××站购买了 2 张地铁票。半小时后，记者来到中山公园站，向一位站台工作人员提出退票，但得到的答复却是："在哪儿买的票，就上那儿退。"这位工作人员解释，地铁车票采用的是磁卡，该站的机器无法识别其他站台的车票，因此要到购票站退票。

记者随即拨打轨道交通管理处监督电话 64××××××和地铁 24 小时热线 64××××××，热线工作人员了解情况后表示，"只要是当天车票，可在不同站点无理

由退票”。当工作人员得知记者手中有 2 张地铁票无法退票时，向记者致歉，并立即联系站台为记者办理退票。

承诺 2：公园免费为游客提供应急药品、针线包；出借雨伞、童车、拐杖、轮椅、地图等；厕所与公园同步开放。

暗访：中山公园于 4 月 1 日起正式免费开放，记者向入口处的工作人员询问出借服务，他立刻表示可向游客出借雨伞、童车、拐杖，还可以免费提供应急药品和针线包。

同样免费开放的人民公园，入口处竖立着行业服务承诺的告示牌，但门口的保安人员告诉记者：“借东西要去公园办公室。”来到办公室，记者又被告知出借服务在值班室。记者在公园里转了 20 分钟后，才在一名工作人员的帮助下找到位于公园一角的值班室。值班人员向记者出示了锁在柜子中的地图，这份地图是 2003 年版的。

承诺 3：社会福利机构对老人的入院申请，一次性答复清楚，符合入院条件并同意入院后，5 个工作日办好入住手续。

暗访：老人要入住敬老院，应如何申办？民政局的一位工作人员介绍：社区一般都能提供养老服务。居民可先向街道提出申请，然后为老人体检，符合条件后老人方可入院。

然而，当记者电话咨询长寿路上一家民办养老机构时，对方的回答却大大“简化”：不用体检，直接带老人来，我们看看就可以住下了。

案例分析

由于企业提出的各种承诺都是要向社会公众进行明示的，所以说很自然会受到社会公众和社会舆论的监督和检查。以上案例反映的是某媒体记者以普通顾客的身份，通过暗访的方式，对某市在轨道交通、绿化、民政等行业提出的服务承诺是否得到落实进行了暗访。在暗访检查中出现了不少问题。轨道交通部门承诺“售出当天车票未使用，可无理由退票”，但实际上却未能如愿。绿化部门承诺“免费为游客提供应急药品、针线包；出借雨伞、童车、拐杖、轮椅、地图等”，有的公园可以做到，但是有的公园却没有做到。民政部门承诺“社会福利机构对老人的入院申请，一次性答复清楚，符合入院条件并同意入院后，5 个工作日办好入住手续”，但是有的养老机构却称“不用体检，直接带老人来，我们看看就可以住下”等。为什么许多部门提出的各种服务承诺，到了下面却未能很好地得到落实呢？一个重要的问题就是企业没有进行有效的内部沟通。

ISO 10001 的 6.7，特别强调企业提出承诺之后，必须在企业内部和外部具体有效的沟通，为此还专门提出了附录 I 对如何沟通进行了详细说明。在附录 I 的总则中就提出：组织应当制定计划以使组织人员和其他涉及行为规范实施的其他各方能够获取规范和支持性信息。这就是说，一旦企业提出的服务承诺做到确定，就一定要使与承诺有关的各个方面，能够获得与承诺有关的各种信息。只有这样才能使企业能够真正的遵守自己提出的承诺，否则就必然会造成顾客不满意。尤其是当顾客自我保护意识在不断增强的情况下，在企业内部进行有效的沟通显得尤其重要。

四、企业要对未遵守承诺的情况承担责任

案例 18

这是××制造企业向客户作出的服务承诺，内容如下。

一、我厂为了保证设备正常运转，设有一支专业的售后服务队伍，负责指导现场安装调试工作，实行“终身”跟踪服务。

二、在接到用户关于产品质量的信息（来电、信函或口头通知）后，立即派出售后服务相关人员赴现场处理解决问题。

三、我厂为用户建立售后服务档案，定期进行用户访问，及时解决其生产过程中设备出现的难题，以保证设备正常运转。

四、为了更好地使设备运行稳定，请用户操作人员认真填写设备运行记录，按操作说明书进行操作、维护、保养。

五、我厂对设备质量问题按合同约定实行“三包”，售后服务工作由售后服务指挥部负责。

案例分析

这是一家工业企业有关售后服务的承诺。应该说企

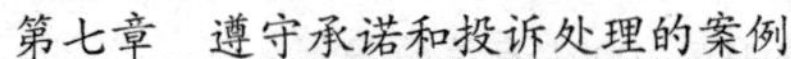

业提出这样的服务承诺出发点是好的，也符合了市场经济发展的需要。但是如果用 ISO 10001 要求来衡量，确实存在几点不足。

一、缺乏对关键术语的解释。在 ISO 10001 的 6.4 中特别强调："规范中所用关键术语的定义"，也就是说，对承诺中的关键术语要作出准确的解释，以防止误导客户。

例如在上述案例中的第一条中关于"实行终身跟踪服务"，其中"终身"跟踪服务应该有更加详细和准确的解释。如果企业不加以明确的话，"终身"跟踪服务可能会使客户产生不同解释，如以为可以终身免费提供服务等。如果客户的这种解释与企业的本意(服务还是要收费的)有矛盾，就有可能产生顾客的投诉。

又如在上述案例中的第二条关于"立即派出售后服务相关人员赴现场"中，"立即"是否有明确的时间要求？是 24 小时到达现场？还是 48 小时到达现场？如果没有明确的新要求，也有可能会造成顾客的不满意。上述存在的问题都不符合 ISO 10001 中关于必须对承诺中的关键术语要明确其概念的要求。

二、没有对于未能履行承诺的情况作出处理说明。在该承诺中还有一点不足，就是没有对未能履行承诺的情况作出相应的处理说明。一旦企业没有履行承诺，企业应该怎么办？如没有提供"终身跟踪服务"应该怎么办？没有"立即派出售后服务相关人员赴现场"又应该怎么办？在上述案例中都没有看到这方面的内容。如果企业对于未能履行承诺的情况不作出处理，就很难保证企业能够认真地落实这些承诺的内容。这一点不符合ISO 10001的 6.4 中关于当规范的承诺没能履行时将会采取什么措施的要求。

另外，还必须注意到，正因为在该承诺中没有对承诺的一些基本概念作出明确的规定和要求，因此也会对未履行承诺的情况作出处理设置许多障碍。例如在上述承诺中提出“立即派出售后服务相关人员赴现场”的要求，由于对“立即”，没有提出量化要求的话，也就很难对不“立即”情况的出现，作出相应处理了。

由此可见，企业要对未能履行承诺的情况作出处理，还必须全方位、多方面地满足 ISO 10001 所提出的各项要求才行。

案例 19

××区卫生局服务承诺制度：

一、服务承诺是指我局在行使卫生法规、管理、监督工作时，对社会提供热情、方便服务许诺。

二、服务承诺的内容

1. 严格按照法律法规和有关规定办理卫生部门管理的有关事项。

2. 各类审批事项的程序、条件和收费标准、办事结果向社会公开，免费向办事群众提供办事指南，提高工作透明度。

3. 各项审批事项的办结时限，要根据法律法规和提高效率的要求作出承诺，并在承诺期限内办理完毕（详见

限时办结制度)。

4. 对来局办理申请事项,需要进一步补充完善的,必须一次性告知。

5. 待人接物要举止文明,礼貌周到,禁用服务忌语。对群众的疑难要耐心解答。

6. 正常上班时间,随时服务,能办的事马上就办。重要的、紧急的事项实行预约服务、延时服务,特事特办。

三、违诺处理

在工作中,举止不文明、态度生硬的给予批评教育;态度粗暴,与服务对象发生争吵的,给予诫勉教育,并责令向当事人赔礼道歉;情节严重,造成成恶劣影响的,给予告诫。

四、投诉办法

××区卫生局设投诉室,群众来局办事认为“行政不当、服务不周”,即可拨打512××××,向投诉室投诉。

案例分析

以上是××区卫生局向社会公众作出了服务承诺。在以上的服务承诺内容中,至少有两个特点应该给予肯定。

一、明确了承诺的界限。上述案例中,××区卫生局向社会公众作出了服务承诺的第一条就是:“服务承诺是指我局在行使卫生法规、管理、监督工作时,对社会提供热情、方便服务许诺”,明确了承诺的界限。在ISO 10001的附录H中就对此提出了要求。附录H实际上是对ISO 10001中6.4的具体补充,在附录H中就强调,企业提出的各种承诺,首先必须把承诺覆盖的范围加以明确(如果不明确,就容易造成顾客投诉)。在上述案例中,服务承诺的第一条,就明确地告诉了社会公众,这项服务承诺只是针对本地区卫生工作进行管理和监督过程中实施的,而不包括其他地区和其他领域。划清承诺的界限,不仅符合 ISO 10001 要求,也有利于承诺活动的开展。

二、明确了对未能履行承诺的情况承担相应责任。在 ISO 10001 中的 6.4 中,提出了进行承诺的五条基本要求,其中第 2 条提出对如何以及向什么人进行有关规范的质询和投诉应当给予指导和第 5 条强调说明当规范的承诺没能履行时将会采取什么措施。在上述案例中,第三部分“违诺处理”和第四部分“投诉办法”就是对单位的规范和承诺没有履行时,所采取的具体措施:除了在单位内部作出相应处理外,社会公众还可以拨打 512××××电话进行投诉等。在服务承诺中,如果包括当规范的承诺没能履行时将会采取什么措施这方面的内容,不仅符合了 ISO 10001 所提出要求,而且也显示了认真履行承诺的决心。

五、提出改进措施防止问题再次发生

案例 20

这是一则来自酒店行业的顾客投诉。2006 年 7 月 8 日零时 15 分,一位广东客人入住酒店后不久又要求离店,并提出投诉,同时还拒付当天房费,原因是当晚零时的停电,既没有事先得到通知,又无法使用空调。经理出面调解，同意免收半天房费，但是客人并不同意，并且大声喧哗。迫于无奈，只得同意免收一天的房费的要求。请问，客人的要求合理吗？是否是属于无理取闹？我们应该如何处理这件事？

案例分析

顾客之所以投诉，是因为顾客的合理要求（能够正常使用空调）没有得到满足，这怎么能属于无理取闹呢？关键在于企业并没有处理好这件事。对于入住酒店的客人来讲，能够正常使用空调，是顾客的一种非常正常的要求。顾客之所以不满意，就是因为顾客在入住酒店时，并没有被事先告知夜间 12 时会停电而无法使用空调。由于企业没有事先调整好顾客的期望值，才导致了顾客的投诉。

根据 ISO 10001 的 8.5 提出的要求：组织应当采取措施消除导致投诉的当前和潜在问题的真正原因以相应防止再次发生和发生。为了防止这种情况的再次发生，作为企业应该采取有效的预防措施，即在酒店停电之前一定要事先告知顾客，并且要说明停电的理由，以降低顾客的期望值。作为企业要停电时，如果采取上述的措施，一定可以减少顾客的不满意。

案例 21

这是一则有关售后服务的顾客投诉。某市到了七月中旬就开始进入盛夏，气温高达 40 ℃左右，许多居民都想买台空调，及时安装，以图清凉。但是“××空调”近日却受到多名顾客的投诉。

“今天买，明天装——24 小时之内免费安装。”这是××空调在报纸上进行广泛宣传的服务承诺。但这两天多名消费者向本报投诉说，他们上了“××空调”的当。

据××路 209 弄居民栾某前天反映，7 月 14 日，他在媒介上看到“××空调”可以“今天买，明天装”的广告，次日就到某家电公司买了该空调。营业员讲第二天内就会有人上门安装，要他在家等。谁知他在家等到 17 日下午，向商店打了多次催装电话，就是没人来安装。不得已再去商店，店方称已将他家地址报上去了，18 日肯定安装，并要他自己再与安装部联系。他联系上了，可至 19 日晚上 11 时仍没人来。

读者戴某前天上午在××家电批发市场购空调时，听营业员介绍：“买××空调，能在 24 小时内免费安装好。”戴便买了一台。回家后，她按要求立即拿着发票和登记卡到指定安装点登记。谁知到了安装点，工作人员说要到三天后才能安装。据戴反映，她在那里看到许多消费者在评理，他们都是冲着“24 小时内安装”这个诱人承诺，才买了××空调的，可是都不能兑现。

这是许多顾客在日常生活中，可以经常遇到的一种很不满意服务。不满意的焦点在于，买了空调却不能在 24 小时内安装。也许这些企业有自己的难言之隐，比如由于天气炎热，一下子增加这么多顾客购买空调，实在忙不过来；比如，安装工人太少；再比如，……。但是不管企业有多大难处，由于企业没有兑现自己提出“可以在24 小时内安装空调”的承诺，所以顾客就必然会造成不满意。其实，

这种现象不仅在购买空调时经常存在，可以说企业不遵守服务承诺而造成顾客不满意的现象屡见不鲜。

案例分析

一个销售空调的企业，为了吸引顾客，达到促销目的，在媒体上做广告，提出“今天买，明天装”这样的服务承诺，本来是无可非议的。但问题的关键，在于到了盛夏，买空调的顾客一下子增加起来，再使用“今天买，明天装”这样的服务承诺显然就不合适了。那么作为提供安装服务的企业，应该怎么办才好呢？

如果企业履行承诺的环境发生了变化，例如本案例中提到的由于天气炎热，安装空调的顾客突然增多，在这种情况下，就必须对企业承诺的内容进行调整。关于这一点，笔者在本书的第二章第五节有明确的论述，就是必须在顾客购买空调之前，调整好顾客期望值，并且要及时向顾客说明调整空调安装时间的理由，就可以有效地解决上述问题。

根据 ISO 10001 的要求，这种调整也完全可以通过该标准的 8.4 的管理评审来进行，即通过：“处置没有履行规范承诺的重要事例”的分析，采取相应的纠正措施或者预防措施。例如可以对企业提出服务承诺的相关内容，在炎热的夏季（如 7、8 月期间）作出专门的调整（如延长安装时间）或者增加安装人员等，来解决这一问题。因此企业可采取以下办法。

一、应该首先要控制好顾客的期望值。也就是说，作为服务企业，在购买空调的顾客猛增的情况下，安装空调的工人实在忙不过来，就应该马上修改对顾客作出的承诺,例如应该把在 24 小时内安装空调,改为 48 小时内安装空调等。

这里特别要注意的是,修改的服务承诺,必须在顾客购买空调之前向顾客进行明示,而绝对不能在顾客购买空调之后,再向顾客告知。因为控制顾客期望值的极为重要的一点,就是必须在顾客接受服务之前进行,当然还必须说明调整服务承诺的理由是什么。

二、应该及时补充安装空调的工人。只有增加安装工人的人数,才能够做到在 24 小时内给顾客安装空调。这就是笔者在本书第二章第二节强调的,企业必须对履行承诺的实际能力进行评审,即 GB/T 19001—2000 的 7.2.2 c)中提出的,企业必须要具有能够满足顾客要求的能力。例如在正常情况下,如果每天销售 100 台空调,按照两名工人一天安装 5 台空调的工作量计算,至少需要工人 20 名,才能保证企业具有遵守和履行"24 小时内安装空调"承诺的能力。但是,如果到了夏季,每天销售量达到 1 000 台空调时,则至少需要 200 名工人提供服务,即必须再增加 180 名工人才能具有履行承诺的能力,否则就必须要调整承诺的内容。

三、就是企业的最高管理者在每年的管理评审中,可以提出解决这一问题的办法。由于每年到了夏季空调安装的实际能力和企业提出的服务承诺会发生较大的差距,那么根据 ISO 10001 的 8.4 提出的要求,可以及时地采取预防措施加以解决;或者到了夏季适当增加空调安装工人,或者修改向顾客作出的服务承诺等。

以上几种方法,企业可以根据自身的条件,进行不同的选择。只要做到其中的任何一条,可能就不会造成顾客不满意。

附录一

ISO 10001:2007
质量管理　顾客满意　组织行为规范指南

Quality management—Customer satisfaction—Guidelines for codes of conduct for organizations

（标准译文）

引　言

0.1　总则

保持高水平的顾客满意是许多组织面临的重要挑战，迎接这种挑战的途径之一就是实施顾客满意行为规范。顾客满意行为规范由承诺以及相关规定构成，包括产品交付、产品退回、顾客信息处理、广告，及与具体产品属性或性能有关的规定（示例见附录 A）。顾客满意行为规范可以作为有效的投诉管理方法的组成部分，包括：

a）　投诉预防，通过适当使用顾客满意行为规范；

b）　内部投诉处理，例如在遇到顾客表示不满意时；

c）　外部争议解决，投诉无法在内部得到满意处理时。

本标准为组织确定顾客满意行为规范中的所有规定提供指南，使顾客满意行为规范满足顾客的需求和期望，并且是准确的，不会产生误解。其用途如下：

——促进公平交易及增强顾客对于组织的信赖；

——改进顾客对组织的产品及其与顾客关系方面预期的理

解，以减少误解和投诉的可能；

——降低增加组织顾客管理行为新规则的可能性。

0.2　与 ISO 9001 和 ISO 9004 的关系

本标准与 ISO 9001《质量管理体系　要求》和 ISO 9004《质量管理体系　业绩改进指南》相容，并通过有效和高效地开发和实施与顾客满意相关的行为规范的过程支持上述两项标准的目标。本标准也可单独使用。

ISO 9001《质量管理体系　要求》规定了质量管理体系要求，可供组织内部使用，也可用于认证或合同目的。遵循本标准实施的顾客满意行为规范可以作为质量管理体系的一个要素。用于认证或合同不是本标准的目的。

ISO 9004《质量管理体系　业绩改进指南》为业绩持续改进提供指南。使用本标准能够进一步增强组织行为规范的业绩，提高顾客和其他相关方的满意程度，促进以顾客和其他相关方的反馈为基础的产品和过程质量持续改进。

注：除顾客外，其他相关方可能包括供方、行业协会及其成员、顾客组织、相关政府机构、员工、组织所有者及其他受到组织顾客满意行为规范影响的群体。

0.3　与 ISO 10002 和 ISO 10003 的关系

本标准与 ISO 10002 和 ISO 10003 相容。这三个标准均可独立使用，或与任何一个共同使用。当共同使用时，本标准、ISO 10002和 ISO 10003 可以作为一个更广泛的综合性框架的一部分，在这个框架下通过行为规范、投诉处理和争议解决来提高顾客满意（见附录 B）。

ISO 10002 是内部处理与产品相关投诉的指南。组织可通过履行在顾客满意行为规范中做出的承诺，降低顾客对于组织及其产品的期望存在的潜在疑惑，减少产生问题的可能性。

ISO 10003是与产品相关的投诉无法在组织内部得到满意解决时的争议解决指南。当争议产生时，行为规范可以帮助各方理解顾客的期望以及组织如何满足这些期望。

0.4 符合性说明

本标准是一个指南性文件。本标准中提供的所有适用的指南，是对顾客满意行为规范的策划、设计、开发、实施、保持及改进进行指导。

但是，任何声称或暗示符合本标准的说明都是不适当的，因此不应作这样的说明。

注：在促销和沟通材料中任何有关符合本标准的声称或暗示都是不适当的，如新闻稿、广告、营销手册、视频资料、员工通告、标志、标语和用于各种媒体的言词，涵盖印刷、广播、互联网、多媒体应用、产品标签、标记和标语。

质量管理 顾客满意
组织行为规范指南

1 范围

本标准为策划、设计、开发、实施、保持和改进顾客满意行为规范提供指南。本标准适用于与产品相关的组织行为规范，包括组织为了提高顾客满意度就其行为对顾客做出的承诺和相关规定。附录A提供了不同组织规范内容的简例。

注1：本标准中的术语“产品”包含服务、软件、硬件和流程性材料。

注2：本标准中的术语“产品”只适用于预期提供给顾客或顾客所要求的产品。

本标准可供各种类型、不同规模和提供不同产品的组织使用，包括为其他组织设计顾客满意行为规范的组织。附录C提供了小企业指南。

本标准未规定顾客满意行为规范的具体内容，也不涉及其他类型的行为规范，如组织与员工、与其他组织、与供方关系的行为规范。

本标准不宜用于认证或合同目的，也不拟改变适用的法律法规所规定的权利和义务。

注3：虽然本标准不宜用于合同，但顾客满意行为规范承诺可以包含在组织的合同中。

注4：本标准适用于所有的顾客满意行为规范，特别是针对顾客为个体或家庭购买或使用商品、财产或服务的顾客满意行为规范。

2 规范性引用文件

下列文件中的条款通过本标准的引用而成为本标准的条款。

凡是注日期的引用文件,其随后所有的修改单(不包括勘误的内容)或修订版均不适用于本标准,然而,鼓励根据本标准达成协议的各方研究是否可使用这些文件的最新版本。凡是不注日期的引用文件,其最新版本适用于本标准。

ISO 9000:2005 质量管理体系 基础和术语

3 术语和定义

ISO 9000:2005 确立的以及下列术语和定义适用于本标准。

3.1 顾客满意行为规范 customer satisfaction code of conduct

规范 code

组织(3.6)为提高顾客满意(3.5)就其行为对顾客(3.4)做出的承诺及相关规定

注 1:相关规定可以包括目标、条件、限制、联系信息和投诉处理程序。

注 2:本标准中,术语"规范"即表示"顾客满意行为规范"。

3.2 投诉者 complainant

提出投诉(3.3)的个人、组织(3.6)或其代表

注:出自 ISO 10002,其中的"代表"能够代表个人或组织。

3.3 投诉 complaint

对组织的产品或投诉处理过程不满意的表示,其中包括期望得到回复或解决的明示的或隐含的表示

[ISO 10002,3.2]

注:投诉可以针对规范(3.1)。

3.4 顾客 customer

接受产品的组织(3.6)或个人

示例:消费者、委托人、最终使用者、零售商、受益者和采购方。

注 1:顾客可以是组织内部的或外部的。

注 2:本标准中的术语"顾客"包括潜在顾客。

注 3:修改采用 ISO 9000:2005 的 3.3.5。

3.5 顾客满意 customer satisfaction

顾客(3.4)对其要求已被满足的程度的感受

注1：顾客抱怨投诉(3.3)是一种满意程度低的最常见的表达方式，但没有抱怨并不一定表明顾客很满意。

注2：即使规定的顾客要求符合顾客的愿望并得到满足，也不一定确保顾客很满意。

[ISO 9000:2005 的 3.1.4]

3.6 组织 organization

职责、权限和相互关系得到安排的一组人员及设施

示例：公司、集团、商行、企事业单位、研究机构、慈善机构、代理商、社团、政府机构或上述组织的部分或组合。

注：修改采用 ISO 9000:2005 的 3.3.1。

4 指导原则

4.1 总则

有效和高效地策划、设计、开发、实施、保持和改进顾客满意行为规范是建立在4.2～4.9中以顾客为关注焦点指导原则基础上的。

4.2 承诺

组织应积极致力于使用、整合和公布顾客满意行为规范，并履行其承诺。

4.3 能力

组织应配置充足的资源用于规范的策划、设计、开发、实施、保持和改进，并进行有效和高效的管理。

4.4 透明

应向顾客、员工和相关方公布规范。

4.5 方便

规范和相关信息应易于获取和使用(见附录D)。

4.6 响应

规范中应体现组织对顾客的需要和相关方的期望做出的响

应(见附录 E)。

4.7 准确

组织应确保规范及相关信息是准确的、不会引起误解、可验证,并符合相关法律和法规的要求。

4.8 职责

组织应规定和保持涉及规范的活动及决定的职责和报告制度。

4.9 持续改进

提高规范及其使用的有效性和效率应是组织永恒的目标。

5 规范框架

5.1 建立

规范的策划、设计、开发、实施、保持和改进应由进行决策和活动的组织框架给予支持。该框架包括为实现规范目标进行相关活动所需资源的评估、提供和配置(见附录 F),还包括最高管理者的承诺、职责和权限分配及全员培训。

5.2 整合

规范框架应以组织中的质量和其他管理体系为基础,必要时可与它们结合使用。

6 策划、设计和开发

6.1 确定规范目标

组织应确定规范要达到的目标。

注:规范的目标应表述清楚,其实现情况可以用组织确定的业绩指标测量。

6.2 收集和评价信息

收集和评价的信息应包括:

——规范要解决的问题是什么;

——这些问题是如何产生的;

——如何解决这些问题；

——这些问题对于规范范围以外的组织活动的影响方式和程度；

——其他组织是如何解决这些问题的；

——使用规范解决这些问题可能需要的资源和其他需要；

——与使用规范解决这些问题相关的法律法规要求。

注：这些信息可帮助组织明确规范的目的、确定与组织的活动相适应的开发和评价规范的适用方法。附录G提供了采纳其他组织（如行业或专业协会）制定的规范应考虑的因素。

6.3 获取和评价相关方的输入

获取和评价来自相关方（如顾客、供方、行业协会、顾客组织、相关政府机构、员工、组织所有者）关于规范内容及其使用的输入对组织非常重要（见附录E）。

6.4 制定规范

组织应根据收集到的信息制定规范（见附录H）。规范应清楚、精练、准确，不会引起误解，语言简炼。规范应包括：

——适合于组织及其顾客的规范的范围和目的；

——组织对其顾客可履行的承诺，以及与承诺相关的限制条件；

——规范中使用的关键术语的定义；

——对规范提出质询和投诉的联系人和联系方式；

——不能履行承诺时应采取的行动的说明。

注：可以针对规范的内容或使用提出质询和投诉。详见ISO 10002和ISO 10003。

制定规范时，组织应确保规范能够得到有效实施，且其规定不违反任何法律和法规的要求，尤其是关于欺骗性和误导性广告及禁止不正当竞争的法律法规要求。组织还应确保规范的规定考虑其他相关规范和标准。

组织应考虑对规范进行试行，以确定是否需要调整。

6.5 制定业绩指标

组织应制定定量或定性的业绩指标，以帮助判断规范目标是否成功实现。

注：与规范相关的业绩指标包括顾客满意调查评分或排序，或关于投诉及其解决情况的统计。示例见附录 A。

6.6 制定规范程序

组织应制定规范实施、保持和改进程序，包括处理质询和投诉的方式。应识别和解决影响规范有效使用的障碍，识别任何可能促进规范实施、保持和改进的有利因素。这些程序将依规范和使用规范组织的性质而有所不同，但应符合适用的法律和法规要求。

注：上述程序包括的活动示例如下：

——就规范与顾客沟通；

——就规范对员工进行培训；

——解决规范中的承诺未履行的情况；

——记录关于规范的质询和投诉；

——记录和评价规范实施业绩；

——使用和保持记录；

——公布规范完成情况信息（见附录 I）。

6.7 制定内部和外部沟通计划

组织应制定计划，使参与规范实施的员工和其他相关方能够获得规范及支持信息（如反馈表）（详见附录 I）。

6.8 确定所需资源

组织应确定履行规范中承诺以及在无法履行承诺时提供适当补偿（如顾客赔偿）所需的资源。这些资源包括人员、培训、程序、文件、专家支持、材料和设备、设施、计算机硬件和软件、资金等。

7 实施

组织应按计划及时管理实施活动。

组织应在内部的适当层次：

a） 应用相关程序及内部和外部的沟通计划；

b） 对顾客提供适当的补偿(如赔偿)；

c） 当规范中的要求未能履行时，立即采取必要的行动，这些行动可能是因为对规范的投诉或由组织收集规范业绩信息的结果引起的。

组织应记录：

——规范实施中资源的使用情况；

——员工接受与规范相关的培训和指导的类型；

——内部和外部沟通计划的应用；

——对有关规范的质询和投诉的处理，及组织采取的补救措施。

8 保持和改进

8.1 信息收集

组织应定期和系统地收集有效和高效评价规范业绩的必要信息，包括第 6 章和第 7 章中所述的信息、输入和记录。

8.2 规范业绩的评价

组织应定期和系统地评价规范业绩，评价应包括验证和分析规范目标和规范承诺的总体履行情况。

应对规范及其使用的质询和投诉进行分类和分析，以识别系统性的、重复发生的和个案的问题及趋势，帮助消除与规范相关的投诉产生的原因。

注：组织还应进一步明确规范范围以外的对产品或过程的质询和投诉是否与规范的规定有关。这些质询和投诉可能会揭示出规范规定的不当使用。

为评价规范的影响，需要规范使用前后一定时期有关情况的信息，该信息不仅用于明确规范设计和实施中的不足之处，还可以表明使用规范达到的效果(如果有)及取得的进步。

8.3 规范的满意程度

应定期和系统地组织活动以确定顾客对规范及其使用的满意程度，可以采取随机顾客调查和其他方式进行。

注：评价顾客满意程度的方法之一是在法律允许的情况下，就规范中的某个问题模拟顾客与组织的接触。

8.4 规范和规范框架的评审

组织应定期和系统地对规范及其框架进行评审，以达到下列目的：

a） 保持其适宜性、充分性、有效性和效率；

b） 重点关注规范承诺未能履行的重要问题；

c） 评价改进的需要和机会；

d） 适当时，提出相关的决定和措施。

评审应包括以下信息：

——规范及其框架的变化；

——法律法规的变化；

——竞争者或技术创新方面的变化；

——社会期望的变化；

——规范承诺的履行情况；

——纠正和预防措施的情况；

——提供的产品；

——上次评审采取的措施。

8.5 持续改进

组织应持续改进规范及其框架，包括采用纠正和预防措施及创新性改进等方法，以提高顾客满意程度。

组织应采取措施消除导致投诉的现有和潜在问题的原因，以防止问题的发生和重复发生。

注：采纳其他组织开发的规范的组织应向开发方通报使用中发现的问题。

组织应：

——探索、识别和应用在规范的结构、内容和使用方面的最佳做法；

——在组织中提倡以顾客为关注焦点的原则；

——鼓励规范创新；

——树立与规范相关的突出业绩和突出实践的典型。

注：关于持续改进通用方法的附加指导，组织可参考 ISO 9004：2000《质量管理体系 业绩改进指南》附录 B。

附 录 A

(资料性附录)

不同组织规范内容简例

表 A.1 提供了不同组织规范内容的简例。

表 A.1 不同组织规范内容简例

规范内容示例	组织类型				
	匹萨饼送餐公司	诊所	零售连锁机构	旅馆	列车
承诺	“如果匹萨送到时不热或未能在30分钟内送到,则该匹萨免费”	“如果预约就诊时间推迟将立即通知患者,并提供其他可供选择的时间”	“如果商品的扫描价格高于标识价格,个人或团体顾客有权免费获得该商品”	“如果顾客对旅馆的服务不满意,我们将尽一切努力改正,或者给顾客打折”	“如果列车晚点、盥洗室卫生差或服务不礼貌,乘客可以得到赔款”
向顾客公布承诺的限制条件	地点位置、天气或交通条件限制	急诊可能打乱正常的就诊预约	不适用于柜台销售的化妆品和单独定价商品	超出旅馆控制范围的因素	糟糕的气候条件
规范的其他规定	说明迟送匹萨的成本将不从送货者工资中扣除	说明在正常工作时间之外医生可以提供的就诊时间	说明规范的目标是“保持扫描价格的准确性”	说明规范的目标是“顾客完全满意”	说明规范的目标是“清洁、准时的列车和礼貌的服务”
支持性信息	如何进行投诉	如何进行质询	如何进行质询或投诉	如何得到折扣	到哪里领取赔款
规范策划、设计、开发和实施活动	预先试行程序	顾客服务培训	与零售连锁机构成员磋商	采用焦点小组访谈的方式确定最适当的补偿额	对员工进行如何与公众交往的教育

表 A.1（续）

规范内容示例	组织类型				
	匹萨饼送餐公司	诊所	零售连锁机构	旅馆	列车
保持和改进活动	开展调查，并据此对规范用语进行修订	评估投诉资料	请顾客组织参与数据评审	修订营销宣传	修改盥洗室清洁程序
业绩指标	及时送货百分比	通知患者百分比	错误价格百分比	不满意顾客百分比	乘客投诉率

附 录 B

(资料性附录)

ISO 10001、ISO 10002 和 ISO 10003 的内在联系

图 B.1 用于说明与行为规范、投诉处理和外部争议解决相关的组织过程。

注：投诉可以是由顾客或其他投诉者提出的。

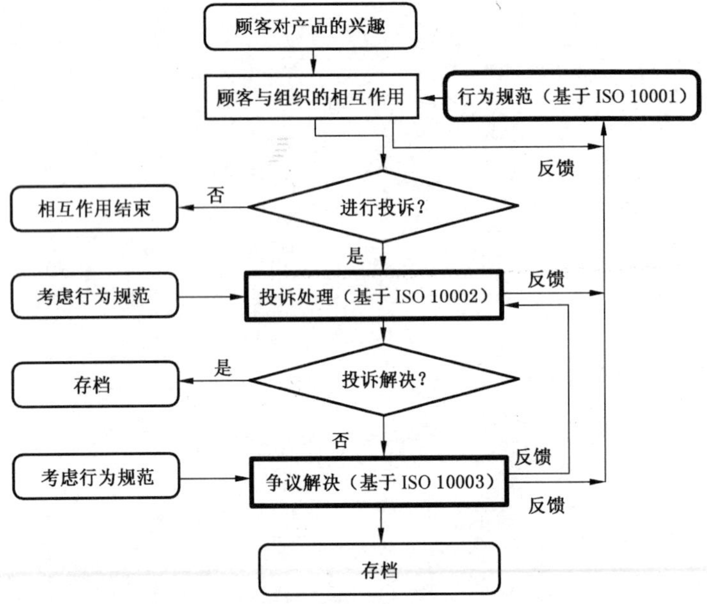

图 B.1 ISO 10001、ISO 10002 和 ISO 10003 的内在联系

附 录 C
（资料性附录）
小企业指南

本标准适用于不同规模的企业。但应承认许多小企业在策划、设计、开发、实施、保持和改进顾客满意行为规范方面资源有限。以下示例突出了一些关键部分，并附有每项活动的建议，组织重点关注这些方面即可制定一个适用的规范。

——研究其他企业使用的规范，确定是否适合本企业；

——考虑遵照一个已建立的规范（如由行业或专业协会管理的规范项目）；

——征询顾客和商业伙伴最希望看到的对顾客的承诺；

——为有效和高效履行规范的承诺，组织考虑有必要改变当前运行的哪些方面，包括相关程序、培训、招聘新员工、更新设备、使用新通讯设备等；

——考虑如何能够测量出是否有效和高效地履行了承诺；

——在最终完成规范和公布之前，规范试行是否良好；

——对顾客就规范或其实施提出的质询和投诉采取简单程序；

——考虑参与外部争议解决项目；

——评审适用的法律和法规（如消费者权益保护法）；

——通过标志、广告和其他方式告知顾客规范正在实施；

——定期评审组织履行承诺的情况，通过征求顾客和商业伙伴对于规范及其实施的意见，并进行改进，确保规范的适宜性、充分性、有效性和效率。

附 录 D

（规范性附录）

方便性指南

组织应使顾客、员工和其他相关方易于获得规范和支持性信息（如投诉表）。组织应考虑潜在的相关人员的范围（可能包括儿童、老人、残障人士等），在提供或交付产品时应以多种语言和形式提供与产品相关的规范的信息和帮助，以使希望使用规范的顾客不会处于不利地位。当组织参加另一组织（如行业或专业协会）规范项目时，应使顾客和相关方通过该项目查阅到这一组织。

信息应语言清楚、明确，并应以可选择的形式提供给现有和潜在的顾客，如通过音频资料、大字体印刷、大凸起字、盲文、电子邮件或可以使用的网址。

注：可选择的形式是指用不同的表达或表现方式，旨在可以被不具有正常感觉能力的人获得这些信息。通过至少一种形式（如视觉或触摸）提供所有的输入和输出信息（即信息和功能），使更多的人，包括语言和读写能力有问题的人，都可以得到帮助。可能影响易读性和易理解性的表达方面的因素包括：

——版面设计；

——印刷颜色和对比度；

——字体和字形；

——多种语言的选择和使用。

详见 ISO 指南 37。

附 录 E
（规范性附录）
获得相关方输入的指南

组织应识别相关方并听取他们的意见。组织应：

a） 考虑获得输入信息的各种适合的方法，包括公开会议、焦点小组访谈、问卷调查、顾问委员会、研讨会及电子讨论小组；

b） 确定为获得相关方输入信息所需的财务和人力资源。

为保证从相关方获得信息过程的有效性，组织应：

——清楚表达该过程的目的（包括目标、过程的范围及对最终结果的描述）；

——确定允许相关方参与的适当过程的时限，包括出现不可预见问题的一定的机动时间；

——选择适当的相关方参与其中；

——必要时确保对相关方提供的信息保密；

——确保有适当的机制获得输入信息，并有适当的资金支持；

——确保该过程的基本准则得到相关方的理解和接受。

获得相关方输入信息的过程完成后，组织应在后续的规范策划、设计、开发、实施、保持和改进活动中使用并向相关方通报这些结果。应评价从相关方获得信息过程的有效性和效率。

附 录 F
（资料性附录）
规 范 框 架

图 F.1 是策划、设计、开发、实施、保持和改进规范的决策和

活动的组织框架的说明。

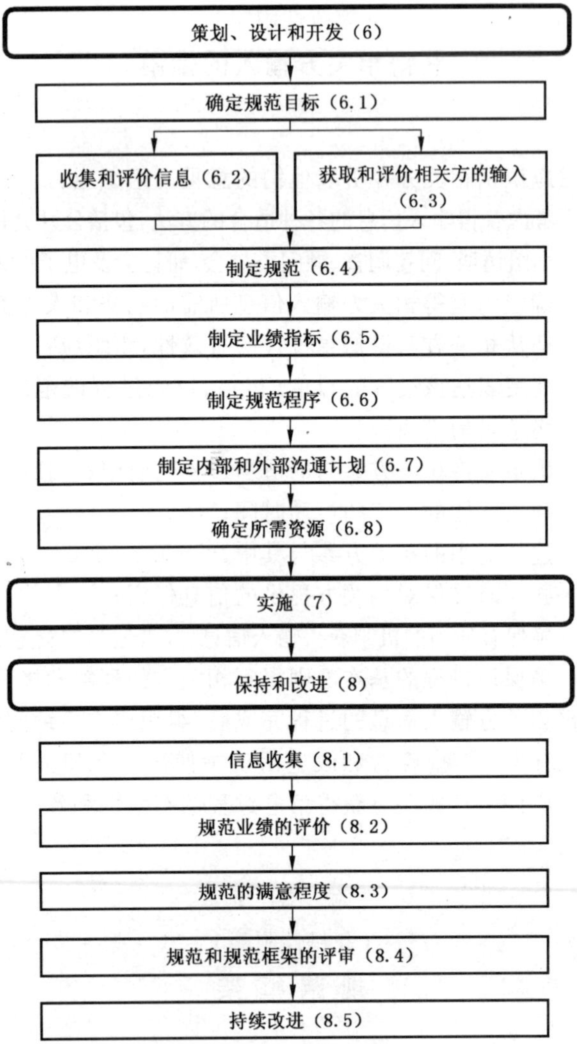

策划、设计和开发（6）

确定规范目标（6.1）

收集和评价信息（6.2）

获取和评价相关方的输入（6.3）

制定规范（6.4）

制定业绩指标（6.5）

制定规范程序（6.6）

制定内部和外部沟通计划（6.7）

确定所需资源（6.8）

实施（7）

保持和改进（8）

信息收集（8.1）

规范业绩的评价（8.2）

规范的满意程度（8.3）

规范和规范框架的评审（8.4）

持续改进（8.5）

图 F.1　规范框架

附 录 G

（资料性附录）

采纳另一组织提供规范的指南

组织可以考虑采纳由另一组织（称为“规范提供者”）制定的规范或者参与规范提供者的项目。需要考虑的因素如下：

——规范是否适合本组织？

——规范提供者的声誉如何？（如被顾客、其他企业和政府广泛认可吗？规范提供者在本行业内有重要影响吗？）

——规范提供者在设计和开发规范中采用了哪些过程？这些过程对所有相关方公开吗？其他组织与规范提供者及其规范接触的经历如何？

——规范在市场中具有较高的知名度吗？

——参与规范提供者项目的成本和利益如何？

——规范提供者是否监控并确保规范的执行？如果有，是如何进行的？

——采纳规范的组织是强制使用规范吗？不遵循的后果是什么？

——规范提供者是否有充足的资源对未遵守规范的事件进行识别，并作出响应？

——规范提供者向其员工和选择使用其规范的组织提供哪些培训？

——规范提供者有哪些激励措施（和限制）鼓励组织采用其规范？

——采纳规范的组织要向规范提供者提供哪些信息？

——规范提供者向公众、政府及采纳其规范的组织公布哪些信息（如月度、季度、半年或年度报告）？

附　录　H

（规范性附录）

规范制定指南

规范应与规范目标保持一致。规范应依据组织的规模和性质而有所变化，但是通常其作用体现如下：

——明确规范的范围和界限（如规范适用于组织的所有产品还是部分产品？适用于所有地理区域还是限定区域？）；

——通告任何免责和例外（如承诺不适用于指定的高峰时段或非正常环境）；

——提供清楚的关键术语的定义；

——尽量避免使用技术术语、缩写词或首字母缩写词；

——明确承诺未能兑现时需遵循的步骤和程序；

注：这可能会涉及 GB/T 19012 和 GB/T 19013 提供的投诉处理和外部争议解决过程指南。

——在相关的时间向顾客提供规范的适当信息（如网上销售产品的组织可能要在其网址上、在信息收集处及顾客购买产品时提供关于隐私保护的信息）；

——在顾客咨询、投诉或提建议时，提供有关联系人和联系方式的信息；

——确保规范可以有效和高效地实施，且规范规定不违背法律和法规要求，尤其是有关欺骗性和误导性广告及禁止不正当竞争的法律和法规要求。

附 录 I
（规范性附录）
沟通计划制定指南

I.1 总则

组织应制定计划，使参与规范实施的员工和其他相关方能够获得规范及支持性信息。该沟通计划取决于组织的规模和类型，以及规范的性质，应包括：

——识别内部和外部的受众和他们的特殊需求；

——识别进行沟通可使用的资源；

——识别和选择可能的沟通方法；

——评审上述方法的优点、缺点、有效性和成本（如使用标志、广告、销售点沟通）；

——向参与规范实施的组织人员和内外部相关方提供相关信息。

I.2 内部沟通

信息应包括：

——规范目标和对规范规定的解释；

——如何实施规范，包括与规范实施和信息沟通有关人员的职责；

——有关投诉处理过程和争议解决规定的信息。

员工还应了解所有的公开信息。

I.3 外部沟通

顾客、投诉者和其他相关方可以通过小册子、宣传单、标签和

网址的形式获取信息。这些信息应采用准确、清晰、适当的语言和形式(见附录 D)提供。应包括:

——组织对顾客的承诺;

——对规范和规范中的问题提出质询和投诉的途径和方式;

——如何处理质询和投诉,包括反馈的方式和该过程每个阶段的时间安排;

——质询确认和投诉补偿的选择权;

——可使用的外部争议解决过程;

——规范使用的结果。

注:关于投诉和争议解决,组织可使用 ISO 10002 和 ISO 10003 中提供的指南。

组织应保护个人信息,并为质询和投诉者保密。

附录二

ICS 03.120.10
A 00

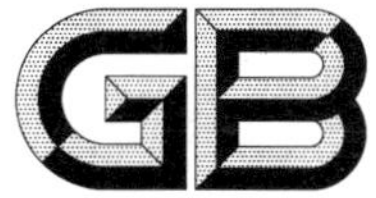

中 华 人 民 共 和 国 国 家 标 准

GB/T 19012—2008/ISO 10002:2004

质量管理　顾客满意
组织处理投诉指南

Quality management—Customer satisfaction—Guidelines for complaints handling in organizations

(ISO 10002:2004,IDT)

2008-05-07 发布　　　　2008-12-01 实施

中华人民共和国国家质量监督检验检疫总局
中 国 国 家 标 准 化 管 理 委 员 会　发布

前 言

本标准等同采用 ISO 10002:2004《质量管理 顾客满意 组织处理投诉指南》(英文版)。

本标准对 ISO 10002:2004 作了下列编辑性修改:

a) 将“本国际标准”改为“本标准”。

b) 删除了国际标准的前言。

本标准的附录 A、附录 B、附录 C、附录 D、附录 E、附录 F、附录 G和附录 H 都是资料性附录。

本标准由全国质量管理和质量保证标准化技术委员会(SAC/TC 151)提出并归口。

本标准起草单位:中国标准化研究院、中国质量协会。

本标准主要起草人:张荣静、郑兆红、樊天顺、朱立恩、王晓生、李镜、裴飞、康键。

引　　言

0.1 总则

本标准为建立和实施有效和高效的投诉处理过程提供指南，适用于所有类型的商业或非商业活动，也包括与电子商务相关的投诉处理过程，以使组织及其顾客、投诉者和其他相关方受益。

无论组织的规模、地域及行业如何，从投诉处理过程中获得的信息都能够用于产品和过程的改进，而且当投诉得到妥善处理时，组织的声誉可以提高。在全球化市场中，本标准的明显的价值在于提供了可信任的一致性投诉处理方式。

有效和高效的投诉处理过程，反映了产品供应方和接受方的需求。

注：本标准提到的“产品”也可表示“服务”。

使用本标准所描述的投诉处理过程能够提高顾客满意度，鼓励顾客反馈（包括不满意时的投诉），能够为保持或提高顾客忠诚度和认可提供机会，并提高组织的国内与国际的竞争力。

实施本标准中所阐述的过程，将能够：

——为投诉者提供一个开放并有回复的投诉处理过程；

——提高组织以一致、系统和积极响应的方式解决投诉的能力，以使投诉者与组织都满意；

——提高组织识别投诉的趋势、消除投诉的原因，并改进组织运作的能力；

——帮助组织采用以顾客为关注焦点的方式解决投诉，并鼓励组织人员改进与顾客相处的技能；

——为投诉处理过程、解决投诉的问题、改进相关过程提供

持续评审和分析的基础。

组织可能希望将顾客满意行为规范和外部争议解决过程与投诉处理过程相配合。

0.2 与 GB/T 19001—2000 和 GB/T 19004—2000 的关系

本标准与 GB/T 19001—2000《质量管理体系 要求》和 GB/T 19004—2000《质量管理体系 业绩改进指南》相容，并通过有效和高效的实施投诉处理过程支持上述两项标准的目标。本标准也可单独使用。

GB/T 19001《质量管理体系 要求》规定了质量管理体系要求，可供组织内部使用，也可用于认证或合同目的。本标准中描述的投诉处理过程可以作为质量管理体系的一个要素。

用于认证或合同不是本标准的目的。

GB/T 19004《质量管理体系 业绩改进指南》为业绩持续改进提供指南。使用本标准能够进一步增强组织投诉处理的业绩，提高顾客和其他相关方的满意程度，促进以顾客和其他相关方的反馈为基础的产品质量持续改进。

质量管理 顾客满意 组织处理投诉指南

1 范围

本标准为组织内与产品相关的投诉处理过程提供指南，包括策划、设计、运行、保持和改进等过程。本标准所描述的投诉处理过程适合作为整个质量管理体系的过程之一。

本标准不适用于需要在组织以外寻求解决的争议和雇佣关系争议。

本标准适用于各个行业和不同规模的组织。附录A特别提供了针对小企业的指南。

本标准侧重投诉处理的以下方面：

a） 通过建立包括投诉等反馈在内的以顾客为关注焦点的开放环境和解决所收到的所有投诉，以及增强组织改进其产品和顾客服务的能力，提高顾客满意程度；

b） 最高管理者应通过资源的充分配置和拓展（包括人员培训）来参与和履行义务；

c） 识别并重视投诉者的需要和期望；

d） 为投诉者提供开放、有效和便于使用的投诉过程；

e） 分析和评价投诉内容，以便改进产品和顾客服务质量；

f） 审核投诉处理过程；

g） 评审投诉处理过程的有效性和效率。

本标准不拟改变适用的法律法规所规定的权利和义务。

2 规范性引用文件

下列文件中的条款通过本标准的引用而成为本标准的条款。

凡是注日期的引用文件，其随后所有的修改单（不包括勘误的内容）或修订版均不适用于本标准，然而，鼓励根据本标准达成协议的各方研究是否可使用这些文件的最新版本。凡是不注日期的引用文件，具最新版本适用于本标准。

GB/T 19000—2000 质量管理体系 基础和术语（idt ISO 9000:2000）

3 术语和定义

GB/T 19000 确立的以及下列术语和定义适用于本标准。

注：GB/T 19000—2000 的 3.4.2 中“产品”定义为“过程的结果”，包括四种通用类别：服务、软件、硬件和流程性材料。本标准提到的“产品”也可表示“服务”。

3.1 投诉者 complainant

提出投诉的个人、组织或其代表

3.2 投诉 complaint

对组织的产品或投诉处理过程不满意的表示，其中包括期望得到回复或解决的明示的或隐含的表示

3.3 顾客 customer

接受产品的组织或个人

示例：消费者、委托人、最终使用者、零售商、受益者和采购方。

[GB/T 19000—2000，定义 3.3.5]

3.4 顾客满意 customer satisfaction

顾客对其要求已被满足的程度的感受

注：采用 GB/T 19000—2000 中定义 3.1.4，该定义中的注被删除。

3.5 顾客服务 customer service

在产品寿命周期内组织与顾客之间的活动

3.6 反馈 feedback

对产品或投诉处理过程的意见、评价和关注的表示

3.7 相关方 interested party

与组织的业绩或成就有利益关系的个人或团体

注：采用 GB/T 19000—2000 中定义 3.1.7，该定义中的示例和注被删除。

3.8 目标 objective

在投诉处理方面所追求的目的

3.9 方针 policy

由组织的最高管理者正式发布的该组织总的投诉处理宗旨和方向

3.10 过程 process

一组将输入转化为输出的相互关联或相互作用的活动

注：采用 GB/T 19000—2000 中定义 3.4.1，该定义中的注被删除。

4 指导原则

4.1 总则

为有效处理投诉，建议遵循 4.2 至 4.10 的指导原则。

4.2 透明

应向顾客、员工和其他相关方公布如何进行投诉和投诉地点等信息。

4.3 方便

投诉处理过程应让所有投诉者易于使用，并能得到进行投诉和解决投诉的有关详细信息。投诉处理过程和支持性信息应易于理解和使用，信息应表达清楚。进行投诉时组织提供的信息和帮助（见附录 B）应与提供产品时的语言或形式相同，包括其他可供选择的形式，如大字体印刷、盲文或录音磁带等，以避免投诉者处于不利地位。

4.4 响应

收到每项投诉后都应及时告知投诉者，应按照其紧急程度进行处理，例如重大的健康和安全问题应立即处理。应礼貌地对待

投诉者，并告知其投诉在投诉处理过程的进展。

4.5 公正

在投诉处理过程中应平等、公正和无偏见对待每件投诉(见附录C)。

4.6 免费

投诉处理过程应对投诉者免费。

4.7 保密

需要时，可获取投诉者的个人可识别信息，但只能用于组织内部处理投诉，非经顾客或投诉者同意，不得将其公开，并应主动避免其被透露。

4.8 以顾客为关注焦点的方法

组织应当采取以顾客为关注焦点的方法，公开包括投诉在内的反馈，并应以行动履行解决投诉的承诺。

4.9 责任

组织应确保建立对投诉处理活动和决定的责任和报告制度。

4.10 持续改进

投诉处理过程和产品质量的持续改进应当是组织永恒的目标。

5 投诉处理框架

5.1 承诺

由组织的最高管理者主动倡导和表明有效和高效地处理投诉的承诺尤其重要。

郑重承诺对投诉做出回复，将促使员工和顾客都能够对组织的产品和过程改进做出贡献。

这种承诺应反映在确定、宣传和贯彻解决投诉的方针和程序的方面。管理者的承诺应体现为提供适当的资源(包括培训)。

5.2 方针

最高管理者应建立明确的、以顾客为关注焦点的投诉处理方针。这个方针应让全体员工充分了解，并使顾客和其他相关方也可获得。这个方针应由过程中各个程序和目标予以支持，这些程序和目标应规定过程中的每项职能和个人作用。

建立投诉处理过程的方针和目标时，应考虑下列因素：

——相关的法律法规的要求；

——财务、运行和组织的要求；

——顾客、员工与相关方的输入。

投诉处理方针应与质量方针保持一致。

5.3 职责和权限

5.3.1 最高管理者应负有下述职责：

a) 确保在组织内建立投诉处理过程和目标；

b) 确保按照组织的投诉处理方针策划、设计、实施、保持和持续改进投诉处理过程；

c) 识别和配置有效和高效的投诉处理过程所需的管理资源；

d) 确保在整个组织内以顾客为关注焦点，增强投诉处理过程意识；

e) 确保投诉处理过程的相关信息以简便易行的方式传递给顾客、投诉者和直接相关方（见附录 C）；

f) 指定一名投诉处理管理者代表，并明确规定其职责和权限及 5.3.2 规定之外的职责和权限；

g) 确保建立能够快速有效地向最高管理者通报重要投诉的过程；

h) 定期评审投诉处理过程，确保其有效和高效地保持并持续改进。

5.3.2 投诉处理管理者代表应负有下述职责：

a) 建立投诉处理的业绩监督、评价和报告程序；

b) 向最高管理者报告投诉处理过程有关事项，并提出改进建议；

c) 保持投诉处理过程的有效和高效运作，包括所需员工的聘用和培训、技术要求、文件、设定和达到目标的时限及其他要求，并评审该过程。

5.3.3 与投诉处理过程有关的其他管理人员在其职责范围内，应负有下述职责：

a) 确保投诉处理过程得到实施；

b) 与投诉处理管理者代表保持联系；

c) 确保以顾客为关注焦点，增强投诉处理过程意识；

d) 确保投诉处理过程有关信息易于获得；

e) 报告与投诉处理有关的措施和决定；

f) 确保投诉处理过程得到监视并予以记录；

g) 确保采取措施，纠正问题，防止问题再发生，并记录事实；

h) 确保最高管理者评审时能够获得投诉处理数据。

5.3.4 与顾客和投诉者接触的所有人员应：

——接受投诉处理培训；

——遵守组织确定的对投诉处理进行报告的要求；

——礼貌待客，对投诉迅速做出反应，或将其引导至适当的人员；

——具备良好的人际交往和沟通技巧。

5.3.5 全体人员应：

——清楚其与投诉相关的作用、职责和权限；

——清楚应遵循的程序和应提供给投诉者的信息；

——报告对组织有重大影响的投诉。

6 策划和设计

6.1 总则

组织应策划和设计有效和高效的投诉处理过程，以提高顾客忠诚度与顾客满意度，并改进所提供产品的质量。这个过程应当由一系列相互关联的活动组成，这些活动的功能应相互协调，并使用人员、信息、材料、财务和基础设施等多种资源，以使过程符合投诉处理方针并能实现目标。组织应当参考其他组织在投诉处理方面的先进经验。

6.2 目标

最高管理者应确保在组织的相关职能和层次上建立投诉处理目标。这些目标应是可测量的，并与投诉处理方针保持一致。这些目标应细化为一定时期的业绩准则。

6.3 行动

最高管理者应确保投诉处理过程策划的实施，以保持和提高顾客满意。投诉处理过程可以与组织的质量管理体系的其他过程相结合或保持一致。

6.4 资源

为确保投诉处理过程有效和高效地运行，最高管理者应评估资源需求并提供资源。这些资源包括人员、培训、程序、文件、专家支持、材料和设备、计算机硬件和软件、资金等。

投诉处理过程的人员选择、配备和培训是特别重要的因素。

7 投诉处理过程的运行

7.1 沟通

投诉处理过程的有关信息，如手册、宣传单、电子信息等，应使顾客、投诉者和其他相关方易于获得。这些信息应使用明确的语言和适用于上述所有人的形式，不使任何投诉者处于不利地位。以下是这些信息的示例：

——投诉地点；

——投诉方式；

——投诉者提供的信息（见附录 B）；

——处理投诉的过程；

——投诉处理过程各阶段时限；

——投诉者选择的补救方式，包括外部解决方式(见 7.9)；

——投诉者如何获得投诉进展的回复。

7.2 投诉受理

对于初次投诉的报告，应记录投诉的支持性信息并赋予唯一的识别代码。初次投诉记录应当确定投诉者所寻求的补救要求，以及为有效处理投诉所必需的信息，包括：

——对投诉和相关支持信息的描述；

——补救要求；

——投诉涉及的产品或组织行为；

——预期的回复时间；

——人员、部门、分支机构、组织和市场区域的信息；

——已及时采取的措施(如果有)。

详细内容见附录 B 和附录 D。

7.3 投诉跟踪

从最初收到投诉直至使投诉者满意或做出最后决定的整个过程都应对投诉实施跟踪。应投诉者要求和定期的，至少在规定的最后期限之前，投诉者应可以了解到投诉处理的最新状况。

7.4 投诉告知

每件投诉收到后都应立即通知投诉者(如通过邮件、电话或电子邮件)。

7.5 投诉初步评审

收到的每件投诉都应按准则进行初次评审，如激烈程度、安全隐患、复杂程度、影响、立即采取措施的需要与可能性等。

7.6 投诉调查

应当尽可能调查所有有关投诉的背景和信息。调查深入程度应当与投诉严重性、发生频次和激烈程度相适应。

7.7 投诉响应

组织应进行适当的调查，并作出相应的响应(见附录 E)，例如纠正问题并防止其再发生。如果投诉不能立即解决，应尽快制定有效的解决方案（见附录F）。

7.8 沟通决定

针对投沂的决定或采取的任何措施一旦形成，都应立即与投诉者和相关人员进行沟通。

7.9 投诉终止

如果投诉者接受所建议的决定或措施，该决定或措施就应得到实施并记录。

如果投诉者拒绝所建议的决定或措施，投诉仍应保持进行状态。应记录此情况，并应告知投诉者其他可用的内部和外部的处理方式。

组织应继续监视投诉进展，直至使用了所有合理的内部和外部处理方式，或达到投诉者满意。

8 保持和改进

8.1 信息收集

组织应记录其投诉处理过程的业绩。组织应建立和实施记录投诉和回复程序以及使用和管理记录程序，同时保护个人信息并为投诉者保密。这些程序应包括：

a） 规定识别、收集、分类、保持、保存和处置记录的步骤；

b） 记录对投诉的处理并保持这些记录，应特别注意保存电子文件和磁记录载体，因为这些形式的记录会由于误操作或老化而导致丢失；

c） 保持与投诉处理过程有关人员已经接受的培训和指导类型的记录；

d） 规定组织回复已记录的投诉者或其代理人口头表达和书面提交请求的准则，可以包括时限、提供的信息种类、对象、格式等；

e） 规定向公众公布无个人信息的投诉统计资料的时间和

方式。

8.2　投诉分析和评价

应对所有投诉进行分类并分析，以识别是系统性、重复性问题，还是偶然发生的问题，及其发展趋势，有助于消除产生投诉的根本原因。

8.3　投诉处理过程的满意程度

应采取定期活动确定投诉者对投诉处理过程的满意程度。可以采取对投诉者随机调查的形式和其他方法。

注：改进投诉处理过程满意程度的一种方法是模拟投诉者与组织联系。

8.4　投诉处理过程的监视

应对投诉处理过程、必需的资源（包括人员）和所要收集的资料进行持续监视。

应按事先制定的准则测量投诉处理过程的业绩（见附录 G）。

8.5　投诉处理过程的审核

组织应当定期实施或提供审核，以评估投诉处理过程的业绩。审核应提供以下信息：

——过程与投诉处理程序的符合性；

——过程达到投诉处理目标的适宜性。

投诉处理审核可作为质量管理体系审核的一部分，如按 GB/T 19011—2003《质量和（或）环境管理体系审核指南》执行。审核结论应在管理评审中加以考虑，识别发生的问题并进行投诉处理过程的改进。审核应当由独立于被审核活动的能胜任的人员进行。详细指南见附录 H。

8.6　投诉处理过程的管理评审

8.6.1　组织的最高管理者应定期评审投诉处理过程，以：

——确保过程持续的适宜性、充分性、有效性和效率；

——识别和处理与健康、安全、环境、顾客和法律法规要求不一致的事项；

——识别和纠正产品的缺陷；

——识别和纠正过程的不足；

——评估改进机会和更改投诉处理过程及所提供产品的需要；

——评价投诉处理方针和目标的潜在变化。

8.6.2 管理评审的输入应包括以下信息：

——诸如在方针、目标、组织结构、可用资源、提供产品方面的变化等内部要素；

——诸如在法规、竞争行为和技术创新方面的变化等外部要素；

——投诉处理过程的整体业绩，包括顾客满意度调查和对过程持续监视的结果；

——审核结论；

——纠正和预防措施状况；

——以往管理评审措施的跟踪；

——改进建议。

8.6.3 管理评审的输出应包括：

——改进投诉处理过程有效性和效率的决定和措施；

——产品改进建议；

——已确定所需资源（如培训方案）的决定和措施。

应保持管理评审的记录，以确定改进的机会。

8.7 持续改进

组织应持续改进投诉处理过程的有效性和效率。组织可以通过纠正和预防措施以及创新性改进，持续改进其产品质量。组织应采取措施消除导致投诉的已发生和潜在问题的原因，防止问题发生或重复发生。组织应当：

——探索、识别和使用最佳的投诉处理方式；

——在组织内鼓励以顾客为关注焦点的方法；

——鼓励投诉处理的创新；

——树立投诉处理行为的范例。

关于持续改进通用方法的附加指导，组织可参考GB/T 19004—2000《质量管理体系 业绩改进指南》的附录B。

附 录 A
（资料性附录）
小企业指南

本标准是为所有规模的企业编制的，但应承认许多小企业在建立和保持投诉处理过程方面受到资源的限制。本附录突出小企业应关注的要点，从而使其可以通过一个简单的过程实现最好的效果和最高的效率。

下面列出关键步骤以及每个步骤的措施建议：

——以开放的方式对待投诉：设置一个简单的公告牌，或在该公司的发票上注明相关信息（见 4.2），如“您的满意对我们很重要，如果您不满意请告诉我们，我们愿意改正”；

——收集并记录投诉（见附录 B 和附录 D）；

——如果不是当面接收，应告知投诉者已收到投诉（可采用电话或邮件方式）（见 7.4）；

——评审投诉的有效性、可能造成的影响，以及处理该投诉的最佳人员（见 7.5）；

——尽可能快地解决投诉，或做进一步调查，然后决定如何处理并尽快采取行动（见 7.7）；

——告知顾客准备处理投诉的做法，并评估顾客的反应。拟采取的措施会使顾客满意吗？如果回答是肯定的，尽快按顾客合理的期望采取措施，还应考虑行业内的最优方法（见 7.8）；

——当对投诉进行了所有正常处理之后，将结果通知顾客并记录。如果投诉的处理仍未使顾客满意，应对决定进行说明并提供所有可能的替代措施（见 7.9）；

——定期评审投诉（简化的定期评审和深入的年度评审），确

定是否存在某些趋势或能够改正的明显问题，通过改正防止类似投诉的发生，改进顾客服务工作，使顾客更加满意（见附录B和附录D条款7中的投诉跟踪）。

上述措施是为简化实施过程而提出的。此外，了解其他类似企业的处理投诉的不同做法也很有价值，通常会发现具有价值的实用技巧和方法。

附 录 B
（资料性附录）
投 诉 者 登 记 表

以下是一个表格的式样，由投诉者提供一些关键内容，以便组织更好地处理投诉。

1 投诉者详细信息

姓名/单位：____________________

地址：____________________

城市，邮编：____________________

国家：____________________

电话：____________________

传真：____________________

电子信箱：____________________

投诉者代理人的详细信息（如果有）：

____

联系人（如果不同于上述人员）：

____

2 产品描述

产品/订单编号（如果知道）：____________________

描述：____________________

____

____

3 发生的问题

发生日期：____________________

问题描述：____

____

____

4　补偿要求

有□　　无□

____

____

5　日期、签字

日期：____________________　签字：____________________

6　附件

附件目录

____

____

附 录 C
（资料性附录）
公 正

C.1 总则

投诉处理过程公正性的原则包括以下内容：

a） 公开：应向涉及到投诉的人员做好宣传，使之易于理解并能够方便执行。该过程应明确并加以宣传，使工作人员和投诉者都能够遵循。

b） 公平：对待投诉者、被投诉者或组织应避免任何偏见。过程的设计应能保护被投诉者不受任何非公正的对待，重点是放在解决问题上而不是认定过失上。当投诉针对人员时，应进行独立调查。

c） 保密：过程的设计应尽可能地保护投诉者和顾客的身份，这对于避免妨碍可能的投诉是很重要的，有些投诉者可能会害怕因提供身份详细信息而给自身带来麻烦或歧视。

d） 方便：组织应允许投诉者在任何合理的地点或时间使用投诉处理过程，投诉过程的信息应以清楚的语言表达和易于获得的方式提供给投诉者。当投诉涉及供应链中不同环节的参与方时，应制定协调的联合响应计划。该过程应能使组织中与投诉相关的任何供方了解投诉信息，以使其能够进行改进。

e） 全面：尽可能地通过与投诉涉及的双方人员面谈查找相关事实，确立共同的基础以及证实双方叙述的真实性。

f） 平等：同等对待所有人。

g） 慎重：应仔细留意每个案例，关注个体之间的差异和

需求。

C.2 对人员的公正性

投诉处理程序应确保公正地对待被投诉人员,做到:

——及时全面告之与其业绩相关的任何投诉;

——给他们解释情况的机会,并允许他们得到适当的帮助;

——让他们随时了解投诉调查的进展情况及结果。

在面谈调查之前,告知被投诉人员全部详细内容是至关重要的。不过应遵循保密原则。

该过程应能消除人员顾虑,给予他们支持。应鼓励人员从被投诉经历中学习,更好地理解投诉者。

C.3 将投诉处理程序与处罚程序分开

应将投诉处理程序与处罚程序分开。

C.4 保密

除了确保为投诉者保密之外,如果投诉是针对人员时,投诉处理过程还应确保为相关人员保密,这些投诉的详细内容应只能被直接相关的人员知道。

然而,同样重要的是不能把保密性作为推卸处理投诉的借口。

C.5 公正性的监视

组织应监视对于投诉的回复,以确保投诉的公正处理。测量可以包括:

——通过随机抽取已处理投诉案件的方式定期监视(如每月);

——通过进行投诉者调查,询问他们是否得到公正对待。

附　录　D
（资料性附录）
投诉处理记录表

以下是一个表格的式样（仅供内部使用），其中的主要信息可以帮助组织跟踪投诉处理过程。

1　投诉受理基本信息

投诉日期：________________

投诉时间：________________

接收人姓名：________________

投诉方式：电话□　电子信箱□　互联网□　当面提交□
　　　　　信件□　其他□　________________

标识代码：________________

2　投诉者情况

见投诉者登记表。

3　投诉内容

投诉编号：________________

相关投诉数据：________________

投诉人：________________

4　问题

发生日期：________________

屡次发生　　是□　　否□

问题类别

1）□　未收到产品

2）□　未提供/部分未提供服务

3）□　延期交付产品：
　　　延迟时间________________

4）□　延期提供服务：

延迟时间__________________

5）□　缺陷产品

6）□　不良服务：

情况说明__________________

____

____

7）□　产品与订单不一致

8）□　非订购产品

9）□　破损

10）□　拒绝兑现担保

11）□　拒绝销售

12）□　拒绝提供服务

13）□　商业惯例/销售方式

14）□　错误信息

15）□　信息不全

16）□　支付安排

17）□　价格

18）□　提高价格

19）□　额外费用

20）□　不合理费用

21）□　合同条款

22）□　合同范围

23）□　破损情况评估

24）□　拒绝赔偿

25）□　赔偿不足

26）□　变更合同

27) □ 合同执行不当

28) □ 解除合同

29) □ 取消服务

30) □ 偿付贷款

31) □ 利息

32) □ 未兑现承诺

33) □ 发票错误

34) □ 投诉处理非正常延期

35) □ 其他问题：________________________________

____

____

附加信息：______________________________________

____

____

5 投诉评估

评价投诉的实际和潜在的影响的范围和严重程度：

严重程度：______________________________________

____

复杂性：____

____

影响：____

____

需要立即采取措施 是□ 否□

立即采取措施是否有效 是□ 否□

能否补偿 是□ 否□

6 投诉解决方案

是否要求补偿 是□ 否□

拟采取的措施

36） □ 交付产品

37） □ 返修/返工产品

38） □ 更换产品

39） □ 退货

40） □ 执行担保

41） □ 兑现承诺

42） □ 达成协议

43） □ 解除合同

44） □ 注销发票

45） □ 提供信息

46） □ 纠正破损评估

47） □ 支付补偿，总金额：________________

48） □ 退还预订金，总金额：________________

49） □ 退还其他费用，总金额：________________

50） □ 价格折扣，总金额：________________

51） □ 支付手段

52） □ 道歉

53） □ 其他措施：________________

7 投诉跟踪

采取的措施	日期	姓名	备注
向投诉者确认收到投诉			
投诉评估			
投诉调查			
投诉解决方案			
通知投诉者			
纠正			
纠正验证			
投诉终止			

附 录 E
（资料性附录）
响 应

E.1 组织的响应可包括：

——退款；

——换货；

——返修/返工；

——替换；

——技术支持；

——提供信息；

——咨询；

——财务协助；

——其他帮助；

——补偿；

——道歉；

——礼品或纪念品；

——说明由于投诉带来的产品、过程、方针或程序的变化。

E.2 应考虑的其他事项包括：

——投诉所涉及的所有方面；

——后续工作(必要时)；

——是否有必要向其他有同样遭遇但未进行正式投诉的顾客提供补偿；

——对于不同回复的权限等级；

——对于相关人员的信息提供。

附　录　F

（资料性附录）

递 进 流 程 图

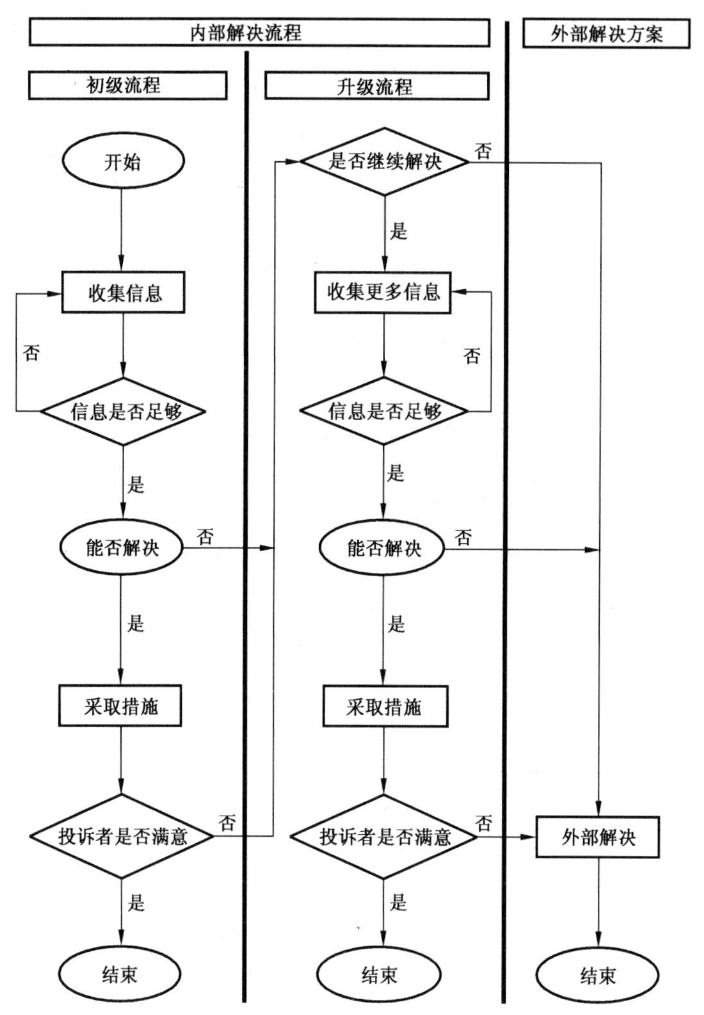

附　录　G
（资料性附录）
业 绩 持 续 监 视

G.1　总则

本附录给出了有效和高效持续监视投诉处理过程的通用性指导，在采用该方法时应与组织的类型和规模相适应。

G.2　管理职责

确保对投诉处理过程的监视和报告，采取纠正措施的负责人员能够胜任是至关重要的。

应考虑的职责类型如下：

a）　最高管理者应：
- ——确定监视的目标；
- ——确定监视的职责；
- ——对监视过程进行评审；
- ——确保改进的实施。

b）　投诉处理管理者代表应：
- ——建立业绩监视、评价和报告的过程；
- ——向最高管理者报告在投诉处理过程评审中发现的情况，以便进行必要的改进。

c）　投诉处理过程涉及的组织中其他管理人员应能确保：
- ——在其职责范围内对投诉处理过程进行适当的监视和记录；
- ——在其职责范围内采取纠正措施并予以记录；
- ——在其职责范围内向最高管理者对监视过程的评审提供适当的投诉处理数据。

G.3 业绩的测量和监视

G.3.1 总则

组织应使用规定的准则对投诉处理过程进行评价和监视。

不同组织的过程和产品差别很大,因此投诉处理过程的监视准则应与其相适应。组织应开发适用其特定环境的投诉处理过程监视准则。G.3.2 中给出了示例。

G.3.2 监视准则

监视投诉处理过程时,可考虑和包括准则示例如下:

——是否建立和保持了投诉处理方针和目标,并便于获得;

——人员是否理解最高管理者对投诉处理的承诺;

——是否合理地分配了投诉处理的职责;

——与顾客接触的人员是否被授权在现场解决投诉;

——是否给与顾客接触的人员设定了回复的自主权限;

——是否指定了投诉处理专职人员;

——与顾客接触的人员接受投诉处理培训的比例;

——投诉处理培训的有效性和效率;

——人员提出的投诉处理改进建议的数量;

——人员对待处理投诉的态度;

——投诉处理审核或管理评审的频率;

——实施投诉处理审核或管理评审提出建议所用的时间;

——向投诉者回复的时间;

——投诉者的满意程度;

——所要求的纠正和预防措施过程的有效性和效率(必要时)。

G.3.3 监视数据

监视数据提供了处理投诉业绩的直接指标,因此数据的监视是很重要的。监视数据可以包括下列数字或比例:

——收到的投诉;

——当场解决的投诉;

——优先次序排列错误的投诉；

——超出规定期限告知的投诉；

——超出规定期限解决的投诉；

——提交外部解决的投诉(见 7.9)；

——重复发生的投诉或反复出现的但未形成投诉的问题；

——由于投诉所导致的程序改进。

应特别注意分析数据,因为：

——客观数据(如回复时间)可以显示过程运行的良好状态,但无法提供投诉者是否满意的信息；

——采用新的投诉处理过程后导致的投诉数量增加,可能反映出的是过程的有效,而并非是产品问题的增加。

附 录 H
（资料性附录）
审 核

组织应对投诉处理过程的有效性和效率进行持续改进。因此，应定期监视过程的实施和结果，以确定和消除已经发生和潜在问题的原因，找出改进的机会。投诉处理审核的主要目的是将投诉处理过程的实施情况与规定准则进行比较，以便于改进，这些准则可包括与投诉处理有关的方针、程序和标准。

对投诉处理过程的审核，应评价过程符合准则的程度以及该过程实现目标的适宜性。

例如，审核可进行下述评估：

——投诉处理程序与组织方针和目标的符合性；

——遵循投诉处理程序的程度；

——现行投诉处理过程实现目标的能力；

——投诉处理过程的优点和弱点；

——投诉处理过程及其结果的改进机会。

投诉处理审核可以作为质量管理体系审核的一部分进行策划和实施。质量管理体系审核的详细信息请查阅 GB/T 19011—2003《质量和(或)环境管理体系审核指南》。

参 考 文 献

[1] GB/T 19001—2000　质量管理体系　要求(idt ISO 9001:2000)

[2] GB/T 19004—2000　质量管理体系　业绩改进指南(idt ISO 9004:2000)

[3] GB/T 19011—2003　质量和(或)环境管理体系审核指南(ISO 19011:2002,IDT)

[4] ISO/IEC Guide 71:2001,Guidelines for standards developers to address the needs of older persons and persons with disabilities

附录三

ISO 10003:2007
质量管理 顾客满意 组织外部争议解决指南

Quality management—Customer satisfaction—Guidelines for dispute resolution external to organizations

（标准译文）

引 言

0.1 总则

本标准为组织有效和高效地策划、设计、开发、实施、保持和改进与产品投诉相关的外部争议解决提供指南。争议解决是当投诉不能在组织内部解决时的一种补偿途径。大多数投诉都能够在组织内部成功地解决，不需要进一步耗费时间，也不需要更多的冲突过程。

注 1：鼓励组织依据 ISO 10002 开发有效和高效的内部处理投诉过程。

解决争议有各种方法并使用不同的术语进行描述。这些方法是协调方法、建议方法和裁定方法（见附录 A）。每种方法可以单独使用，也可以多种方法依次使用。

本标准适用于：

a）设计争议解决过程并确定在什么情况下向投诉者提供争议解决；

b）选择能够满足组织具体需要和期望的争议解决提供方（以下简称“提供方”，见 3.9）。

注 2：提供方可以是国内外各种形式的公立和私营部门，包括行业的专业协会、政府监管部门及跨行业协会。

本标准的主要应用对象是组织，但争议解决提供方也可从中获得指导，并在其争议解决过程中使用该指南。

本标准鼓励组织结合顾客满意行为规范和内部处理投诉过程策划、设计、开发、实施、保持和改进争议解决过程，并与组织的质量或其他管理体系结合使用。

本标准可以帮助个人和组织评价一个组织的争议解决过程的有效性、效率和公正性。实施本标准将能够：

——提供一个灵活的争议解决过程，与司法过程相比，该过程费用较低、更方便快捷，尤其适用于解决跨国争议；

——帮助提高顾客满意和顾客忠诚；

——为个人和组织提供基准，用于评价组织和提供方的运作方式是否有效、高效和公平；

——帮助潜在的争议解决用户了解使用条件、费用和法律后果；

——提高组织识别和消除争议产生原因的能力；

——改进组织处理投诉和争议的方法；

——为组织的过程和产品改进提供附加信息；

——提高组织声誉，或避免对声誉的损害；

——增强国内外竞争力；

——在全球市场建立起公平和一致地处理争议的信誉。

值得注意的是，外部争议的解决应遵从法律法规的要求。

注 3：世界范围内解决争议使用的术语不尽相同，附录 A 给出了一些具有相同意思的术语汇总表。

0.2　与 ISO 9001 和 ISO 9004 的关系

本标准与 ISO 9001《质量管理体系　要求》和 ISO 9004《质量管理体系　业绩改进指南》相容，并通过有效和高效地实施争议解决过程支持上述两项标准的目标。本标准也可单独使用。

ISO 9001《质量管理体系 要求》规定了质量管理体系的具体要求,可供组织内部使用,也可用于认证或合同目的。本标准中描述的争议解决过程可以作为质量管理体系的一个要素。用于认证或合同不是本标准的目的。

ISO 9004《质量管理体系 业绩改进指南》为业绩持续改进提供指南。使用本标准能够进一步改进与投诉者相关的争议解决工作,提高顾客、投诉者和其他相关方的满意程度,促进以顾客、投诉者和其他相关方的反馈为基础的过程和产品质量持续改进。

注:除顾客和投诉者外,其他相关方可能包括供方、行业协会及其成员、顾客组织、相关政府机构、员工、组织的所有者及其他受争议解决过程影响的群体。

0.3 与 ISO 10001 和 ISO 10002 的关系

本国际标准与 ISO 10001 和 ISO 10002 相容。这三个标准均可以独立使用,或与任何一个共同使用。当共同使用时,本标准、ISO 10001 和 ISO 10002 可以作为一个更广泛的综合性框架下的一部分,这个框架通过行为规范、投诉处理和争议解决来提高顾客满意(见附录 B)。

ISO 10001 是关于组织的顾客满意行为规范的指南。这些规范描述了顾客可以预期从组织及其产品中得到什么,从而可以减少问题发生的可能性,消除投诉和争议的原因。当投诉和争议发生时,行为规范可以帮助各方理解顾客的期望以及组织如何满足这些期望。

ISO 10002 是关于组织内部处理与产品相关投诉的指南。当投诉无法在组织内部得到解决时可采用本标准。

0.4 符合性说明

本标准是一个指南性文件。在应用了本标准提供的所有适

用指南时，方可说明争议解决过程是基于本指南。

但是，任何声称或暗示符合本标准的说明都是不适当的，因此不应作这样的说明。

注：在促销和沟通材料中任何有关符合本标准的声称或暗示都是不适当的，如新闻稿、广告、营销手册、视频资料、员工通告、标志、标语和用于各种媒体的言词，涵盖印刷、广播、互联网、多媒体应用、产品标签、标记和标语。

质量管理　顾客满意
组织外部争议解决指南

1　范围

本标准为组织策划、设计、开发、实施、保持和改进有效和高效的争议解决过程提供指南，争议解决过程是针对组织未能解决的投诉。本标准适用于：

——与组织提供给顾客或顾客要求的产品相关的投诉，以及与投诉处理过程或争议解决过程相关的投诉；

注 1：本标准中的术语“产品”包含服务、软件、硬件和流程性材料。

——解决由国内或跨国的商务活动（包括电子商务）引起的争议。

本标准可供各种类型、不同规模和提供不同产品的组织使用，并涉及以下方面：

——对组织确定参与争议解决的时间和方式提供指导；

——对选择提供方和使用其服务提供指导；

——最高管理者参与解决争议和配置适当的资源，并履行职责；

——公平、适当、透明和方便的争议解决要点；

——对组织参与争议解决的管理提供指导；

——监视、评价和改进争议解决过程。

注 2：本标准主要针对组织与下述方面的争议解决：

——为个体或家庭目的购买或使用产品的个人；

——小企业。

本标准不宜用于认证或合同目的，也不适用于其他类型争议的解决，如雇佣关系争议。本标准不拟改变适用的法律法规所规定的权利和义务。

本标准不适用于组织内部的投诉处理。

2　规范性引用文件

下列文件中的条款通过本标准的引用而成为本标准的条款。凡是注日期的引用文件，其随后所有的修改单（不包括勘误的内容）或修订版均不适用于本标准，然而，鼓励根据本标准达成协议的各方研究是否可使用这些文件的最新版本。凡是不注日期的引用文件，其最新版本适用于本标准。

ISO 9000:2005 质量管理体系　基础和术语

3　术语和定义

GB/T 19000 确立的以及下列术语和定义适用于本标准。

3.1　协会　association

由成员组织或个人组成的组织(3.8)

3.2　投诉者　complainant

提出投诉(3.3)的个人、组织(3.8)或其代表

注1：本标准中，直接向提供方投诉的顾客也作为"投诉者"考虑。

注2：本定义由 ISO 10002 确定，其中的"代表"可以是个人或组织。

3.3　投诉　complaint

对组织(3.8)的产品或投诉处理过程不满意的表示，其中包括期望得到回复或解决的明示的或隐含的表示

[ISO 10002 的 3.2]

注：可以针对争议(3.6)解决过程提出投诉。

3.4　顾客　customer

接受产品的组织(3.8)或个人

示例：消费者、委托人、最终使用者、零售商、受益者和采

购方。

注 1：顾客可以来自组织内部或外部。

注 2：本标准中的顾客还包括潜在顾客。

注 3：采纳 ISO 9000:2005 的 3.3.5。

3.5 顾客满意 customer satisfaction

顾客(3.4)对其要求已被满足程度的感受

注 1：顾客抱怨投诉(3.3)是一种满意程度低的常见表达方式，但没有抱怨并不一定表明顾客很满意。

注 2：即使规定的顾客要求符合顾客的愿望并得到满足，也不一定确保顾客很满意。

[ISO 9000:2005 的 3.1.4]

3.6 争议 dispute

<争议解决>提交给提供方的对某一投诉的不同意见

注：一些组织(3.8)允许顾客(3.4)首先向提供方表示其不满，这种不满意的表示如果反馈给组织就变为投诉；如果在提供方未进行干预的情况下组织未能解决，这种不满意的表示就变为争议。许多组织都希望顾客在采取外部争议解决之前首先向组织表达其不满意。

3.7 争议解决者 dispute resolver

提供方指定的帮助相关方解决争议的人

注：争议解决者可以是员工、志愿者或签约人员。

3.8 组织 organization

职责、权限和相互关系得到安排的一组人员及设施

示例：公司、集团、商行、企业、研究机构、慈善机构、代理商、社团或上述组织的部分或组合。

注 1：本标准适用于各种类型的组织，每个组织在争议解决过程中的角色不同。其中包括未能解决投诉(3.3)的组织、解决争议的提供方(3.9)，以及提供或主持争议解决过程的协会。为方便起见，单独使用本标准时，术语“组织”意指未能解决投诉，及现在或将来可能成为争议一方的实体。术语“提供方”和“协会”用于描述其

他类型的组织。

注 2：采纳 ISO 9000:2005 的 3.3.1。

3.9　提供方　provider

<争议解决>组织外部提供和实施争议(3.6)解决过程的人或组织(3.8)

注 1：通常，提供方是一个法律实体，独立于组织和投诉者(3.2)，因此具有独立性和公正性(见 4.5)。在某些情况下，组织内会设立一个处理未解决投诉的独立部门。本标准无意针对这种情况，但可能有所帮助。

注 2：提供方与各方约定提供争议解决，并对执行情况负责。提供方安排争议解决者。也利用支持人员、行政人员和其他员工提供资金、文秘、日程安排、培训、会议室、监管和类似职能。

注 3：提供方可以是多种类型，包括非营利、营利和公共事业实体。协会(3.1)也可作为提供方。

4　指导原则

4.1　总则

应在 4.2～4.12 的指导原则基础上建立有效和高效的争议解决过程。

4.2　同意参与

投诉者参与由组织提供的争议解决应是自愿的。充分了解和理解该过程及其可能的结果应是同意参与的基础。当顾客是个体或家庭使用的产品的购买者或使用者时，同意参与不应成为接受产品的必要条件(见附录 C)。

注 1：对于 B to B 的电子商务交易，同意参与争议解决可以是必要条件。

注 2：在世界不同区域，同意参与应符合各国的法律法规要求。

4.3　方便

争议解决过程应易于获取和使用(见附录 D)。

4.4　适宜

提供给争议各方的争议解决方法(见附录 A)以及提供给投诉者的可能的补偿方法应与争议性质相适应(见附录 E)。

4.5　公正

组织应本着公平、公正的态度参与争议解决,解决与投诉者之间的争议。组织选择的提供方的争议解决人员和争议解决者应是客观公正的,以使过程、建议和决议对双方都是公平的,并被各方认定是独立做出的(见附录 F)。

4.6　(人员)能力

组织的人员、提供方和争议解决者应具备能以令人满意的方式履行职责所需的个人素质、技能、培训和经验(见附录 G)。

4.7　及时

在已经明确了争议及所采用解决过程的性质后,应尽可能快地进行争议解决(见附录 H)。

4.8　保密

应对个人识别信息进行保密和保护,除非是法律要求或征得所涉及个人的同意方可给予披露。同样,商业机密也应保密和受到保护,除非是法律要求或征得所涉及相关方的同意方可给予披露。

注 1:个人识别信息是用于识别某个人的信息,可通过名称、地址、电子邮箱、电话号码或类似的特殊标识符等进行检索。

注 2:本项原则可以用作争议期间对获取信息使用和披露的指导方针,并应将此方针通告争议各相关方。

注 3:鼓励组织自愿参与争议解决,有时保护组织身份是必要的,除非法律要求披露。

4.9　透明

应向投诉者、组织及公众披露有关争议解决过程、提供方及其业绩的足够的信息(见附录 I)。

注:透明只涉及与争议解决过程、提供方及其业绩相关的信息,不包括

投诉者的个人信息和组织的商业机密。

4.10 合法

争议解决过程的运作应符合适用法律和相关方协议。

4.11 (组织)能力

应有可使用的充足的资源用于争议解决过程,并对其进行有效和高效的管理。

4.12 持续改进

提高争议解决过程的有效性和效率应是永恒的目标。

5 争议解决框架

5.1 承诺

组织应承诺遵循争议解决方针(见 5.2)建立有效和高效的争议解决过程。组织的最高管理者表明和倡导该承诺尤其重要。对争议解决的明确承诺有益于组织内部的投诉处理过程,将促使员工和投诉者都能为改进组织的过程和产品做出贡献。这种承诺应反映在建立和宣传争议解决方针和程序方面,并提供适当的资源(包括培训)。

组织还应承诺选择能遵循组织目标有效和高效地提供争议解决和过程设计的提供方(见附录 J)。

注:提供方为协会时,建议该协会使用组织评价提供方的方法进行经验和能力的自我评价。

5.2 争议解决方针

5.2.1 方针的建立

最高管理者应建立明确的争议解决方针。该方针应说明在哪些情况下组织应向顾客告知争议解决过程和向投诉者提供争议解决(见附录 K)。组织还应确定在进入争议解决过程之前,是否要求投诉者使用内部投诉处理过程。应使所有相关员工、投诉者、顾客和其他相关方可以获得该方针。方针应由争议解决过程中的程序和目标予以支持,这些程序和目标应规定每项职能和个人作用。

注：组织可以根据设定的准则，在争议发生之前或单个争议出现时同意提供争议解决。组织可以就所有事件或某一类事件做出这种承诺。可以使用不同的方法做出事先承诺，如担保书或顾客协议（见附录 C）、做“保证”广告或与提供方签订协议。

建立争议解决过程的方针时，组织应考虑：

——相关的法律法规的要求；

——财务、运行和组织的需求；

——方针对顾客满意程度预计的影响；

——竞争环境；

——投诉者、顾客、员工与相关方的输入；

——质量管理过程、顾客满意行为规范和组织内部处理投诉的过程；

——可选择的争议解决方式，如法律解决。

5.2.2 方针的评审

应定期对方针进行评审并在必要时修订。

5.2.3 方针的一致性

与质量、投诉处理和争议解决的相关方针应协调一致。

5.3 最高管理者职责

最高管理者应确保：

——向组织内部传达争议解决方针，并建立各相关职能和层次的目标；

——依据目标策划、设计、开发、实施、保持和改进争议解决过程；

——让员工理解争议解决过程与组织在顾客满意方面所作努力之间的关系；

——确定和配置有效、公正、合法和高效的争议解决过程所需的资源，包括适当的培训；

——争议解决过程应在组织的全体相关人员、顾客和投诉者

中推广和宣传(见 4.3、4.9、附录 D 和附录 I);

——明确规定组织中争议解决的职责和权限;

——快速、有效地公告有关争议解决过程的重大投诉、争议解决过程中组织的代表、提供方或任何结果。

6　策划、设计和开发

6.1　总则

组织应策划、设计和开发有效和高效的争议解决过程,包括制定争议解决过程的必要程序。

6.2　目标

组织应确定通过解决争议能够实现的目标。目标应与争议解决方针(见 5.2)保持一致,且目标的实现情况应能够使用适当的业绩指标测量。这些目标应定期评审并在必要时做出修订。

6.3　行动

6.3.1　诊断

组织应评价当前解决投诉和争议所做的努力,以确定是否需要增加或变更资源。评价应考虑:

——投诉和争议的性质和发生频率;

——当前争议处理的方式;

——组织解决争议成功和未成功的方法;

——解决争议成功和失败的成本和收益;

——采用外部争议解决过程的成本和收益。

6.3.2　设计

组织应在分析投诉处理和争议解决活动、资源和争议解决方针的基础上设计争议解决过程。争议解决过程可以与组织的质量管理体系的其他过程相结合或保持一致。设计时应考虑其他组织有关争议解决的最佳实践,其中包括可能参与争议解决的提供方(见附录 L)。

考虑的因素包括：

——第 4 章中的原则；

——要解决的争议类型(如按顾客和投诉者或按产品分类)；

——有可能考虑的补偿；

——提供的争议解决方法的种类[协调、建议和(或)裁定的方法]；

——组织是事先承诺参与争议解决，还是针对具体情况逐一做出决定；

——争议解决者的资格；

——必要时投诉者需支付的费用(见附录 D)；

——相关方参与的方式[如当面、书面提交、电话和(或)网络方式]；

——评价有关争议解决的准则[法律法规要求、行为规范和(或)公正或衡平法]。

注：协会也应为其成员和其他方设计争议解决过程。

6.3.3 试行

在应用于所有投诉者之前，组织应考虑针对一部分投诉者试行争议解决过程的设计要求。试行可以限定区域和(或)使用两个以上提供方。应分析每个试行结果并提出针对设计要求的改进意见，以使组织的方针和目标得到最大程度的实现。

6.4 资源

组织应获得和配置资源，如人员、信息、原料、资金和基础设施，以使组织能够有效和高效地：

——选择适当的提供方；

——协助提供方完成相关的功能；

——参与争议解决过程；

——评价提供方及其争议解决者和争议解决过程的业绩。

7 实施

7.1 总则

组织应以公正、有效和高效的方法实施解决争议的程序。必要时，提供方和组织应调整其实施程序，确保在争议解决启动、争议跟踪、争议确认、争议初期评价、解决争议（包括收集相关证据的过程）、结果及后续行动的实施等相关方面协调一致。争议解决步骤的流程图见附录 M。

7.2 提交投诉

组织应根据争议解决程序向提供方提交未解决的投诉。组织可以提交在组织内部已经处理但未解决的投诉；也可以提交投诉者告知组织希望由提供方而不是组织进行处理的投诉，组织的争议解决方针应允许这种提交。组织应依据提供方协议或顾客合同中规定的准则评价投诉，如果投诉符合准则，应将投诉提交给提供方，否则，组织应使用适当的终止程序终止投诉。组织还应确保跟踪提交给提供方的所有投诉，使所有投诉得到处理。

7.3 接收争议通知

当争议解决启动后，组织应通知内部相关人员。除负责争议解决的人员外，还应通知具体负责质量保证、投诉处理、顾客服务和法律问题的人员。

7.4 组织响应方式

7.4.1 评价争议

组织应采取必要步骤评价争议，包括：

——获取引起争议的交易记录或过程记录，包括销售记录、广告复印件（适用时）、检查或维修记录、投诉处理结果记录以及投诉者提供的有关其他投诉的信息（如果有）；

——适当时，与代表组织的技术、法律、销售、营销、投诉处理和其他人员磋商。

注：建议组织采用易于转换的形式保持交易、投诉和相关记录，以便这

些记录能以适当的形式提交给提供方、争议解决者和(或)其他相关方。

7.4.2 确定最初的立场

在收集有关记录和必要的输入后,组织应就其可能承担的责任和愿意提供给投诉者的补偿确定最初的立场。组织应依据争议解决程序,将其立场通知提供方,或直接通知投诉者(同时告知提供方)。最初的立场可以是:

——按照投诉者的要求解决问题;

——提供所要求的部分但不是全部赔偿;或

——不能提供要求的赔偿。

注:解决争议时,组织决定向投诉者提供其认为并不是法律、行为规范或其他基本规定要求的一个或多个赔偿的情况并不罕见。组织可以把这当作是善意的姿态,是顾客满意方针的要求,或者认识到争议解决者、监管行为规范的协会或法院可能会因此有不同的看法。

7.5 解决争议

7.5.1 协调方法

在使用协调方法(见附录 A)时,当表明最初立场后,组织应做好接收解决问题的提议或反对提议的准备。提议可能直接来自投诉者,或是争议解决者努力的结果。如果组织接收到某个解决提议,应将投诉者的立场通知相关人员(见 7.3)。组织可以对提出的解决提议做进一步评价,并获得关于解决提议的附加输入(见 7.4)。组织应决定是接受、拒绝还是反对提案,并应使用符合提供方程序的方法通知投诉者和/或争议解决者。如果接受,组织应将问题提交给适当人员,如法律顾问和参与执行结果的相关人员(见 7.6)。

如果该阶段没有形成一致的结果,组织应确定下一步适宜的和可应用的解决争议的方法,并告知提供方组织在这方面的理解。

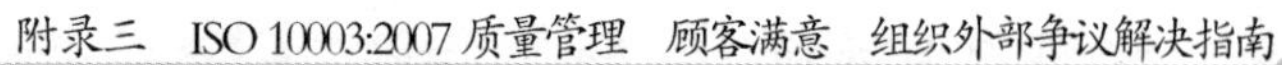

7.5.2 建议和裁定方法

如果使用建议或裁定方法(见附录A),组织应做出时间安排,并准备以有效和高效的方法参与该过程。所采取步骤示例如下:

——指定一名事件负责人;
——确定符合争议解决程序的首选参与方法(如当面、电话、信件);
——必要时开展进一步调查;
——收集、整理证据;
——确定可能的证人和文件证据;
——确定组织可接受的争议结果的范围;
——确定具有该事件解决权的人员;
——适当时形成口头和/或书面陈述;
——评价过程结束前达成协议的可能性;
——参与争议解决过程。

7.5.3 协议

当争议解决过程的结果是协议时,组织应将事件提交给适当人员,如法律顾问和参与执行结果的相关人员(见7.6)。

7.5.4 接受建议

当争议解决过程的结果是建议(见附录A)时,组织应认真考虑并确定是否接受建议。按照争议解决程序和相关行为规范,组织接受或拒绝都应告知提供方和投诉者。如果组织和投诉者都接受,事件应提交执行(见7.6)。如果组织拒绝,应将拒绝原因告知提供方和投诉者。

7.5.5 评审裁定结果

当争议解决过程的结果是裁定时,组织应确定是否采用适用的争议解决程序或适用的法律评审该结果。评审的目的是评价是否正确执行了相关的争议解决原则(第4章)和程序。如果没有适用的评审,或组织决定不进行这样的评审,应将该决定提交组织内的相关人员,确保争议结果得到执行(见7.6)。

7.6 执行解决方案

争议解决后，组织应采取必要的步骤执行解决方案，并与协议、建议或裁定结果保持一致。这些步骤包括：

——确定组织是否要采取具体措施执行解决方案（如退款或支付其他金额、维修产品，或根据要求或协商一致采取其他具体措施）；

注 1：可能有些协议、建议或裁定结果的具体措施是要求投诉者执行的（如按照退款条件退回产品、将产品送到组织指定的维修厂）。

——对组织内部和外部的相关人员（如顾客关系、财务主管、批发商、总经销商、销售和制造）指定权限，适当时，通知其最终期限或预定的执行时间安排；

——在责任人、投诉者和其他相关方之间协调结果的执行，并监视每个执行过程；

——确认已采取的必要措施；

——向提供方通报解决方案执行完毕的时间，或执行被延期的情况及延期原因；

——确定投诉者对解决方案执行情况的满意程度，如果投诉者满意，则终止该争议；如果投诉者不满意，确定需要采取的其他措施。

注 2：其他措施可能包括确保解决方案执行的后续步骤，或继续进行争议解决过程。

7.7 结案归档

当争议解决方案的执行圆满完成，或过程的结果是不进行赔偿时，组织可以结案归档，并通知组织内部和外部的相关人员。争议记录应符合组织的记录保持制度和适用的法律要求。

8 保持和改进

8.1 监视

组织应收集和记录有关争议的性质、过程和结果的所有信

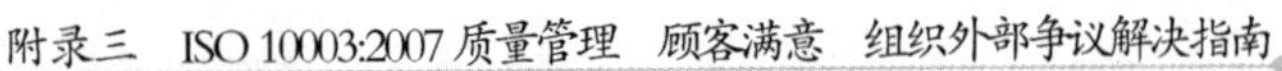

息，可以保持自己的争议解决资料，或采用来自提供方的资料。

8.2 分析和评价

组织应定期分析所收集或获得的争议解决信息，以识别在组织的产品、顾客满意工作、投诉处理和争议解决程序、争议解决表现和提供方选择等方面的系统性问题和偶然发生的问题及趋势。

8.3 管理评审

8.3.1 总则

最高管理者应定期评审争议解决过程，以达到以下目的：

——保持争议解决过程的适宜性、充分性、有效性和效率；

——处理与争议解决中协议、建议或裁定结果严重不一致的情况；

——识别和纠正组织在争议解决过程中表现的不足；

——评价过程、产品和顾客满意工作的改进机会。

8.3.2 输入

管理评审应考虑以下与争议解决相关的信息：

——内部要素，如在方针、目标、组织结构、可用资源、过程和提供产品方面的变化；

——外部要素，如在法规、竞争行为或技术创新方面的变化；

——争议解决过程的整体绩效；

——对提供方使用方法的评价结果；

——预防和纠正措施状况；

——以往管理评审决定的措施。

注：争议解决过程整体绩效的信息包括有效性、效率、顾客对组织的信心、顾客满意、已解决投诉的比率、成本（包括与可能的法律解决成本的比较）和对提供方持续评价的结果。

8.3.3 输出

管理评审的输出应包括对以下问题的决定：

——对争议解决、投诉处理和其他过程的有效性和效率的改进，以及产品的改进；

——当前争议解决提供方的能力、业绩和适宜性；

——研究与争议解决相关的已确定的组织的需要和不足（如培训方案）。

应建立和保持管理评审记录。

8.4 持续改进

组织应持续改进争议解决过程的有效性和效率，这可以通过预防和纠正措施以及创新性改进实现。

组织应采取措施，消除导致投诉的现有和潜在问题的原因，以防止问题发生或重复发生。

组织应：

——探索、识别和使用最佳的争议解决过程；

——在组织内培育以顾客为关注焦点的方法；

——鼓励在开发争议解决方案方面的创新；

——向开发争议解决过程的责任人通告该过程存在的问题；

——树立有示范作用的争议解决典型。

注：关于持续改进通用方法的附加指导，组织可参考 ISO 9004：2000《质量管理体系 业绩改进指南》附录 B。

附　录　A
（资料性附录）
争议解决方法指南

A.1　总则

世界各国使用不同的术语[1]描述各种争议解决方法[1)]。有时，相同的术语在一个国家用于描述一种特定方法，而在另一个国家却用于描述不同的方法。为了避免术语使用的不一致，本标准按其功能使用术语“协调”、“建议”和“裁定”描述这几种方法。本附录对各种方法的重要特性提供指南，并说明世界各地描述这些方法所用的术语。

A.2　协调方法

协调方法是帮助各方实现协商一致解决争议的方法。通常，争议解决者不对具体结果提出建议，也不对结果做出裁定。协调方法可以是被动的或主动的。

被动的方法是提供方人员的帮助仅限于与各方的沟通联系。这种帮助可以包括使用提供方的软件技术，如基于互联网的在线争议解决平台。在这种被动方法中，提供方的人员或技术只能传递各方的立场和提议的解决方案，综合和记录任何未来可能成为强制性合同的协议。这种协调通常称为和解或协商谈判。但是在世界上某些地方，这种比较被动的方法称为调停。

主动的方法需要争议解决者的积极参与，旨在帮助各方辨别

1）国家标准机构可以在本附录中使用本国术语。

问题，形成方案，考虑可供选择的方案，努力达成可以作为强制性合同的协议。这种主动的协调方法一般称为调解，在世界上有些地方也称之为和解。

有时，采用主动协调方法的争议解决者被称为协调人、和解人、调解人或中间人。

A.3 建议方法

建议方法是指就如何解决实际的、法律的和其他问题，可能的结果以及如何实现向各方提出意见，在某些情况下提出建议。

这种方法有时称为无约束力仲裁、评估或“小型审判”。虽然建议不具有法律约束力，但是组织也会接受，这主要是出于对组织承诺的行为规范是否得到满足的考虑(见 ISO 10001)。

采用建议方法的争议解决者被称为顾问、仲裁人、陪审员、评估人、中间人或调查人。

A.4 裁定方法

裁定方法是对争议进行评价，落实事实观点(有时还要形成文件)，并给出如何解决争议的决定。

这种方法对各方均具有法律效力，在存在下列情况之一时即可强制执行：

a) 当各方均无进一步行动时；

b) 在确定期限内投诉者已接受；

c) 在确定期限内未被各方拒绝。

注 1：a)中所述情况即为典型的(约束力)仲裁或评估；b)和 c)指有条件的约束力仲裁或评估。

注 2：世界上一些地区，法律不允许约束投诉者。

使用裁定方法的争议解决者被称为顾问、仲裁人、陪审员、评

估人、中间人或调查人。

注 3：在世界上某些地区，争议解决者可以使用两种以上的方法解决同一个争议，如协调过程中投诉者不满意时，协调人可以从主动协调变为提供建议（这时就成为顾问）。同样，如果协调过程不能解决问题时，协调人可以做出决定。在另外一些地区，法律法规不允许争议解决者使用多种争议解决过程解决同一个争议。

附　录　B
（资料性附录）
ISO 10001、ISO 10002 和 ISO 10003 的内在联系

图 B.1 用于说明组织中与行为规范、投诉处理和外部争议解决相关的过程。

注：投诉可以是由顾客或其他投诉者提出的。

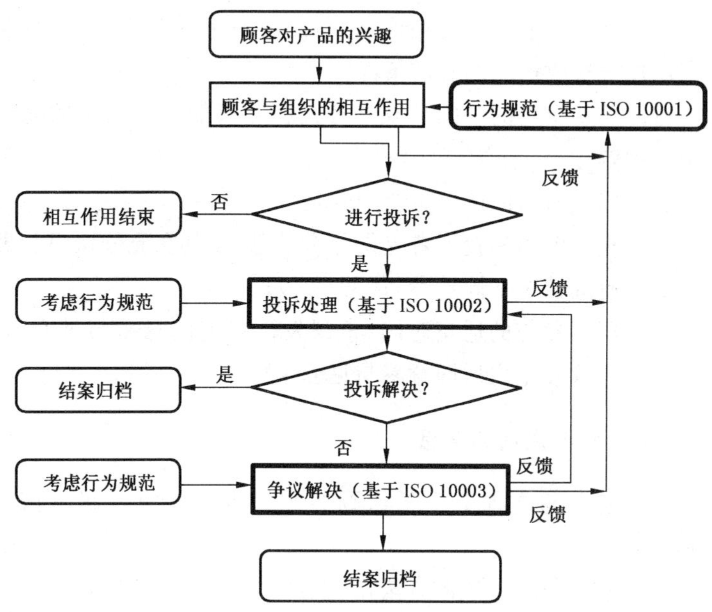

图 B.1　ISO 10001、ISO 10002 和 ISO 10003 的内在联系

附　录　C

（规范性附录）

同意参与的指南

C.1　总则

投诉者参与组织提供的争议解决应是自愿的。同意参与的前提是对过程和可能产生结果的充分认识和理解。当顾客是为个体或家庭目的购买和使用商品、财产或服务的个人时，同意参与不应作为接收产品的必需条件。

自愿同意参与的基础是双方对过程和可能产生结果的充分认识和理解。

关于同意参与的两个重要问题是：

——应向顾客和投诉者提供什么信息，使其在充分认识和理解的情况下同意参与（见 C.2）；

——同意参与的适当时间（争议发生之前同意参与见 C.3，争议发生之后同意参与见 C.4）。

C.2　同意参与之前的信息

在同意参与之前应提供给顾客和投诉者的争议解决信息包括：

——解决争议采用的方法；

——提供方的权力范围；

——投诉者应付的任何费用（如果有）；

——可能的补偿方式、最大赔偿限额以及争议解决导致的可能的退还费用；

——争议将依据的评价准则(如行为规范、法律原则、衡平法);

——与法律程序的主要区别;

——对同意参与的争议或争议类型的准确描述;

——提供方名称、如何进入争议解决过程、如何得到适用的争议解决程序副本;

——采用每种方法预期完成的时间;

——投诉者如果对裁定结果不满意,是否要放弃进入司法程序的权力。

注:在世界上某些地区,要求投诉者放弃司法权力是不合法的。

C.3 争议发生之前同意参与

在销售合同中,有时要求顾客使用具有约束力的争议解决并放弃使用司法程序。这种情况通常出现在组织之间的合同中。在世界上某些地区,对于顾客为个体或家庭目的购买产品的情况,这种合同是不合法的。

希望提高顾客满意的组织,可以考虑其他解决争议的技术,这些技术可以预先制定争议解决条款,以获得较大的利益,但不能要求各方放弃使用司法程序的权力。这些其他技术包括:

——旨在实现各方自愿解决的协调方法;

——经双方协商一致,产生具有约束力的建议的方法;

——只有投诉者接受结果才具有约束力的裁定方法;

——争议发生之后同意参与争议解决的协议。

C.4 争议发生之后同意参与

争议发生之后,同意参与使用裁定方法解决争议时,各方应签署参与协议,协议中应包括提交争议解决过程的争议描述、提供方名称、如何得到适用的争议解决程序副本以及争议解决者的权力范围。

附 录 D

（规范性附录）

方便性指南

D.1 总则

争议解决过程应容易获取和使用。

争议解决的方便性取决于对过程的实用性、使用过程的成本、求助和参与过程无障碍性等方面的有效沟通和宣传。

D.2 和 D.7 给出了方便地使用争议解决过程不同方法的示例。

D.2 沟通

应当向投诉者、其他顾客和其他利益相关方广泛宣传争议解决的可用性。

与提供或交付产品相关的信息中，无论使用任何语言或形式，都应提供信息和帮助。信息应使用清楚、明确的书面方式提供，并应有可选择的形式，如通过音频资料、大字体印刷、大凸起字符、盲文、电子邮件或可以使用的网址。

注：可供选择的形式是指用不同的表达或表现方式，旨在使信息可以被不具有正常感觉能力的人获得。通过在至少一种形式（如视觉或触摸）中提供所有的输入和输出信息（即信息和功能），更多的人，包括语言和读写能力有问题的人，都可以得到帮助。可能影响易读性和易理解性的表达方面的因素包括：

——版面设计；

——印刷颜色和对比度；

——印刷字符的大小和字体；

——多种语言的选择和使用。

详见 ISO 导则 37。

组织可在不同时间，如在销售时和对组织提出投诉时进行沟通宣传。至少应在内部投诉处理过程结束，但未能成功解决时进行沟通宣传。

用多种方法进行这种沟通宣传效果最佳，如在顾客满意行为规范、商店的展示、网站、投诉表、销售合同以及内部投诉处理存档文件中。

D.3 费用

以不收费或依争议价值收取合理成本费用的方式向顾客提供争议解决，应是一个可承受的过程。

D.4 求助过程和参与

应给予不满意的投诉者以尽可能多的途径求助于和参与争议解决过程。

电话、电子邮件、传真或网上提交等所有可用的方法都应在考虑范围之内。选择的方法应便于案件建档、查询案件信息或解答问题。在组织和投诉者相距很远的跨国争议解决和其他情况下，使用便于参与的不需要旅行的争议解决方法是非常重要的。

D.5 信息

用于启动争议解决的易于理解和完整的表格、其他用于描述争议解决过程的文字，以及关于各方能够更好参与的说明应易于获得。

信息和表格中的语言文字应与销售产品时使用的一致。

D.6 人员培训

应在争议解决过程的各方面，包括建立争议档案、描述事件

和说明争议解决过程的范围等，为各相关方提供训练有素的人员及其他资源。

提供这种帮助时还应考虑残障人士或其他特殊需要，使其能够有效参与。

D.7 非正式方式

争议解决过程应不拘形式，适用于争议的各种情况。

不需要遵从法庭使用的正式规则。虽然争议解决者可以限制无关的或重复的证据，但仍允许各方提出各自的立场、论点和证据，倾听和查看其他方的重要内容。

允许各方得到其选择的任何代表人的帮助，除非当地法律不允许这种代表。提供方应确认这种选择是自愿的。在争议解决过程中，被代表方亲自出现会很有帮助，因为这通常是呈现的最好的证据，并可以确保具有争议解决权限的人员在场。

陈述可以当面进行，也可以使用电话、电子通讯或书面等方式。应允许各方在陈述方式上具有灵活性。

附 录 E
（规范性附录）
适 宜 性 指 南

E.1 总则

向各方提供的解决争议的方法类型、对投诉者可能的补偿方法都应与争议性质相适应。

E.2 方法的适宜性

组织可以基于以下方面向投诉者提出一个或多个争议解决方法：

——组织的需要和环境；
——顾客的偏好；
——提供方的建议；
——解决争议的可能期限；
——费用；
——问题的复杂性；
——保密的需要；
——各方之间维持关系的期望或需要；
——各方的讨价实力；
——可变通结果的需要；
——对不相符证据的决定或裁定的需要；
——外部执行的需要；
——技术或其他专家的需要，以及法律问题的重要性；
——对结果公开监督的需要。

依据组织争议解决方针提供协调方法的提供方，通常应提出一个解决争议的首选方法。协调方法一般较快捷、费用低、冲突较少。如果协调方法不能解决争议，而且组织已选择其他可使用的争议解决方法，则应提供这些方法。

E.3 补偿的适宜性

组织应授权提供方进行补偿，至少是对造成投诉的问题进行足够的补偿。适当时，应考虑和提供的补偿包括：

——维修产品；

——退还产品费用；

——废除销售合同；

——指导一个相关方采取具体措施进行纠正。

当地法律可能准许或要求进行额外补偿，如律师或其他代表的费用、相关的和其他赔偿。

附 录 F
（规范性附录）
公正性指南

组织在争议解决中应致力于公正、真诚地解决与投诉者的争议。组织应选择一个提供方，其争议解决人员和争议解决者应能公正、客观地进行争议解决，以使过程、建议和裁定结果对双方都是公正的，并被认为是独立做出的。

争议解决者和争议解决人员在整个过程中不应受各方的影响，以使其做出的决定是适宜的，所得出的争议解决结果是基于独立判断。公平、客观和公正是多种行为共同所至。

注 1：在大多数私营部门 B to C 的争议解决方案中，由协会和（或）企业为具体争议提供经费，可以是该过程的全部或绝大部分。另外，为争议解决过程提供或背书经费的协会可能受其成员控制，这些成员有时是该争议解决方案的相关方。“公正性”原则应力求保证解决任何争议时不受这些资金或成员关系的影响。

注 2：术语“争议解决人员”被用来表示提供方的行政主管人员（如行政主管、业务主管或财务主管），他们不参与争议解决，但可从事合同谈判和参与那些与处理争议无关的其他商业关系。公正性和独立判断的要求与具体争议的解决相关。

采取下述行动可以获得最佳的公正性：

——依据任何过程开始之前各方可得到的已公布的程序，使用建议或裁定的方法；这些程序及应用都应提供给各方，以使其完全、公正、同等机会地参与任何方法，并应确保根据证据和论证得出的建议或决定提交给争议解决者；

——当争议解决人员和争议解决者在利益方针和道德规范

上产生冲突时，为保证客观性，应指定争议解决者实施争议解决过程；争议解决者的情绪、观点或兴趣不应受他人影响，如争议解决者受雇于争议的某一方，就可能影响争议解决者保持客观的能力；

——确保争议解决者做出的补偿（如果有）不受特定协议、建议或裁定结果的影响；

——没有恰当理由，争议解决者不能被免职；

——指派的争议解决者对任一方的重复服务最小化；

——当组织是争议一方并向提供方提供全部或部分经费时，确保经费的提供不影响具体争议的解决；

——应意识到，向各方透露选定的争议解决者的身份，以及争议解决者与任一方的关系将影响公正；应允许各方出于适当的原因有机会质疑对争议解决者的选择；

——需要时，为公正解决争议，可向投诉者提供技术专家服务（包括法律专家）；

——当需要且当地法律允许时，为公正解决争议，使用裁定方法提供强制证词；

——向各方明确通报争议解决者的职责范围，并保证任何建议或裁定结果在其职责范围内；

——事先向各方公开用于建议或裁定结果的准则；

——用普通语言和书面形式向组织和投诉者通报建议或裁定结果及其理论根据，应尽量详细，以便有效执行；

注 3：不违反适用法律时，裁定结果可建立在法律原则、衡平法、行为规范或它们的组合基础之上。

——当各方采纳了协议建议时，建立书面文档，以使其在适用法律下具有强制性；

——确定各方是否已遵从协议或裁定决定。

附 录 G
（规范性附录）
（人员）能力的指南

G.1 总则

组织人员、提供者、争议解决者应具备能以令人满意的方式履行其职责所需的个人素质、技能、培训和经验，这些应通过诸如其他工作经历、持续培训（包括监督）和定期重新评价得以维持和改进。

能力可以通过以下技术得到保证。

G.2 资格

应建立人员和争议解决者的资格条件，确保他们对提供方审理的争议有适当的技能水平，勤奋和诚实是其中的重要条件。

G.3 培训

应对人员和争议解决者进行必要的知识和技能培训，如：

——与提供方审理争议有关的适当要求；

——公正的重要性及获得公正的方法；

——可以帮助各方的技术；

——适用于实施每种争议解决方法的方针和程序；

——任何适用的法律原则、行为规范或争议中适用的公平原则。

注：争议解决者正式的法律培训和专业执照可根据审理争议类型、建议或裁定决定及组织的偏好而定，一般不是必需的，除非当地法律

要求。

G.4 定期评价

应定期评价争议解决者的业绩和资格，以及提供方建立的争议解决者资格条件准则。

注：关于人员能力的附加指南见 ISO 10015：1999《质量管理 培训指南》。

附 录 H
（规范性附录）
及 时 性 指 南

应根据争议及所采用过程的性质尽快提供争议解决。

在应用该原则时，针对完成每个不同方法建立预计时间框架，并告知所有相关方是有益的。时间框架应足够灵活，以应对争议的各种复杂情况和特殊争议中各方的不同要求。

时间框架可能会受到适用的法律法规要求的影响。相关各方和提供方在服从已确定的时间框架方面应分享责任。

跟踪争议过程、让各方了解过程或这些跟踪信息能够被各方及争议解决者使用也是有益的。

当各方有权使用司法程序或在某一时期使用其他提供方的方法时，及时性也是很重要的。如果争议解决过程被拖延，向法院提交案件将受到阻碍。当争议解决过程中组织的代表既有解决争议的明确职责权限，又能很快得到组织中其他人的认可，及时性就能得到很好实现。

附 录 I

（规范性附录）

透明性指南

I.1 总则

应向投诉者、组织和公众披露关于争议解决过程、提供方及其业绩的足够信息。

组织应确保所有利益相关方能够得到这些信息。

I.2 关于过程、方法和业绩的信息

有关提供方服务和业绩的有用信息应包括：

——提供方完成合同的信息；

——处理争议的类型和提供方法的类型；

——特定争议解决方法启动的方式，包括任何收费；

——各方的参与方式（当面或电话、电子邮件或在线）；

——证明、选择和质疑争议解决者的资格和公正性的方式；

——解决争议的基础（如法律、衡平法、行为规范）和可获得的补偿；

——需要遵守的时间框架；

——裁定结果或裁定执行的阶段识别；

——保密方针；

——提供方是否从争议一方的组织得到经费，以及采取哪些措施确保该经费不影响协议、建议或裁定结果。

I.3 年度报告

组织应认识到，公布提供方年度报告是对提供方及其业绩有

意义的评价。年度报告可以包括：

——接收的争议数量，使用每种争议解决方法解决和未解决的数量，提供全部、部分或不提供补偿的建议或裁定结果的数量；

——事件解决的及时性；

——通过争议解决过程识别的系统性问题。

未经组织同意公布的数据不应针对具体组织。

I.4 公布个别争议解决结果

在合适的情况(如事件量少且教育意义较大)下，不违反保密承诺，经各方同意，可以公布个别争议解决结果(建议、裁定结果、协议或相关信息)的内容。

附 录 J

（资料性附录）

选择提供方指南

组织选择提供方时应考虑的因素包括：

——组织应判断提供方选择使用了本标准还是其他相关的争议解决标准；

——提供方在组织的顾客、消费者和行业协会、媒体以及政府消费者保护机构中的声誉；

——如果有，来自第三方评估、管理评审或顾客调查的可以说明其趋势（如在业绩方面）的结果；

——使用过该提供方服务的其他组织的推荐；

——提供方及其使用的方法与组织价值的符合程度；

——提供方的经验、财务状况，以及能够对组织及其投诉者履行职责的可能性；

——提供方的方法是否与组织的投诉处理及其他的管理过程相协调，包括使用的信息交换技术；

——提供方的程序满足组织需要的程度，包括如何向争议解决者提交案件（如口头或书面）；

——提供方提供的争议解决方法促进争议尽快解决的程度；

——组织及其投诉者直接或间接的成本；

——提供方用于接收、跟踪、解决其同意处理的争议类型和数量的资源的充分程度；

——提供方是雇用还是有权使用足够数量并经过充分培训

的争议解决者和技术专家(包括法律专家);

——当组织与投诉者居住地距离很远(如跨国)时,提供方是否有处理争议的方法;

——提供方是否有适当的过程,用于监视、评价和持续改进争议解决服务。

附 录 K

（资料性附录）

争议解决方针指南

K.1 事先承诺

在决定是否对争议解决事先承诺时，组织应考虑事先承诺对顾客满意总体效果，及其他方针和目标的价值。组织应考虑如下因素：

——提高组织总体声誉的可能性；

——任何法律法规的要求或激励；

——参与协会争议解决程序的任何要求或激励；

——提供方统计报告数据对组织质量和改进过程的效用；

——事先承诺对鼓励顾客愿意使用该过程可能的有利作用；

——投诉者寻求的解决方案的典型货币价值；

——减少由诉讼引发其他费用的机会；

——在组织内部投诉处理过程中未得到解决的投诉者的预期数量。

K.2 逐一参与

如果组织不对争议解决做出事先承诺，则应向参与投诉处理的员工发布以逐一案件为基础的确定何时参与争议解决的准则。准则应考虑如下因素：

——争议和寻求其他补偿的数量；

——避免采取法律程序的任何好处，如减少费用；

——法律法规的要求或激励；

——不解决争议对组织与顾客的关系及组织总体声誉的潜在影响。

附 录 L

(资料性附录)

争议解决设计要素指南

争议解决可以有很多种设计,每种都有其自身的优势和不足。本指南的原则以不同的方式用于各种设计,通常,这些设计由市场中解决争议的提供方、作为提供方的协会或由协会选择的为其成员或其他人解决争议的提供方确定。

表 L.1 中列出了争议解决设计中各种要素的说明,但并不是全部。

表 L.1 争议解决设计要素指南

设计要素	示　　例
可以选择哪些合法的提供方?	行业协会、消费者协会、非营利组织、商业组织、独资经营者
提供方能够处理什么类型的争议?	未履行担保、未按时交货、虚假广告、违约、产品责任
能够提供的争议解决方式是什么?	协调、建议和(或)裁定(约束或非约束)
争议解决的经费如何筹措?	一方或双方负担费用;协会会员费、政府或慈善基金
在具体争议中将使用什么争议解决方法?	单独使用协调方法;单独使用裁定方法;需要时使用先协调后裁定的方法
争议解决者的资格条件是什么?	40 小时以上的培训;10 年以上的相关经验;律师
如何保证独立性?	道德规范;多股东管理实体;争议解决者不受雇于提供方;争议解决者与其他提供方人员无关

表 L.1（续）

设计要素	示　　例
争议解决裁定使用的准则是什么？	严格遵守法律原则；使用行为规范；和/或衡平法
解决争议的时间框架是什么？	60 天内做出决定；采用协调法 40 天内做出决定
提出争议解决的方式是什么？	当面；电话；书面；在线

附 录 M

（资料性附录）

争 议 解 决 流 程 图

图 M.1 是争议解决各阶段的说明。

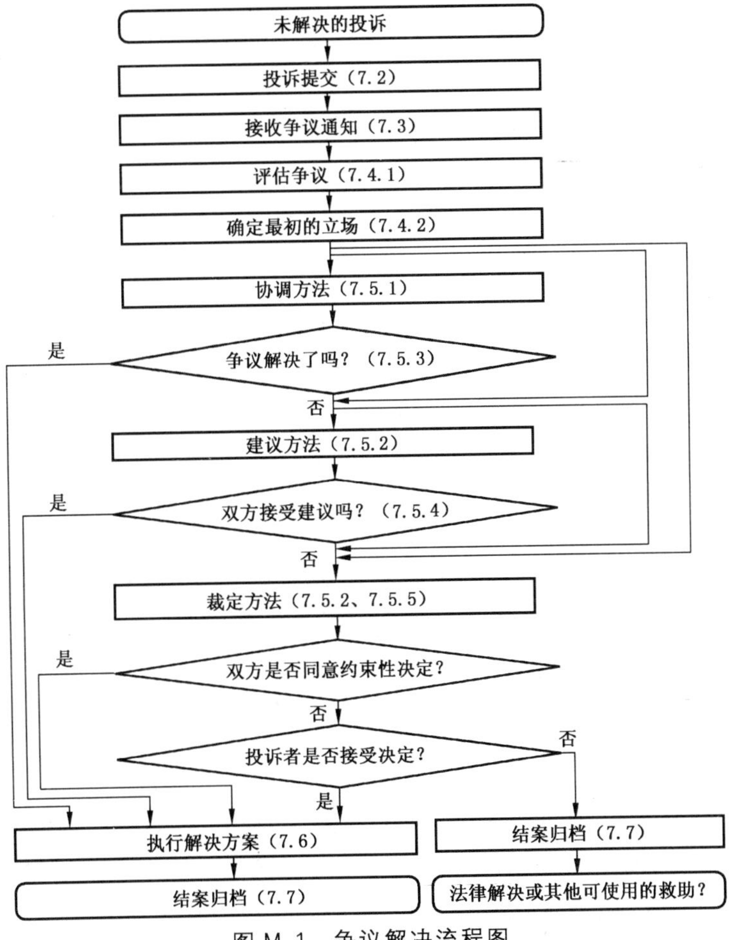

图 M.1 争议解决流程图

参考文献

[1] GB/T 19000　质理管理体系　基础和术语(GB/T 19000—2008,ISO 9000:2005,IDT).

[2] GB/T 19004　质量管理体系　业绩改进指南(GB/T 19004—2000,idt ISO 9004:2000).

[3] 前田勇.服务学.杨宁廉,译.北京:工人出版社,1986.

[4] 朱立恩.商业企业全面质量管理.北京:经济科学出版社,1988.

[5] 尹莉.当代西方服务业管理学.北京:经济科学出版社,1988.

[6] 朱立恩.商业服务业QC小组.北京:中国财政经济出版社,1989.

[7] 庄玉海.现代旅游饭店全面质量管理.深圳:海天出版社,1991.

[8] 朱立恩.商业服务业全面质量管理.北京:中国商业出版社,1992.

[9] 山口宏明.超级服务的秘诀.北京:中国华侨出版公司,1992.

[10] 朱立恩.ISO 9004-2国际标准和服务质量体系的建立与运行.北京:国际文化出版公司,1994.

[11] 屈云波.营销高手实践丛书.北京:商业出版社,1994.

[12] 朱立恩.CIS战略丛书.北京:北京经济学院出版社,1995.

[13] 汪孝纯.服务营销与服务质量管理.广州:中山大学出版社,1996.

[14] 朱欣民.西方企业服务管理方略.成都:四川大学出版社,1996.

[15] 朱立恩.现代服务质量管理基础教程.北京:机械工业出版社,1997.

[16] 科特勒.营销管理.上海:上海人民出版社,1999.

[17] 菲茨西蒙斯.服务管理.北京:机械工业出版社,2000.

[18] 朱立恩. 服务与顾客满意 150 问——服务企业理解 GB/T 19000—2000标准入门. 北京:海潮出版社,2000.

[19] 朱立恩. 顾客满意——服务企业的永恒追求. 北京:希望月刊出版社,2002.

[20] 朱立恩. 顾客满意——服务企业理解 ISO 9000:2000 标准的新视角. 北京:中国标准出版社,2004.

[21] 朱立恩. 投诉处理的理论与实务——解读 ISO 10002:2004《质量管理 顾客满意 组织内部投诉处理指南》. 北京:中国标准出版社,2005.

[22] 朱立恩. 重在受控和方便顾客 ——增强顾客满意的新途径. 北京:中国标准出版社,2006.

[23] 朱立恩. 投诉处理的外部解决方案——解读 ISO 10003:2007《质量管理 顾客满意 组织外部争议解决指南》. 北京:中国标准出版社,2008.